U0524352

唐朝往事系列

耿元骊 主编

甘露之变
难以夺回的皇帝权力

李瑞华 著

辽宁人民出版社

© 李瑞华　2025

图书在版编目（CIP）数据

甘露之变：难以夺回的皇帝权力 / 李瑞华著 . 沈阳：辽宁人民出版社，2025.1. —（唐朝往事系列 / 耿元骊主编）. —ISBN 978-7-205-11204-2

Ⅰ . K242.09

中国国家版本馆 CIP 数据核字第 2024BX1249 号

出版发行：	辽宁人民出版社
	地址：沈阳市和平区十一纬路 25 号　邮编：110003
	电话：024-23284191（发行部）　024-23284304（办公室）
	网址：http://www.lnpph.com.cn
印　　刷：	天津光之彩印刷有限公司
幅面尺寸：	145mm×210mm
印　　张：	11
字　　数：	197 千字
出版时间：	2025 年 1 月第 1 版
印刷时间：	2025 年 1 月第 1 次印刷
责任编辑：	赵维宁
助理编辑：	姚　远
封面设计：	乐　翁
版式设计：	一诺设计
责任校对：	吴艳杰
书　　号：	ISBN 978-7-205-11204-2
定　　价：	78.00 元

总 序

盛唐：中华文明的辉煌时代

唐朝有自己独特的气质。当我们提起唐朝，经过长达千年集体记忆形塑，大概每一个华人都会立刻呈现一幅宏大画卷萦绕脑海，泱泱大国典范形象勃现眼前，甚至还会莫名有一种自豪感油然而生。三百年波澜壮阔（实289年），四千位杰出人物（两《唐书》有姓名者约数），五千万烝民百姓（开元载簿约数，累计过亿），共同在欧亚大陆东端上演了一出雄浑壮丽、辉煌灿烂的人间大剧。

唐朝在中国历史上有着巍然的地位。它海纳百川，汲取万方长处；自信宏达，几无狭隘自闭之风。日本学者外山军治以域外之眼，推崇隋唐时代是"世界性的帝国"，自有其独到眼光。唐代在数百年乱世基础上，在经历多次民族大融合之后，引入周边各族之精英及其文化，融合再造生机勃勃的新一代文化，从而使

甘露之变：难以夺回的皇帝权力

以华夏文明为中心的中原文明再次焕发出生机与活力。唐朝，也成为中华文明辉煌的时代。如果在朝代之间进行比赛，唐代在大多数项目上都能取得前几名，"唐"也与"汉"共同成为中华代称。

唐朝有着空前辽阔的疆域。其开疆拓土之勇猛气概与精细作业之高超能力，一时无双。皇帝的"天可汗"称号，使唐成为周边各区域政权名义共主。这是一个大有为的豪迈时代，自张骞通西域以来，再次大规模稳定沟通西域，所谓"是时中国盛强，自安远门西尽唐境凡万二千里，闾阎相望，桑麻翳野"。在南方则形成了稳定通畅的广州通海夷道，大概是同时代世界上最远的航路。杜环、杨良瑶在中亚游历，促进了东西方海路沟通，大批波斯、大食商人来到广州，唐代和中亚、西方直接往来越来越密切，唐帝国是世界舞台上的优胜者。

大唐独有气质、巍然历史地位、空前辽阔疆域，共同形成了"盛唐气象"。"盛唐气象"也从最初描绘诗文格调的形容词，逐渐转变为唐代整个社会风范的代名词。"盛唐"逐步成为描绘唐朝基本面貌最常用词语，一个典范概括。唐朝各个方面，都呈现出进取有为和气质昂扬的面貌，无论是精神、文化还是生活上，都展现了独特时代风貌，其格局气势恢宏，境界深远，深深体现

总　序　盛唐：中华文明的辉煌时代

在盛唐精神、文化、生活等各个方面。

盛唐的精神

大唐精神体现在何处？首先是开放的心态，其次是大规模的制度建设。没有开放心态，就不会建成这些制度。唐朝有传统时代最开放的万丈雄心，不自卑，也不保守，更没有"文化本位主义"的抱残守缺。上层统治群体胡人血统很深，胡汉通婚情况很普遍，社会氛围基本不强调排外。唐高祖母独孤氏，太宗母窦氏、皇后长孙氏，这些都是鲜卑人。"胡客留长安久者，或四十余年"，来华的日本人很多在唐娶妻生子，大食国李彦、朝鲜半岛崔致远等，都考中进士，日本人阿倍仲麻吕进士及第后还当过官员。华夷观念上，没有鲜明对抗。唐朝人不自限天地，也不坐井观天。

在制度建设方面，唐朝延续了隋朝之初创，多方面建立了模板标杆，后代仿而行之，千年而未改，是盛唐精神最佳外在表现。在中央行政体制上，建立了完善的三省六部制，其体制健全，运行相对其他制度较为顺畅。结束了家国一体、门阀政治局面，以皇帝为核心，建立官僚政治制度，以严密官僚体系，分门别类推动行政运作，这个基本框架和运行模式历经改良在后世得到了长期沿用。在法律上，唐代创建了律令格式体系，形成了中华法系。特别是唐律，不仅仅在中国，在东亚历史上都有着重要地位，得到了长期沿用。在科举体制上，进一步完善科举模式，也得到了长期沿用。科举公平考试最受益者无疑是寒素出身者，推动并加快了社会阶层流动速度。在礼制这个社会等级秩序最鲜明标志物的建设上，唐代也有着最大贡献，形成了最早的国家礼典，在东亚文化体系当中影响巨大。

盛唐时期昂扬向上，走在各方面都开创事功的道路上，能出现贞观之治、开元盛世新局面，也就不足为奇。虽然安史之乱打破了原有局势，但是它并没有颠覆已经形成的大格局，所以唐朝仍能继续维系百年以上。

盛唐的文化

唐朝是文化的时代，各种艺术形式都让人有如臻化境之感。大唐是诗之国度，唐诗是诗之顶峰，唐诗至今仍是我们中国人日常最爱古典文化，谁不能脱口而出一两句唐诗呢！唐诗厚重与灵巧并重，对现实、人生总是充满着昂扬奋发的精气神，所体现出的时代精神是那么刚健、自豪！读李白诗，不由得让人有意气风发之感。读杜甫诗，不由得起家国之深思。才气纵横如李白，勤思苦练如杜甫，是唐诗当中最亮的双子星。读边塞诗，似亲行塞上，悲壮深沉。读田园诗，则宁静致远，平和悠适。即使安史之

总　序　盛唐：中华文明的辉煌时代

乱以后，大唐仍然有元稹、白居易、韩愈、柳宗元等诸多诗文大家。韩、柳更是开启古文运动，兴起一代文体新风。无论是诗还是文，大唐诗人都已长领风骚千年之久。即使到了白话文广泛通行的今日，唐诗、古文又有哪个华夏子孙不读之一二呢？

而绘画、书法、舞蹈与音乐、史学等都在中国历史上具有重要意义，是前此千年的总结，又是后此千年的开创。吴道子是唐代最有名的天才画家，"吴带当风"，被称颂为"气韵生动"，自成一派；而山水画也开始兴起，出现了文人画，两派画风都深深影响了宋朝人审美趣味，流风余韵至今日。书法在本质上已经脱离了记录符号，其实也是一种绘画，是绘画和文字本身含义的结合体。唐代书法大盛，书法理论自成一格。前期尊崇王羲之书法，盛唐之后形成了张旭草书新体，书风飘逸；又形成了颜真卿楷书，端庄正大，成为至今通行常用字体，其影响可谓远矣。舞蹈与音乐更是传统时代的顶峰，太宗时形成"十部乐"，广泛引入了域外曲调。盛唐时代，更是从玄宗到乐工，都精于音律，《秦王破阵乐》《霓裳羽衣曲》大名流传至今。唐代史学承前启后，《隋书·经籍志》确定了史部领先子、集的地位，一直沿用到《四库全书》。纪传体成为正史唯一体裁，也是在唐代得以确立，"二十四史"由唐朝修成有8部之多。设史馆，修实录，撰国史，成为持续千年的国家规定动作，影响之大，自不必言。

文化是盛唐精神的最佳展示，是大唐时代风貌的具象化展示，表达了全社会的心理和情绪。

盛唐的生活

盛唐时代经济富庶，生活安定，杜甫有一首脍炙人口之史诗可为证："忆昔开元全盛日，小邑犹藏万家室。稻米流脂粟米白，公私仓廪俱丰实。"这就是唐代经济社会繁盛的形象化表述。盛唐时代，"天下大稔，流散者咸归乡里，……东至于海，南及五岭，皆外户不闭，行旅不赍粮，取给于道路"，几乎是到当时为止农业经济条件下，所能取得的最高峰。南方特别是江南得到了广泛开发，开元、天宝之时，长江三角洲开发已经取得了显著成绩，工商业更加发达，经济水平在全国取得了领先性地位。

盛唐时代，也是宗教繁荣时代。高宗建大慈恩寺，请玄奘译经。武则天更是深度利用佛教，在全国广建大云寺，推动了佛教大发展。玄宗尊崇密宗，行灌顶仪式，成为佛弟子。除唐武宗灭佛之外，唐代其他皇帝基本是扶持利用佛教。在中国历史上，唐代是佛教全盛时代，整个社会笼罩在佛教影子之下。唐朝也崇信道教，高祖自称老子后裔，高度推崇道教，借道教提高李氏地位，建设了一大批道教宫观。太宗规定道士地位在僧人之前，高

总　序　盛唐：中华文明的辉煌时代

宗追封老子，睿宗两个女儿出家入道。玄宗对老子思想高度赞赏，尊《老子》为《道德真经》，并亲自为其注释，颁行全国。

在唐代社会生活中，婚姻、丧葬、教育、养老是最重要的内容。盛唐时代，婚姻仍然非常看重门第，观察对方家族的社会名望和地位，对等才能让子女结合，基本实行一夫一妻多妾制。丧礼是社会关系确认重要标志，唐代有厚葬之风。在丧葬仪式方面，朝廷出台了官方规定，形成了系统化、程序化仪式。教育在盛唐时代也被高度关注，中央设立六学二馆，地方上设置了郡学和县学，开元时期全国各州县普遍设学。唐朝强调以"孝"治国，唐玄宗亲自为《孝经》作注，提高了老人地位，对老人提供各种礼节性待遇。

盛唐时代，虽然围绕最高权力争夺不断，但是百姓生活尚称安乐。然而，"渔阳鼙鼓动地来，惊破霓裳羽衣曲"，大唐转折来得也很猛烈，安史之乱对盛唐造成了重大伤害。另外，在我们对大唐赞叹有加的同时，不得不说，唐代短板也很多，特别是原创思想开拓性不足，微有遗憾。在传统时代唐朝所具有的开放性足以为傲，但是对其相对的封闭性也要有明确认识，值得思考。唐朝社会精英可以对外开放，但是普通百姓必须遵守牢笼规则，遍布长安的高墙和里坊就是佐证。大唐女性，看起来可以袒胸露乳，气质昂扬，独立自主，但只是少部分贵族妇女。大部分普通女性，还是生活在枷锁之中，虽然还没有裹脚这种身体残害，但是被禁锢的附属品命运还是传统时代所常见。

总之，唐朝个性鲜明，"大一统"最终成为定局。在唐朝之前，只有汉朝在一个较长时期内落实了大一统。隋朝虽然恢复了大一统体制，但是流星般的命运让它没有时间稳固大一统。唐朝立国稳定，最终把大一统定局为中华政体的深层底蕴结构，从此，大一统有了稳定轨道和天然正义性，延续千年，成为中华民族社会心理的共同基本。

如此唐朝，谁又不爱，谁又不想了解呢？然而时代变迁，让每个人都从史籍读起，显然不可能。虽然坊间关于唐代的读物已有不少，其中品质高超者也为数甚多，但是在文史百花园当中，自当要百花齐放，因此即使关于唐朝的普及性读物已经汗牛充栋，我们还是要在这著述之海当中，继续增加一些新鲜气息，与读者共赏唐朝之美！我们曾表达过，孟浩然"人事有代谢，往来成古今"最能代表我们的心声。没有人，没有事，也就没有历史。见人，见事，方见历史。所以，我们愿意努力在更多维度上为读者提供思考和探寻唐代历史的基础，与已经完成的"宋朝往事"略有不同，在人和事两方面基础上，增加了典制内容。大唐

总　序　盛唐：中华文明的辉煌时代

三百年历程，人事繁杂，典制丰富。我们采中国传统史学模式当中的纪事本末、列传、典制体裁之意，并略有调整，选十事、五人、五专题进行定向描绘，各书文字流畅，线索清晰，分析准确精当，且可快速读完。希望读者能和我们一起从更多维度观察唐、了解唐、思考唐，回首"唐朝往事"。

公元617年，留守晋阳（今山西太原）的唐国公李渊起兵，拉开了大唐王朝序幕，攻势如破竹，一年不到就改换了天地。虽然正史当中塑造了一个平庸的李渊形象，但是实情是没有李渊的方略和能力，就不会建成大唐。玄武门之变，兄弟刀兵相见，血流成河；父子反目，无奈老皇退位。从玄武门之变到出现贞观之治，二十多年时光，选贤任能、开疆拓土、建章立制，李世民留给世界一段值得长期探讨、反复思考的"贞观"长歌。太宗才人武媚，与高宗李治一场姐弟恋，却开创了大唐一段新故事。武周霸业，建神都洛阳，成就武则天唯一女皇。神龙元年（705），李武势力默认，朝臣积极推动，"五王"主导政变成功，女皇被迫退位，重新成为李家儿媳。此后十年间，四次政变，四次皇位更迭，大唐核心圈就没有停止过刀光剑影，但是尚未伤到帝国根本。玄宗稳定了政局，"贞观之风，一朝复振"，再开新局，开放又自由，包容又豁达，恢宏壮丽的极盛大唐就体现在开元时代。

甘露之变：难以夺回的皇帝权力

"开元盛世"四字，至今脍炙人口。

盛极而衰，自然之理。盛世接着就是天宝危机，酿成安史之乱。这场大变乱，改变了中国历史走向，时间长，范围广，破坏大，影响深。战乱过后，元气大伤。河朔藩镇只是名义上屈服，导致朝廷也只能屯兵防备。彼此呼应，武人势力极度膨胀，群雄争霸，朝廷无力。唐宪宗元和时代，重新形成了短暂振兴局面，这也是唯一一位能控制藩镇的皇帝，再次构建了由中央统领的政治秩序。元和中兴也成为继开元盛世后，大唐王朝最后一次短暂辉煌。宪宗身后，朝廷局势一天不如一天，穆宗、敬宗毫无能力，醉生梦死。文宗时代，具体操办政务运行的朝臣，以李德裕、牛僧孺各自为首的政治集团党争不断，势同水火，"去河北贼易，去朝中朋党难"。宦官权重，杀二帝，立七君，势力凌驾皇权之上。导致皇帝也难以忍受，文宗试图利用"甘露之变"诛杀宦官，但是皇帝亲自发动政变向身边人夺权功败垂成，朝臣一扫而光，大唐也就踏上了不归路。

大唐功勋卓著的名人辈出，自不能逐一详细介绍，只好有所选择。狄仁杰，我们心目中的"神探"，实是辅周复唐大功臣，两次为相，为君分忧，为民解难。特别是劝说武则天迎回李显，又提拔张柬之等复唐主力人物。生前得到同时代人赞誉，死后获

总　序　盛唐：中华文明的辉煌时代

得了后世敬仰。郭子仪在战乱中显露英雄本色，平安史，击仆固，退回纥，是力挽狂澜的武将代表。长期位极人臣，生活在权力核心地带，谨慎经营，屹立不倒，"完名高节，福禄永终"，可谓文武双全，政治智慧超群。上官婉儿是唐朝著名女性代表，有着出色的文字能力，是可以撰拟诏敕的"巾帼宰相"，还可以参与军国权谋，但命运多舛，未有善终。近年来墓志出土，形成了一波婉儿话题。韩愈，千古文宗第一人。谏迎佛骨，显示了韩愈风骨。一代文化巨人，"匹夫而为百世师，一言而为天下法"，努力振兴儒学，文起八代之衰，推动"古文"运动，千年之后，仍然能够感受到他的影响。陆羽，唐代文人的代表，撰写了世界上第一部茶叶专著——《茶经》，号为"茶圣"，影响千年，成为古今中外吟咏不已、怀念不止的人物。

大唐创业垂统，建章立制。三省六部，成为中国古代官僚行政的典范。三省六部是决策机构，九寺五监是执行机构。虽然三省屡经变迁，但是所确立的中枢体制模式，却是千年如一。六部分科管理行政，其行政原理至今还在运行。九寺五监，今日"参公""事业"单位名目仍可见其遗意。唐代法律完善，律令格式体系齐备，是中华古典法系的杰出代表，对东亚影响可谓广泛。大唐生活，千姿百态。衣食住行，是维系每个大唐人生存的基

甘露之变：难以夺回的皇帝权力

本、婚丧学老，是每个大唐人成长所必有的经历。八件大事，又都和等级制度挂钩，是观察唐朝日常的最佳窗口。古都长安，是东亚中心，也是当时"世界"之都，是经济中心，是文化交流中心，是思想和学术的高地。巍巍长安，是盛唐气象直接承载体，长安风华引领着世界风潮，展示着盛唐文明所达到的高度。吐鲁番地处丝绸之路要地，是中外文明交汇融通之处。多元人口组成，多元文化集结地，是大唐开拓西域的关键节点，具有重要的军政和战略地位。凡此种种，理当书之。

以上，就是"唐朝往事"的总体设计。我们希望以明晰的框架，建设具有整体感的书系。既有主线，又可分立；有清晰流畅语言，有足够的事实信息，也有核心脉络可以掌握。提供给读者既不烧脑又不低俗的"讲史"，以学术为基础，但是又不是满满脚注的学究文。专业学者用相对轻松的笔调来记录和阐释，提供一点不一样的阅读感受。这个目标能否实现还很难说，但是我们正在向此努力。我们21人以一年时光，共同打造的20部小书，请读者诸君阅后评判！

感谢鲍丹琼（陕西师范大学）、侯晓晨（新疆大学）、靳小龙（厦门大学）、李航（洛阳师范学院）、李瑞华（西北大学）、李效杰（鲁东大学）、李永（福建师范大学）、刘喆（北京师范大学）、

总　序　盛唐：中华文明的辉煌时代

罗亮（中山大学）、雒晓辉（中国社会科学院古代史研究所）、孟献志（首都经济贸易大学）、孙宁（山西师范大学）、王培峰（山东师范大学）、许超雄（上海师范大学）、原康（淮北师范大学）、张春兰（河北大学）、张明（陕西师范大学）、赵龙（上海师范大学）、赵耀文（重庆大学）、朱成实（上海电机学院）等学界友朋（按姓名拼音为序）接受邀请，给予大力支持，参加"唐朝往事"的撰写工作，更要感谢他们能在一年多的时间内不停忍受我的絮叨和催促，谢谢大家！感谢辽宁人民出版社蔡伟先生及其所带领的编辑团队，是他们的耐心细致，才使得本书以这样优美的状态呈现出来。

现在，亲爱的读者，请您展卷领略"唐朝往事"，与我们一起走进大唐，思考大唐！

耿元骊

2024年3月26日于唐之汴州

目录

总　序　盛唐：中华文明的辉煌时代　　001

引　子　　001

第一章　宦官势力崛起　　007

　　一、宦官之祸，始于明皇　　007

　　二、盛于肃代，昙花一现　　018

　　三、成于德宗，中尉掌军　　030

　　四、顺宗失败，宪敬遭弑　　050

第二章　皇帝也要"夺权"　　072

　　一、仓促即位，逆党充斥　　072

　　二、宋氏之冤，漳王之狱　　077

　　三、冒进士子，受宠于帝　　093

　　四、以牛治李，以宦治宦　　112

　　五、沪水之约，凤翔祥瑞　　137

第三章　流血宫廷　　　　　　　　　　154

一、甘露之谋，计划提前　　　　　154

二、怯懦皇帝，临阵退缩　　　　　160

三、北风吹帐，功亏一篑　　　　　164

四、血溅黄门，兵交青琐　　　　　167

五、宦官跋扈，皇帝颓唐　　　　　181

六、安、陈相争，颖王得立　　　　196

第四章　政治清算余波　　　　　　　207

一、枢密伏诛，中尉治罪　　　　　207

二、平叛昭义，废佛抑宦　　　　　220

三、不立储君，阴夺帝位　　　　　237

四、党争终结，内外一体　　　　　253

目 录

第五章 跋扈宦官的灭亡之路 269
  一、宦官擅立,任性妄为 269
  二、少年君主,宦官膨胀 284
  三、奔蜀逃雍,神策兴废 297
  四、铲除田杨,大唐覆亡 305

结束语 327

后 记 331

引 子

夜晚，空气中的水汽遇冷液化，掉落在花草树木上便形成了露珠。2000多年前古人便将露珠写进诗词中，《诗经·蒹葭》中有"蒹葭苍苍，白露为霜"。古人也常借用这些晶莹剔透的水珠抒发思念、伤离与怀旧。曹操用"譬如朝露，去日苦多"感叹时光的流逝；杜甫用"露从今夜白，月是故乡明"抒发对故乡的感怀；秦观用"凭栏久，金波渐转，白露点苍苔"，以景结情，传递出回旋不尽的伤离。

传世文献中偶有甘露的记载。南朝梁孙柔之《瑞应图》称甘露为"神灵之精，仁瑞之泽，其凝如脂，其甘如饴"。这种甘露

甘露之变：难以夺回的皇帝权力

味道甘甜，极为罕见，传说饮用它可以延年益寿800年。但它并非平常所见经空气液化而成的露珠，只因其形状类似露珠，故又称为甘露。甘露到底是何物？据明朝学者考证，所谓甘露可能仅是树木上某种蚜虫的排泄物。

《礼记·礼运》中有"天降膏露，地出醴泉"。无论这种甘露是什么，由于极为罕见稀有，它在儒家的精神世界中被认为是祥瑞之兆、特别是太平盛世的象征。正因如此，历史上常有以甘露为年号的朝代，如西汉宣帝朝、曹魏高贵乡公曹髦朝、东吴末帝孙皓朝、前秦宣昭帝苻坚朝。

在唐文宗甘露之变发生前500多年，魏晋时期曾发生过一场类似的事件，同样以甘露命名。事变发生在甘露五年（260），曹魏皇权衰落，权臣司马昭专权秉政。曹髦不甘心坐以待毙，想要夺回皇权，说出了"司马昭之心，路人皆知"，亲自率领宫禁内的宿卫和仆役发动了自卫政变，失败被杀。由于事变发生在甘露年间，又被称作甘露事变。

唐文宗大和九年（835）八月与十一月，皇宫中出现了两次天降甘露的祥瑞。百官都在第一时间向文宗庆贺，只有文宗和李训、郑注等人清楚，他们炮制假祥瑞是为了将手握禁军之权的宦官赶尽杀绝。没承想这场精心策划的政变失败了，皇宫大内成为人间炼狱，大明宫内尸体横陈，血流遍地，一片狼藉。唐文宗朝

引 子

甘露之变原本也是一场皇帝谋划的夺权政变，最终却猝然演变成宦官集团对外朝官员的大屠杀。最终，包括主谋李训、郑注以及他们的同盟者，还有并未直接参与政变的宰相们，甚至还有其他无辜的官吏士卒、商贩百姓，共10余家2000余人死于非命。

甘露之变是唐朝历史上最惨烈的政变，它道出了晚唐皇帝的无尽憋屈。一国之君竟然需要发动政变谋求夺回军权，政变失败后短短五年就郁郁而终，真是让人唏嘘无奈。这个事件也真实反映了唐朝的三大痼疾之一：宦官专权。

在唐朝近300年的历史中，为人所熟知的往往是前半期的贞观之治和开元盛世，之后的历史则较少被大众关注。安史之乱后唐朝由盛转衰，但并未迅速终结，又走过了漫长的144年。唐朝的下半场失去了盛世风采，陷于宦官专权、牛李党争、藩镇割据之中，或许这也是人们选择淡忘这段历史的原因吧。

藩镇虽然跋扈，却在京师之外；党争虽然难解，但在朝堂之上。而宦官群体，日夜陪伴在皇帝身边，对皇帝个人的威胁近在咫尺。中国古代宦官权势三大高峰，分别是东汉、唐、明三朝，其中唐朝宦官不仅通过依附皇权作威作福，在整个中晚唐时期宦官集团还杀二帝、立七君，时常凌驾于皇权之上，专权的态势非同寻常。

那么，唐代为什么会出现宦官专权？换句话说，皇帝为什会将权力授予宦官？这是我们认识甘露之变这场未遂夺权政变的前提。这一问题笔者将在第一章解答。第一章时间跨度自玄宗朝至敬宗朝，可能会是全书最枯燥的章节。笔者尝试用最简洁的文字对唐代前半期政治史作简要梳理，介绍唐代宦官权势的崛起与早期发展过程，可以视之为甘露之变前史。

北宋史学家司马光曾指出唐代宦官的发展过程，"始于明皇，盛于肃、代，成于德宗，极于昭宗"。因此，唐代宦官的崛起，并不是某一任皇帝的突发奇想，而是逐步发展而来，与政治环境、皇帝个性等密切相关。

在宦官权势发展过程中，德宗朝是关键时期。德宗确立了宦官掌禁军的制度，正式开启了中晚唐宦官专权时代。唐前期以来，历代君主都有任用宦官的情况，但德宗朝以后，宦官集团不再是仅依附于皇帝的家奴仆从，而是依托禁军力量，在内操纵皇位继承人选，甚至威胁皇帝自身安全；在外干预朝政，影响朝堂人事任免，决策军国大事，成为政治舞台上的重要角色。

当然，宦官权势并不是线性发展的，在不同皇帝在位时期以及同一皇帝不同阶段，宦官权势都有高潮期和低谷期。中晚唐历史上有两次公开对抗宦官的夺权行动，分别是永贞革新和甘露之变。这两次行动都是皇帝企图利用亲自提拔的孤寒文人对抗宦官，永贞革新是运用温和手段收回宦官手中的兵权，之后的甘露

引　子

之变则采用最直接的暴力方式，但两次行动都失败了。

虽然士大夫们不愿意承认，但自从德宗朝起宦官群体已经开始从制度上融入唐朝的军事、政治体系，宦官成为皇权运作中的必要一环。士大夫不得不接受与宦官合作的事实，朝堂上也就难以发起反抗宦官的集体行动。这就可以理解，为什么宦官掌权百年，只有这两次公开夺权行动，实际发动人也不是政权的核心人物。

甘露之变后，大唐并没有迅速消亡，而是又挺过了近150个春秋。这其中宦官扮演了什么样的角色，发挥了什么作用呢？问题的答案在本书的第四、五章中。本书的副标题是难以夺回的皇帝权力，那么大唐皇帝是否夺回了宦官手中的军权呢？答案是夺回了。不过，那已经是唐末天下大乱的时候，礼崩乐坏、道德沦丧、王朝摇摇欲坠、神策军分崩离析。朝廷难以再压制虎视眈眈的强藩，皇帝很快成为武将的傀儡、玩物，大唐即将寿终正寝。

是非成败转头空，当爱恨情仇都已消散，后人应当如何评价唐代宦官？需要指出，中国古代几乎只有士大夫才拥有历史书写权。现在我们能够看到的大部分关于唐代宦官的记载，主要来自官方编写的传世文献，比如新旧《唐书》、《册府元龟》、《资治通鉴》，这些无一例外都出自宦官的政敌——儒家士大夫之手。

传统史家出于垂训、鉴戒、教化君主的目的，站在道德制高点，戴着歧视和偏见的有色眼镜，攻击宦官的生理缺陷，丑化贬低他们的品行性格，对涉及宦官的历史书写往往隐善扬恶。具体而言，他们大肆抨击宦官的嚣张跋扈和擅权乱政，对宦官的功绩尽量避而不谈或遮蔽掩盖，当政治、军事局面出现问题时，宦官又首当其冲成为替罪羊。唐代宦官形象就是在这样不对等地位中，被塑造成一群祸国乱政的妖魔。

笔者这么说，并非为宦官翻案或者洗白，而是希望尽可能拨开历史的重重迷雾，尽量客观、辩证地记叙历史事实。目前已经出土了200余方唐代宦官相关墓志碑刻，不仅为我们展现了丰富多彩的个体生命历程，更提供了基于宦官立场和视角的史料文献。如何充分利用这些史料还需进一步挖掘、探索，也仍是当下学术研究的课题。本书内容既是基于笔者的研究，同时又广泛吸收了学界研究成果，努力将历史的本来面目呈现在读者大众面前。

第一章
宦官势力崛起

一、宦官之祸,始于明皇

唐朝建立之初,鉴于前朝宦官擅权的劣迹,为了吸取历史教训,在制度设计上有意压制宦官群体。宦官所在的内侍省不设置三品官,内侍省最高长官内侍的品阶为从四品上。唐初内廷的宦官人数很少,活动范围有限,基本只从事宫廷服务工作,包括侍奉皇族、皇宫接待、守护宫门、管理宫人以及传达制命四个方面。因此,史书称太宗时期的宦官只是"阁门守御,黄衣廪食"。

甘露之变：难以夺回的皇帝权力

虽然根据内侍省制度规定，宦官中只有六品内谒者监才能够引导命妇出入宫廷，达到五品内给事以上才能真正出入宫廷、传达诏令。但实际上在理想化的制度规定之外，太宗常常派遣身边的小宦官出使地方办理私事，说明唐初皇帝虽然没向宦官放权，但宦官的活动也并非完全局限在宫廷之中。

太宗任用宦官的行为引来魏徵等朝臣的谏诤。士大夫们防微杜渐，警醒君主不要信用宦官，强调宦官品行低劣，容易扰乱君主的决策，造成严重危害。一方面士大夫对宦官的批评是由来已久的，这是他们站在道德制高点，对君主的规劝；但另一面，皇帝作为权力中心，朝臣与宦官共同围绕在他的身边，会在政治资源上存在或明或暗的竞争，这样的批评多少也透着权力争夺的味道。

除了制度的压制、朝臣的批评，社会上对宦官群体也极具鄙视，这鲜明地表现在有关宦官的图画形象中。唐前期达官显贵的大墓中，通常会在墓室壁和门扉石上刻画宦官的形象，他们大多面容猥琐，表情谦恭，形象粗鄙。吐鲁番阿斯塔那古墓206号张雄夫妇墓出土了两件宦官绢衣木俑，现藏于新疆维吾尔自治区博物馆，是少有的唐代宦官人俑，模样也与壁画中的形象类似。

即便如此，唐初以来还是有个别宦官能抓住时机，冲破身份的限制，成为君主的腹心爪牙，走上人生巅峰。例如，宦官张阿难，他在隋末群雄争霸之际加入李世民阵营，征讨窦建德、刘黑闼，立下赫赫军功，之后担任从三品的右监门卫将军，进封开国侯，去世后获准入李世民的昭陵陪葬。同样陪葬昭陵的还有宦官王波利，他在太宗贞观年间担任右监门卫将军，曾同李靖一起征讨吐谷浑。这样的将军宦官只是凤毛麟角，当时能够跻身中层穿着绯服的宦官都很少。

到高宗武后时期，内侍省的宦官人数逐渐增加。特别是到中宗神龙年间，内侍省宦官达3000余人，其中七品以上以及员外官达到上千人，但穿着绯、紫官服的还不多。直到玄宗即位前，唐政局有两个特点，影响了这时宦官群体的发展。

其一是女主当政。这一时期，先后有武则天和韦后专制朝堂，其间又有太平公主、安乐公主、上官婉儿等女性参与朝政。相较于宦官，宫官凭借女性身份的便利，近水楼台先得月，更容易成为女主们的心腹，参与到宫廷政治活动中。宦官群体中只有极少数人可以通过近身服侍，成为皇帝亲信，得到快速提拔，但群体的上升空间十分有限。

其二是政变不断，皇位更迭频繁，导致皇帝执政根基不稳。特别是中宗李显自从光宅元年（684）被废为庐陵王，直到神龙元年（705）才回归长安即皇帝位。李显离开长安政治中心长达

甘露之变：难以夺回的皇帝权力

15年（698年复立为皇太子），这期间李唐宗室已经被杀戮殆尽，他与内外廷的官员关系也比较疏远。中宗即位后，迫切需要用功名利禄笼络人心。例如宦官王文叡常年侍奉在中宗身边，中宗复位后骤然获得升迁，担任内侍省长官。但原本的职事官系统员额编制有限，杯水车薪，无法满足广施恩泽的需求，于是中宗在内外廷任命了大量的员外官。

员外官的称呼历史悠久，自从魏晋时期出现后，一直沿用到明清。原本的职事官系统中，一个萝卜一个坑，能够容纳的官员人数极为有限。员外官顾名思义，就是正员编制外的官员，没有名额限制。任命员外官，不会打破原本的职官体系，同时还可以提拔更多官员。新增的大量宦官员外官，除了少部分通过在职衔上加"判"和"知"的形式继续负责本职工作外，其他都围绕着皇帝本人，从事制度规定之外的大量临时性活动，满足皇帝的私人需求。他们的职事官只是代表品阶，不与职务挂钩，出现了职事官的阶官化现象。

以上是玄宗即位前，宦官集团所处的时代背景和发展状况。可以看到，唐前期宦官集团人数逐渐增多，但太宗时期君臣相合，接着连续出现女主掌权，虽有个别宦官凭借着家奴身份受到皇帝一时的赏识重用，但宦官集团整体的政治地位不高，发展空间十分有限。到玄宗朝，宦官集团终于迎来了第一个发展高峰。

第一章　宦官势力崛起

玄宗李隆基是睿宗李旦第三子，母亲是德妃窦氏。垂拱元年（685）八月生于东都，先天元年（712）八月，李隆基即皇帝位，天宝十五载（756）太子李亨即位，被尊为太上皇，宝应元年（762）病逝，在位44年，终年78岁，是唐朝在位时间最长的皇帝。

玄宗统治前期，任人唯贤、励精图治，开创了开元盛世；统治后期，宠信奸臣、懈怠朝政，导致爆发长达八年的安史之乱，唐朝自此由盛而衰。司马光指出唐朝宦官之祸始于玄宗，《新唐书》有"祸始开元"的说法，唐末宰相崔胤认为"天宝以来，宦官浸盛"。那么下文我们就将分析一下在玄宗统治的近半个世纪中，宦官势力崛起的时间、契机和影响。

玄宗成长于武周时代，自幼年起便深处宫廷的血雨腥风中。李隆基出生之时，父亲李旦只是挂名皇帝，军国政事均由武则天把持。不久，睿宗李旦被武则天降为皇嗣，李隆基成为皇孙。长寿二年（693）正月初二，李隆基生母德妃窦氏与皇后刘氏朝见武则天一去不回。后来才得知是武则天宠信的宫女韦团儿诬陷她们二人搞巫蛊之术诅咒武则天，于是二人被武则天秘密处死，死后不知葬在何处。二月，尚方监裴匪躬、内常侍范云仙私下偷偷谒见李旦，武则天腰斩二人，并将李旦和李隆基等人软禁在宫中，幽禁长达十余年。

甘露之变：难以夺回的皇帝权力

神龙元年（705），太子李显和五大臣发动了神龙政变，武则天退位，李显复位称帝。李唐王朝虽然反正，宫廷却更加动荡，政变不断。景龙四年（710）六月，中宗被韦后和安乐公主毒杀，中宗幼子温王李重茂即位，韦后临朝称制。十余天后，李隆基联合太平公主发动了唐前期规模最大的政变即"唐隆政变"，剿灭韦氏集团，拥立李旦即位。李隆基成为太子，太平公主加实封满万户。此后，权力争夺在太子李隆基与太平公主之间展开。先天元年（712）八月，睿宗禅让帝位给李隆基，第二年，李隆基发动"先天政变"，清除太平公主的党羽，并赐死太平公主，改元开元。至此，玄宗彻底控制朝堂，结束了多年的混乱局面。

玄宗即位，结束了女主掌权。玄宗的成长经历使得他忌惮、防范女性染指政治，因而那些围绕在女主身边、穿梭在宫廷内外的宫人、命妇便难以再凭借性别优势，参与宫廷政治活动。相反，同在宫廷之中的内侍省宦官群体成为玄宗行使皇帝权力的重要工具，二者的关系重新亲密起来。

开元五年（717），玄宗登基后第一次前往东都洛阳，随行的内侍省宦官在洛阳龙门奉先寺北壁龛造了一组19尊的等身立佛群像为玄宗祈福，并在佛像旁边刻下《大唐内侍省功德碑》纪念他们的这次集体行动。石碑三分之二的篇幅记录了参与祈福的宦官官职和姓名，可以看到这次活动以最受玄宗宠信的高力士领

第一章 宦官势力崛起

衔，一共有106名内侍省宦官参与。然而玄宗即位后，宦官权势并没有立即崛起，而是遇到了多重阻力。

一是朝臣的阻拦。玄宗即位初期，姚崇曾给他提出十条建议，其中就有宦官不干政，这点得到了玄宗的肯定。二是发展空间有限。玄宗的家奴和亲兵等武人军将追随玄宗出生入死，与玄宗结下深厚的私人感情，成为玄宗的腹心力量，担任要职，恩赏不断，从而挤压了内廷宦官群体的生存空间。

睿宗有六子，嫡长子为原配皇后刘氏所生李宪（原名李成器），二子为掖庭宫人柳氏所生李㧑（原名李成义）。李隆基为德妃窦氏所生，排行第三，原本不是顺位继承人，但他亲身参与险恶的宫廷争斗，通过两次政变才坐稳皇位。因此，玄宗即位后，曾经追随他一同政变的谋臣、家仆、僧道、丁将、武人成为当朝功臣，获得大量赏赐。个别宦官作为玄宗的家臣，也通过参与政变获得军功，在开元初年得到提拔、封赏。例如玄宗朝著名宦官高力士以及骁勇善战的杨思勖。

然而，获得赏赐和重用的仅是极个别的宦官，开元初年最受宠遇的是武人群体，包括玄宗家奴、北门禁军、南衙府兵等。他们人数庞大，通过参与政变成为玄宗的爪牙腹心，本人和子弟都获得频繁的奖赏和升迁。武人群体的核心人物是玄宗家奴高丽人王毛仲。王毛仲追随玄宗多年，多次参与平定叛乱，个人能力极强,成为玄宗的心腹。开元年间,王毛仲负责管理禁军马匹,位至开府仪同三司、兼殿中监、霍国公、内外闲厩监牧都使,位极人臣,获得的赏赐不计其数,即使如高力士、杨思勖这样的宦官权贵也要避其锋芒。王毛仲鄙视宦官,将低品阶的宦官当作自己的奴仆一样肆意凌辱,宦官们恨他入骨,常在玄宗耳边说他的坏话,却丝毫没有撼动他的地位。

真正引起玄宗警觉的是,王毛仲将女儿嫁给了掌管禁军万骑的左领军卫大将军葛福顺的儿子,二人结为亲家。这原本是两个家庭的私事,但因为双方的身份,触碰到了玄宗的禁区。玄宗经历了多次宫廷政变,深刻明白掌握禁军、禁马的重要性,因此任命最信任的心腹王毛仲掌管禁马、葛福顺掌握禁军。然而,他们二人的联姻使得禁军、禁马合二为一,在当时政变不断的背景下,对玄宗的皇位构成了潜在威胁。开元十七年(729),王毛仲请求担任兵部尚书,想要将权势之手伸向南衙朝官系统。此时,玄宗明白,王毛仲集团已经太过强势。开元十九年(731)春,玄宗贬黜了王毛仲、葛福顺等人,后来下诏处死了王毛仲。

王毛仲被处死后,玄宗依然需要绝对忠于自己的北门禁军保卫自身安全。开元二十六年(738),玄宗建立左右龙武军,专职宿卫皇室,将领由曾追随他参与政变、夺得皇位的心腹功臣担

第一章 宦官势力崛起

任。为了保证龙武军的绝对忠诚，玄宗一面继续对他们宠任有加，一面实行内部选拔迁转，严禁他们插手外朝事务。

为了实现制衡，禁军之外，同为家奴的宦官群体才逐渐受到玄宗的重用。武周时期，设置内飞龙厩统辖一部分禁军马匹和骑士飞龙小儿，由宦官担任飞龙使掌管。玄宗即位后，王毛仲受宠，担任内外闲厩监牧都使，宦官掌管的飞龙厩也要听命于他，宦官势力受到抑制。王毛仲被处死后，玄宗有意促使宦官管辖的内飞龙厩势力壮大，在三大内（太极宫、大明宫、兴庆宫）的旁边均设置飞龙厩，高力士被任命为"三宫内飞龙厩大使"，掌管飞龙厩中的禁马和武装骑兵。此后，中唐权宦李辅国、程元振、鱼朝恩都相继担任过飞龙使。相对于能够谋朝篡位的武臣群体，宦官更加受到皇帝的信任，由此宦官内飞龙厩逐渐发展成为一支有模有样的武装力量，最终取代北门禁军成为皇帝身旁最亲密的护卫力量。当然，宦官群体的活动范围并没有局限在军事领域。

自开元年间中期起，宦官群体开始大规模地从事各类活动。据《旧唐书·高力士传》，宦官可以侍奉在玄宗身边，随时待命，执行玄宗委派的任务；在内可以管理书院、教坊、僧尼，外出可以持节讨伐、奉使宣传、监视军队、出使藩国等，碑刻中又见到宦官担任鸡坊使、市舶使、内园使、云韶使、武德使等专属使职。此外，还有一些职任比如教坊使、闲厩使、宫苑使等，皇帝往往任命身边最宠信的个人，身份没有明确的限制，宦官、武将和文臣都有机会担任。总之，以上这些活动远远超过了内侍省宦官原本的职责范围。

最关键的是，开始出现了宦官干预政务的现象。高力士深受玄宗恩遇，常常陪伴在玄宗身边，充当玄宗的私人秘书。各地的奏表都要先呈给高力士过目，然后再进呈玄宗，小事便由高力士做主处理；与玄宗私下闲谈时，高力士有机会对朝廷用人、政事发表自己的看法。一些朝廷大臣见风使舵，争相结交高力士。据《朝野佥载》记载，高力士的母亲去世办丧礼的时候，左金吾卫大将军程伯献、少府监冯绍正前往吊唁，在现场披头散发地哭泣，比自己的父母去世还悲伤。高力士自建佛寺，寺院中的大钟建好后，宴请公卿聚会，叩一下大钟就纳礼钱10万贯。有谄谀取悦高力士的人，少的叩10下，多的叩20下之多。虽然达官显贵争相巴结，但高力士为人谨慎，洁身自好，没有犯过什么大过错，是玄宗最宠信的宦官。

不仅是高力士，其他有权势的宦官也通过获得赏赐、纳贿、经营产业的方式积聚了大量的财富，然后在京城及周边购置田产。据史书记载，长安城中房产、良田、果园、池沼等，近半都在宦官名下。生前尽享荣华富贵，死后墓葬也极尽奢华。例如，

第一章 宦官势力崛起

杨思勖死后坟墓封土堆高大，地下墓室规模庞大，石椁庞大且雕刻精致，有100多件大型陶俑，其中两座贴金彩绘大理石武士俑是少有的精品。

与职任广泛相一致的是政治地位的提高。中宗朝宦官有3000人，但穿着绯服、紫服的还很少，到玄宗天宝年间出现"衣朱紫者不下千数"，宦官集团通过品阶的提高和服色的滥赐，三分之一的成员已经跻身中高层官僚队伍。到天宝十三载（754），玄宗打破了唐初以来内侍省不设置三品官的惯例，抬高内侍省宦官的政治地位，设置内侍监两员，品阶为正三品，由深受玄宗宠信的高力士和袁思艺担任。增设从四品上内侍少监两员，并将原来的最高长官从四品上内侍的员额由两员扩增为四员，增加了内侍省高层官员的员额编制。

此外，唐初以来凤毛麟角的将军宦官，到玄宗朝则更加普遍，符合玄宗心意的宦官便可以授予三品将军职衔。以高力士为例，累迁至从一品骠骑大将军、内侍监，安史之乱时扈从玄宗去成都，加从一品开府仪同三司、封齐国公。太子李亨称他为"二兄"，诸王公主称他为"阿翁"，驸马辈称他为"爷"，玄宗有时会直呼他将军。高力士之外，还有杨思勖、黎敬仁、林招隐、尹凤祥等十余人都是宦官中的显贵。

宦官集团受到玄宗重用，政治地位得到提高，但此时的宦官群体作为皇帝的工具，始终只是皇帝的私人代表，虽然能够偶然插手外朝事务，但囿于家奴的身份，只是临时、个别的现象。以宦官出使举例，开元十四年（726）河南、河北各地发水灾，开元十六年（728）河南各地又发生旱灾，玄宗先后派遣了朝臣和宦官出使地方视察。宦官是皇帝的私人代表，主要工作是了解灾情和当地赈灾情况，及时向玄宗汇报；朝臣则要负责具体的赈灾事务，充当地方临时的救灾长官，还要负责监察官员、处理刑狱等事务。从这个角度，就能更清楚地看到玄宗朝宦官的内廷身份。然而在接下来的肃代时期，面对政局的崩坏，宦官这种皇帝私人家奴的身份将要实现重大突围。

二、盛于肃代，昙花一现

玄宗天宝十四载（755）十一月初九，范阳、平卢、河东三镇节度使安禄山率领15万精兵，号称20万，以讨伐杨国忠的名义，自范阳南下，起兵反唐。正如白居易《长恨歌》中所言"渔阳鼙鼓动地来，惊破霓裳羽衣曲"，安史之乱的爆发戳破了盛世的虚幻泡沫。

叛军实力强劲、势不可当，官军节节败退。天宝十五载（756）六月初九，长安的大门潼关失守。四天后的清晨，玄宗不

第一章　宦官势力崛起

得不带着后妃、宗室、几位大臣以及亲近的宦官、宫人，在龙武军的护卫下从延秋门逃离长安。十四日，走到了马嵬驿，随行的龙武军将士发生哗变，杀死宰相杨国忠及其家人，逼迫玄宗赐死宠妃杨玉环。第二天，玄宗率众启程逃亡蜀地避难，皇太子李亨率军疾驰北上，前往朔方节度使治所灵武，谋划召集军队，平定叛乱。

天宝十五载（756）七月，李亨在朔方军的支持下，于灵武登上皇位，尊玄宗为太上皇，改元至德。肃宗李亨，玄宗第三子，母亲是贵嫔杨氏。景云二年（711）生于长安东宫，初名李嗣升，2岁封陕王，开元十五年（727）封忠王，改名李浚，后改名李玙。开元二十五年（737），皇太子李瑛被废杀，开元二十六年（738）李玙被立为皇太子，改名李绍，后改名李亨。天宝十五载（756）即位，在位六年始终忙于扑灭安史之乱的战火，至德二载（757）收复两京，宝应元年（762）薨，终年52岁。

安史之乱是大唐盛衰的转折点，持续七年多的安史之乱，虽然没有彻底击垮大唐王朝，却留下了众多棘手的难题。此后藩镇势力尾大不掉，内廷宦官势力也迎来特殊的发展期。中唐时期，数次政治危机冲击着宝座之上的皇帝们，也为部分宦官打开了权力的大门。

在拥立肃宗即位的人群中，有一位50余岁的宦官，他就是

甘露之变：难以夺回的皇帝权力

中唐著名权宦李辅国。李辅国本名李静忠，起初投靠在高力士门下，侍奉左右。担任闲厩小儿，负责看管皇室马匹。因为识得一些字，懂得筹算，40多岁掌管飞龙厩的簿籍。天宝年间，由于擅于畜牧，被闲厩使王鉷举荐给太子李亨，由此进入东宫，受到李亨赏识重用，实现了人生的逆转。

安史之乱时，李辅国扈从侍奉太子李亨。马嵬驿事变时，李亨对前路踌躇犹豫，在李辅国等人的劝说下，决定北上灵武平定叛乱。到灵武后，李辅国参与劝谏李亨即位。肃宗称帝的时候，史书称"文武官不满三十人，披草莱，立朝廷，制度草创，武人骄慢"，政权还在风雨飘摇中。事缓从恒，事急从权，特殊的动荡时期将肃宗的心腹家奴李辅国推上了权力高峰。

李辅国虽是宦官，但处事严谨细密，自太子时期就受到李亨的信任。肃宗即位后，重新组建禁军，由李辅国担任太子家令、判元帅府行军司马事，掌管部分禁军，赐名辅国，是肃宗的亲密心腹。史书称，肃宗将四方奏事和御前符印军号统统都委任给李辅国。长安收复后，李辅国拜殿中监，担任闲厩、五坊、宫苑、营田、栽接总监使，兼任陇右群牧、京畿铸钱、长春宫使，勾当少府监、殿中监都使。除了掌管众多核心事务，李辅国还常常决断宰相百司的奏事，是肃宗朝权力核心人物，实际权力在宰相之上，权倾朝野。

第一章　宦官势力崛起

为什么肃宗忽略满朝文武，唯独给一名宦官如此大的权力？这一点可以从肃宗早年所处的政治环境、个人经历中找到答案。

玄宗依靠两次政变坐稳皇位，即位后对他的兄弟和皇子们多有猜疑和防备。睿宗朝除玄宗外，其他皇子可以参与军政事务，比如睿宗嫡子宋王李成器担任闲厩使，齐王李范、薛王李业掌管禁军。但玄宗登基后，他的兄弟都被罢去了政务，在兴庆坊周围的五王宅中宴饮、斗鸡、蹴鞠，或者到长安近郊打猎，成为远离政治的闲散王爷。

皇子们也一样受到严格管理。原本年幼的皇子们都集中居住在宫中，到开元十三年（725），考虑到皇子们都长大了，就在长安城东北角永福坊建造十王宅（后因入住人员增加，更名为十六王宅），在十王宅外修建百孙院，包括忠王在内的皇子皇孙和他们的亲眷都住在那里。由宦官担任监院使即十王宅使，监控他们的一举一动。这些皇子居住在宫外，既不能干预内廷事务，也被禁止同朝臣联络，被防范得十分严密。

这种安排取得了显著的效果，此后皇族成员再也不能够主导宫廷政变。但物极必反，皇子们被宦官严格看管，皇族力量遭到极大削弱，难以在危急时刻挺身而出拱卫皇室，皇帝身边能够依靠的力量所剩无几，宦官群体是少有的能够陪伴左右的心腹力量。总之，肃宗早年被严厉看管，身边无人可用，只得信任重用身边宦官。

肃宗当了18年太子，终于熬出头登上皇位，却对身边辅佐的宰相心存忌惮，因此重用李辅国的情况也没有改变。肃宗在位不足6年，一共有16位宰相走马灯般上任，却少有能够长久执政之人。即使是由肃宗亲自提拔，被寄予厚望的宰相也逃不过快速罢相的命运。这是因为，肃宗早年身为太子，总是遭到权相李林甫的陷害，毫无还手之力，只能被动挨打。当时的肃宗因担忧害怕，两鬓的头发都秃了，即位后甚至想过将李林甫锉骨扬灰以解心头之恨。加之在当时人们的眼中，安史之乱的原因正是玄宗用人不当，导致宰相弄权，才引发动乱，这就导致肃宗即位后对宰相专权持零容忍的态度。由此，肃宗宁愿重用家奴李辅国，也不愿意给宰相过多权力。

例如，宰相李岘深受肃宗倚重，任相期间常常单独决断军国大事，能够压制李辅国权势，然而仅两个月就被罢相，外贬为蜀州刺史，处分十分严厉。李岘触怒肃宗的原因是，他在天兴县尉捕杀凤翔七马坊押官的案子中直言进谏，让肃宗误会他树立朋党，干涉司法，想要专权，因此遭遇远贬。

皇族内部的争斗也为李辅国权势增长提供了机会。至德二载（757），肃宗收复两京，迎回玄宗，李辅国敏锐察觉到肃宗

第一章　宦官势力崛起

与玄宗紧张的父子关系。玄宗虽然让位，但仍有相当的威望和号召力，这让肃宗忌惮。于是，上元元年（760）七月，李辅国公然矫诏，逼迫玄宗从南内兴庆宫搬到西内太极宫居住，远贬玄宗身边的亲信宦官高力士、宦官王承恩、龙武大将军陈玄礼等人。上元二年（761）八月，李辅国便因功迁为兵部尚书。李辅国无尽的野心引起了肃宗的不满，李辅国得到兵部尚书不久，便请求担任宰相。肃宗认为他不具备宰相资格，于是和宰相萧华、裴冕联手，成功阻止李辅国担任宰相，扼制了李辅国的进一步膨胀。

然而，宝应元年（762）四月，肃宗病重，李辅国的权势又出现了极度扩张。他一方面直接插手宰相的任免，罢免阻拦自己拜相的宰相萧华，空出的宰相之位则由依附自己的元载担任；另一方面，依靠禁军力量，发动政变，幽禁了想要动摇太子地位的张皇后、越王李係集团100多人，直到肃宗去世后杀死张皇后母子，拥立代宗即位。

代宗是肃宗长子，母亲吴氏原本因父亲之罪被没入掖庭，开元十三年（725）被玄宗赏赐给当时的忠王，第二年十二月在东都上阳宫生下代宗。宫人吴氏没能母凭子贵，五年后年仅18岁便病逝。代宗初名李俶，15岁封为广平王。安史之乱时，追随肃宗前往灵武平乱，被任命为天下兵马元帅。同样陪伴在肃宗身边的，还有张良娣，她成为广平王李俶的致命威胁。

张良娣出身外戚之家，祖母窦淑为玄宗姨母，抚养玄宗长大，因为这层关系，窦淑五子都为高官显贵。安史之乱时，张良娣与肃宗共患难，结下深厚感情，因此有专房之宠。肃宗即位后，封为淑妃，乾元元年（758）四月，被立为皇后。张皇后生有两个儿子，兴王李佋8岁即逝，另一子定王李侗年幼。张皇后虽有心夺位，但她的儿子年幼，李俶在安史之乱中有统率之功，地位难以撼动。乾元元年（758）三月，李俶改封成王，四月被立为皇太子，改名李豫。

虽然不能撼动李豫的皇储之位，但张皇后仍不甘心，想趁着肃宗病重之际，先下手为强，除掉太子。为何张皇后一定要对李豫赶尽杀绝？在灵武时，肃宗听信张良娣的谗言，赐死了李豫的亲弟建宁王李倓。张良娣与李豫有杀弟之仇，自然担心李豫即位后对自己不利。但因计划泄密，张皇后反被李辅国、程元振率领的禁军囚禁、处死。就这样，原本名正言顺的储君李豫，依靠李辅国为首的宦官保护才顺利即位。

肃宗朝的护国之功，加上拥立代宗的功勋，使得李辅国的功绩无人能出其右，他的宰相之路终于无人能够阻拦。宝应元年（762）四月二十五日，李辅国跋扈无礼，向代宗说："大家但居禁中，外事听老奴处分。"代宗在东宫时，李辅国逼迫玄宗迁

第一章 宦官势力崛起

居西内,那时代宗就对李辅国的专横十分不满,奈何他刚刚即位,根基不稳,且忌惮李辅国掌握禁军,也只能暂时隐忍,表面上尊敬和礼遇李辅国。第二天(四月二十六日),代宗尊李辅国为"尚父",这样的称号此前只有创下再造大唐之功的郭子仪才能享有。无论大小事务,代宗都先向李辅国询问意见,朝臣出入皇宫,都要先去李辅国那里。五月初四,李辅国被迁为司空兼中书令,成为唐朝历史上第一位也是唯一的宦官宰相。

李辅国走上了他的人生巅峰,但他的生命也即将终结。拜相不久,他的下属程元振便想取而代之,私下向代宗进言,支持代宗抑制李辅国权势。程元振在肃宗末年担任内射生使,掌握一支禁军骑兵内射生军,负责皇宫警卫,同李辅国一同参与了诛杀张皇后和越王的宫廷政变。代宗即位后,程元振因功拜飞龙副使、右监门卫大将军。

程元振手握禁军,他的支持自然加快了代宗处置李辅国的步伐。很快,六月十一日,代宗就解除了李辅国的判元帅府行军司马事,解除了兼任的闲厩使等使职。两天后,又明升暗降,提升他的爵位,但罢去他的宰相实职,只保留荣誉职任司空。考虑到李辅国的拥立之功,代宗不愿明目张胆地处死他,选择私下了结。十月十七日夜,刺客受代宗秘密派遣,进入李辅国宅邸。李辅国被刺身亡,终年59岁。

甘露之变：难以夺回的皇帝权力

杀了一个李辅国，又来了一个程元振。宝应元年（762）六月，程元振接替李辅国判元帅行军司马。九月，升任骠骑大将军兼内侍监。广德元年（763）七月，吐蕃侵扰边境，边疆告急，程元振没有及时向代宗上报。十月，吐蕃进逼长安，代宗任命雍王李适为关内元帅，郭子仪为副元帅，出兵抵抗吐蕃。由于京师兵力空虚，代宗不得不仓促逃亡陕州。

代宗逃离长安时，官吏以及护卫皇宫的禁军都逃散了，刚渡过浐水，部分射生军也背叛代宗。代宗下达诏书，召集各地军队救驾，然而李光弼等将领都疑忌代宗身边的程元振，没有率兵赶到京城。太常博士柳伉上书批评程元振乱政，请求斩首程元振以谢天下。为什么程元振会招致强烈的批评呢？

代宗即位不到一年，宝应二年（763）正月史朝义自杀，持续8年的安史之乱结束，但朝廷衰弱不堪，不仅降将拥兵自重，平叛的军将势力也得以壮大，藩镇跋扈的形势依旧。代宗继承了肃宗对武将的猜忌、防范，特别是在叛乱结束后，进一步打击、削弱武将，相继罢免郭子仪兵权，赐死来瑱，逼迫李怀让自杀。表面上看，处置他们的原因是程元振的谗毁和陷害，但程元振背后是代宗的默许，程元振仅是皇权的替罪羊和背锅侠。其他武将忧虑自身安危，警惕代宗的下一步行动，不愿积极勤王，所谓顾虑程元振只是他们的借口罢了。

第一章　宦官势力崛起

程元振掌权一年，无论多么嚣张跋扈，他从未干涉、挑战代宗的皇权，始终是代宗命令的支持者和执行者。因此，即使程元振酿成大祸，代宗也没有直接处决他，仍顾念他的功绩，顶住内外压力，只是削夺官爵，将他放逐回乡下。

程元振失势，另一位宦官鱼朝恩则迎来属于他的黄金时代。当代宗逃亡的车驾到达华州时，当地官吏已经逃跑，护卫代宗的将士又冻又饿，却不能得到物资补给。危急之时，观军容使鱼朝恩率领神策军自陕州迎接代宗到军营中安顿。鱼朝恩为何能够率领大军营救代宗？这源于鱼朝恩和神策军的渊源。

鱼朝恩，玄宗天宝末年进入内侍省，安史之乱爆发后，担任代州刺史李光进的监军使。乾元元年（758），肃宗组织九节度使率军20万讨伐安庆绪，攻打相州。这次作战中一支边防军也参与其中，日后成为唐廷赖以生存的关键力量，这就是神策军。天宝十三载（754），陇右节度使哥舒翰在西北边境建立神策军、宁边军等八军，构建了防御吐蕃的网状链条。安史之乱爆发后，神策军在兵马使卫伯玉的带领下，赴难中原，参与了这次相州会战。

肃宗因对武将不信任，就任命鱼朝恩为观军容、宣慰、处置使，监视军队作战。由于没有统一指挥，将帅之间没有配合，相州城久攻不下。乾元二年（759），官军兵败溃退，都返回本道，卫伯玉率领神策军退到陕州。因陕州是抵抗史思明的前线，神策军屡立战功，于是受到褒奖，由边军升为藩镇军，卫伯玉由兵马使升为节度使。

不久，卫伯玉进京，神策军交由陕州节度使郭英乂兼任统帅。随后，郭英乂入朝，神策军与原陕州节度使的军队都由观军容使鱼朝恩代为统领。于是，当广德元年（763）吐蕃入侵，代宗逃往陕州，向诸道呼救40天毫无回应之时，唯有鱼朝恩率领神策军和陕军上万人，借用"神策军"的名号前来救驾，这才使代宗转危为安。

肃宗、代宗时期，皇帝身边的武装力量有射生军和飞龙小儿，虽然都是精兵强将，但是人数少，战斗力有限。朝廷正处于内忧外患之际，急需一支强大的队伍肩负起护卫京师的重任。于是，当广德元年（763）十二月代宗返回长安时，鱼朝恩率领神策军进入京师。

神策军从边军升为藩镇军，最终入屯京师，升级为中央劲旅，成为唐廷直接掌握的第一支野战部队。鱼朝恩深受代宗宠信，被任命为天下观军容宣慰处置使、知神策军兵马使，成为神策军的正式长官，频繁出入禁中，获得的赏赐不计其数，是继程元振之后又一权倾朝野的宦官。

鱼朝恩积极参与朝廷核心政务，如大历二年（767）同宰相

第一章　宦官势力崛起

与吐蕃在兴唐寺结盟。担任众多关键职任，到永泰年间，鱼朝恩担任开府仪同三司、兼右监门卫大将军，仍知观军容宣慰处置使，内侍监知内侍省事，检校国子监事，兼光禄、鸿胪礼宾、内飞龙、闲厩使，封郑国公。不同于李辅国直接担任南衙正式官职，鱼朝恩明白"中官不合知南衙曹务"的原则，因此他的本职是内侍省长官，其他职任只是临时兼任。但在诸多职任中，鱼朝恩首次插手国子监事务，亲自给儒士、文人讲授经籍。

鱼朝恩自回到长安掌权后，越发跋扈专横。他喜欢高谈阔论，曾多次在公开场合谈论时政，甚至在全体朝官议事的尚书省大厅都堂中召开百官会议，公开凌辱宰相和朝臣。又在神策军中设立监狱，专门罗织长安富人罪行，抓捕他们进监狱，抄没他们的家产充军。与朝臣结为朋党，意欲把持朝政，说出"天下事有不由我乎"这样的狂悖之言。又为自己尚且穿着绿服的年幼养子，向代宗强求紫服。凌辱宰相、勒索富户尚且不会引起代宗反感，但结党营私、强求紫服这些干预皇权的行为自然引发了代宗的厌恶。

鱼朝恩正如当年功勋在身、手握禁军、干预皇权的李辅国，他的结局同样是被代宗秘密处决。权相元载觉察了代宗的心意，收买了射生军将周皓，相约共同诛杀鱼朝恩。射生军与神策军同属禁军，但神策军负责拱卫京师，射生军则宿卫宫禁。鱼朝恩进入宫殿，常常安排百名武士护卫，正是由周皓统领。大历五年（770）三月，代宗在禁中举办宴会，鱼朝恩也在其中。等宴会结束，代宗留下鱼朝恩，批评他有谋逆之心，鱼朝恩出言不逊，被周皓等人秘密擒拿缢杀，终年49岁。鱼朝恩死后，他的党羽被肃清，权力被转交给其他朝臣。此后，虽然代宗还宠信如刘清潭、董秀等宦官，但宦官势力极大地衰落。

三、成于德宗，中尉掌军

唐德宗李适是大唐的第十位皇帝，为代宗皇帝的长子。李适不仅含着金汤匙出生，更是赶上了好时代。他生于玄宗天宝元年（742）四月，这年正月初一，58岁的玄宗皇帝登临勤政务本楼，大赦天下，改年号为天宝。李适是玄宗的曾长孙、肃宗的长孙、代宗的长子。此时的玄宗已经逐渐懈怠政务，想要安享太平盛世，李适降生更为玄宗带来了四世同堂的喜悦。

据说，李适出生第三天，玄宗、肃宗、代宗相互传看端详这位皇族成员。虽然尚在襁褓的李适，肤色黝黑还佝偻着身子，但作为皇曾长孙的他依然获得了玄宗的疼爱，玄宗甚至觉得李适将来会比肃宗、代宗更优秀。这种基于隔代亲的预言，也将在历史的长河中得到验证。

第一章　宦官势力崛起

李适生逢太平盛世，少年时代的他无忧无虑，尽享盛世繁华。然而繁华终归会落幕，14年后，幸福的生活戛然而止。38年后，当他如祖父辈登临帝位后，不得不需要面对许多棘手难题，而那些难题如藩镇割据、宦官专权在他出生之时就已经悄悄种下。

天宝元年（742），玄宗在边疆设置了九个节度使、一个经略使，招募大量将士屯扎，实现对大唐盛世边疆的统御。这十个节度经略使统率地方边军，同时又有相当的经济实力，于是改变了唐初以来皇室拥关内兵号令天下的局面，此后内轻外重的格局渐成。在这十位节度经略使中，一位曾长期活动于营州（位于今辽宁省）的少数民族混血也在其列，此人便是安禄山。安禄山凭借多年的谋划经营终于获任平卢节度使，此后他活跃于中央朝廷与北方边境之间，持续获得玄宗的信任，荣宠不衰。安禄山的仕途随之平步青云、通达坦荡，权势日益壮大，成为炙手可热的边疆将领。

同样是从天宝年间起，越来越多的宦官受到玄宗的任用。天宝年间宦官群体更加广泛担任各类使职差遣职务，内廷宦官人数激增，内侍省宦官的组织系统持续膨胀。安史之乱爆发的前一年（天宝十三载，754），玄宗突破了唐前期以来对宦官官阶不设三品的限制，增设三品内侍监授予他最宠任的宦官高力士和袁思艺。此外，广泛赐予宦官群体绯服、紫服这些高等级服色，宦官的政治地位逐渐提高，内廷宦官的权势日益崛起。

天宝十四载（755），安禄山率领平卢、范阳、河东三镇大军横扫大唐的半壁江山。安史之乱使14岁的李适经历了战火的洗礼、皇室的播迁以及与生母的分离。72岁的玄宗被迫仓皇逃往四川成都，李适生母沈氏却并未能随驾逃亡，此后虽在洛阳被短暂寻回，终在漫长的战火中杳无音信、不复相见。山河破碎、家国不幸，生于帝王之家也难逃战争的烽火和生离死别之苦。李适即位后，册封生母沈氏为皇太后，却只能率群臣对空气垂泪跪拜。

大历十四年（779），37岁的德宗登上帝位，到贞元二十一年（805）驾崩于会宁殿，德宗执政长达26年之久。面对统治危机，姑息藩镇、宠任宦官是肃宗、代宗的惯用做法。初登帝位的李适，意气风发、雄心勃勃，想改变祖父辈的既定执政策略，致力于扫除前代弊政，史书称他"初总万机，励精治道"。

刚即位的几个月，德宗便连发十几道诏书。政务处理上，他疏远排斥内廷宦官，信任以外朝宰相为首的官僚士大夫；日常用度上，他厉行节俭，减少宫廷开支，停止各地的岁贡进献，着手处理安史之乱后的财政危机；对藩镇的态度上，他希望矫正父祖辈姑息之策，用兵征讨不听中央诏令的山东、河北割据藩镇，解

第一章 宦官势力崛起

决河朔三镇对中央的威胁，重新树立中央的威权。新皇帝新气象，在德宗带领下大唐的元气正在慢慢恢复，颇有中兴的希望。

至于宦官势力，这位大唐新的掌舵人并不想如他的祖父辈那样继续对其依赖重用。德宗对于宦官态度的转变有多方面原因。首先，德宗作为长子，先被立为太子，后继承帝位，宦官并没有在他继位过程中有辅佐拥立之功，反而有宦官曾想劝他的父亲改立太子；其次，此前李辅国、程元振、鱼朝恩等权宦相继出现，宦官势力溢出了原本的职任边界，掌管禁军、染指朝官事务、干涉皇位继承。当然，他们也因为专横跋扈而最终都遭到诛杀。此时的宦官只是服务于皇帝的家奴，皇帝可以轻易铲除那些不顺从他心意的宦官。但德宗对宦官势力仍颇为忌惮，他转而亲近外朝文武官员，决心抑制宦官力量。

德宗刚即位就急切地开始动手震慑藩镇与铲除异己宦官。大历十四年（779）七月，德宗即位两个月，便下令拆毁了原泾原节度使马璘宅院中的奢华中堂，将之变为官员贵戚宴会的场所。马璘此时已去世3年，在世时他在京城里兴造了极为奢侈的宅邸，中堂更是花费20万贯之多。因中堂过于奢华，以致当马璘死后，每天争相前往凭吊者可达数百人，以凭吊为借口，实则是为了亲身感受豪宅的气派。当时的德宗身处东宫，自然也是听说了这件事情。马璘在世时不仅兴造超越身份等级的豪宅，更曾因功邀宠求任宰相。针对马璘的种种越矩行为，代宗对他颇为隐忍，而新即位的德宗则年轻气盛，迫不及待地拆毁了马璘中堂，向世人宣示着他不同于其祖父辈，有着崇尚节俭和抑制藩镇的决心。

与马璘中堂同时被毁的还有前朝宦官刘忠翼的住宅。刘忠翼原名刘清潭，因受到代宗的优宠，赐名为忠翼。唐代宦官能够获得皇帝亲赐姓名者寥寥，而代宗特赐名，将他比作忠诚的护翼，足见刘清潭在宦官集团中极具政治头脑，获得了代宗的充分信任和依赖。然而这位受宠于代宗的家奴却想动摇李适皇位继承人的身份，他曾劝说代宗立贵妃独孤氏为皇后，立贵妃儿子韩王迥为太子。他的劝说最终未被采纳，却给自己带来了杀身之祸。德宗即位后雷厉风行，迅速铲除了异己力量，将刘忠翼除名长流，走到蓝田时赐死。

德宗除了对存有异心的宦官进行肉体消灭，还采取一系列措施抑制宦官势力发展。经济方面，首先，禁止了宦官出使索取贿赂的惯例。代宗曾常常派宦官出使各地，允许其趁机向地方官员索贿并且大肆搜刮财物，而德宗则叫停了这种公开的规模化的贪腐行为。德宗即位后不久，依照惯例派遣宦官邵光超给节度使李希烈送旌节，李希烈回赠宦官700匹缣、200斤黄茗以及奴仆、马匹若干。得知此事的德宗严惩了受贿的宦官，杖责60并处以

第一章 宦官势力崛起

流刑。这样的公开严惩，使得宦官索贿的风气大减，由此震慑了宦官群体。

其次，经济上抑制宦官的举措则是将地方进奉的财物纳入国家正税即两税中，改变玄宗朝以来地方进奉入内库的惯例。进奉，即地方除正税之外向皇帝个人进奉的财物。这部分财物供皇帝享乐挥霍，原本直接纳入皇帝私人库房琼林库、大盈库等，由宦官掌管。代宗朝时，内库财物丰盈甚至一度超越国家库房，全国开支甚至要依赖内库。而宦官群体通过掌握内库，一定程度上掌握了国家的财政经济命脉，成为财政大管家。并且，宦官通过掌管内库，建立了盘根错节的权力关系网络。德宗即位后，大历十四年（779）八月任用杨炎为宰相，实行两税法，将地方进奉归入两税，统一于度支，断绝了皇宫内库大盈库的经济来源。大盈库重新回归内廷，依赖国家财政划拨，经济实力大减。

军事方面，抑制宦官的举措则是继续罢宦官典军，将宦官群体排除出神策军。此前肃、代之际，李辅国、程元振、鱼朝恩相继掌握禁军力量，而自鱼朝恩被诛杀后代宗便努力恢复和平体制，不再任用宦官典兵，改以神策都虞候刘希暹任神策军都知兵马使，为神策军最高军事长官，后以武将王驾鹤代之。德宗即位后，则以毫无军事作战经验的文臣白志贞任神策军都知兵马使，

甘露之变：难以夺回的皇帝权力

为神策军的军事长官。

面对地方叛乱与外敌侵扰，德宗决定亲自任命信任的将帅直接指挥禁军，进而由他远程遥控神策军讨伐地方叛乱。例如大历十四年（779）派遣李晟、曲环进军四川反击南诏、吐蕃，建中二年（781）救援被叛变藩镇围困的徐州。在作战中，禁军直接听从德宗号令，并且能够监视地方藩镇，传递地方异动消息。

但是，此时的神策军兵力不强，人员分散，一旦外出征伐必然导致天子身边军事防御的空虚，假使此时京师遭遇突袭，皇帝难以实现有效的抵御，必然又会引发王师播迁、政权飘摇。又由于神策军将帅各统一支，没有最高统帅，难以并肩战斗，导致作战秩序的混乱。而这些弊病在奉天之难时，德宗才深深体会到。也正是以奉天之难为标志，终止了德宗即位之初的改革步伐，德宗朝政策发生彻底转向。

德宗即位之初能够励精图治、选贤任能，颇有中兴大唐的气象，然而中兴戛然而止。此后，政策多有反转，前后充满矛盾，因而后人对德宗执政20余年的评价不高。德宗执政期的矛盾如下：

其一是德宗由最初的信任宰相到之后对大臣猜忌刻薄，轻信奸臣，刚愎自用；其二是对叛乱藩镇急于求成终酿大祸，后面转而对藩镇一味姑息；其三是初期崇尚节俭、减少地方进献，

第一章　宦官势力崛起

之后转变为大肆聚敛财物；其四是从即位之初抑制宦官到其后转而重用宦官，确立了中晚唐宦官掌军制度，开启了宦官专权时代。

立场不同，经历不同，选择不同。当我们站在历史的后视镜前，打开上帝视角去审视之时，或许很难理解历史人物种种看似荒唐或错误的选择。然而，只有当我们走进历史现场，才能深深感受和理解那些荒诞不经历史选择背后的原因。德宗的执政充满了矛盾，饱含着无奈与苦衷，也投射出这位中唐皇帝一生悲剧的基调，而这一切的矛盾或者说政策转变的汇聚点则是奉天之难。

奉天之难即德宗出逃长安，在奉天被叛臣朱泚围困一个月进而几乎弹尽粮绝一事。前后事件包括建中二年（781）的四镇之乱和建中四年（783）的"泾原兵变"。事情的起因是德宗想要改变河朔三镇内部自相承袭的惯例，趁机削弱河朔藩镇的割据形势。

起初，其父代宗姑息河朔藩镇，大历十四年(779)魏博镇田承嗣死时，其侄田悦顺利承袭了节度使之职。建中二年(781)成德镇李宝臣死后，其子李惟岳也想承袭节度使之职。这位正欲有所作为的新帝拒绝了李惟岳的请求，由此战事重开。李惟岳虽兵败被杀，但此后幽州朱滔、魏博田悦、淄青李纳、淮西李希烈相继称王，举兵叛唐。

甘露之变：难以夺回的皇帝权力

建中四年（783），李希烈围攻河南襄城，唐德宗征调泾原兵马5000人援救襄城。建中四年（783）十月初二，泾源节度使姚令言率兵抵达京城。将士们联想到天子禁军的优渥待遇，此行很多人带着儿子、弟弟一起前来，期望能够获得优厚的赏赐，送给家人。一路上天寒地冻，将士们冒雨行军，艰难跋涉，没想到抵达长安后竟然没有一点赏赐。第二天，部队到达浐水，京兆尹王翃奉德宗命令犒赏将士，却只提供了粗糙谷米和菜饼。内心极不平衡的士兵们将饭菜踢翻到地上，发出了失望的怒吼，转而向皇宫进发，泾源兵士哗变了。此时，节度使姚令言正在宫中向德宗辞行，听闻后急忙骑马飞奔到浐水西边的长乐坡。叛军不听他的劝阻，将他团团围住，推着他继续西进，一路来到丹凤门外。

动乱在即，德宗呼叫在京神策军护驾，而神策军主力早已离开京畿，在河北前线平叛，所留下的都是临时募集的长安市井之徒。面对陷入险境的德宗，这些仓促组成的军队竟无一人前往迎敌。无人救驾，怎么办？只能再次走为上策。德宗继玄宗幸蜀、代宗幸陕后，被迫再次离开长安。仓促间只有百名宦官随德宗逃亡。后右龙武军使令狐建率领四百名士兵追上德宗，殿后护驾。众人经咸阳抵达奉天（今陕西乾县），后又一路泥泞跋涉奔逃梁州（今陕西汉中）。叛军在宫中劫掠了一天一夜后，拥立前卢龙节度使朱泚为帅。朱泚进入宫廷，自封为秦帝，反叛大唐。

第一章　宦官势力崛起

德宗在逃难之中数次陷入危急险境，不得不在第二年正月改元，大赦，下罪己诏。诏书由翰林学士陆贽起草，诏书中称自己成长在深宫之中，不能够体察百姓劳作的艰难和守边的劳苦，实在是"上辱于祖宗，下负于黎庶"，然后公布一揽子安抚民心的政策，最后决定改元兴元，期望与民更始，复兴大唐。

民心得到了安抚，加之神策军的平叛，同年七月长安光复，德宗重返长安。第二年四月，四王二帝之乱才最终平息。这场削藩战争自建中二年（781）到贞元二年（786），前后长达五年之久。其间德宗逃离长安奔波近一年，种种遭遇不得不让他重新审视此前的方针政策。

当务之急是重整禁军。德宗初年禁军兵力分散、力量虚弱，兵变发生之时，禁军主力尽出平叛，原本应当护卫德宗的天子禁军竟未能救驾。无奈的德宗只得携妃嫔、太子、诸王、公主、宦官等百人仓皇北逃。逃难之际，一位成长于内廷的宫女还立了一件大功。当众人忙于逃难保命时，宫女陈岫先在混乱中竟然还不忘国玺，以身护玺，成功保护国玺到奉天，使国玺没有落入到叛军手中。重归长安后，德宗论功行赏，护玺有功的宫女陈岫先和护驾有功的宦官王希迁获得赐婚，封陈岫先为颍川郡君夫人，赐以最高等级的命妇礼服。贞元八年（792）左右，王希迁病逝，此后陈岫先寡居20余年。元和十四年（819）二月佛骨舍利回归

甘露之变：难以夺回的皇帝权力

法门寺时，陈岫先获准在万善寺出家为尼，法号那罗延。两个月后陈岫先病逝，终年68岁。

10个月的疲于奔命，暴露了禁军的诸多弱点。叛乱平定后，德宗延续代宗的改革步伐，进一步健全、扩充、改造神策军，将这支原本的藩镇地方兵彻底改造，成为在京部队，宿卫长安，而外镇部队布防在京畿和关内八道，成为直属皇帝的野战部队。壮大神策军的同时，又不断抬高曾经扈从左右、负责维护宫禁安全的射生军地位，将之改名为神威军，想将其扩充为能够与神策军相抗衡的兵力。统帅上，一方面在神策军、神威军中设置神策大将军、神威大将军掌握军队实权，同时又各分置两军，达到互相制衡的目的；另一方面又安排宦官监军，强化皇权对禁军的控制。

可以说，德宗一边在贞元年间强化禁军力量，一边又着力于调动各种势力从而力求平衡，实现控驭。这样做导致武将与宦官对禁军的掌控之权均在增长，二者之间存在权力的争夺，禁军内部难以形成稳定的体系。到底由谁来真正统领禁军，其实德宗内心仍在动摇和犹疑，最终天平倒向了宦官。

重回长安，禁军诸武将的种种行为给德宗带来阵阵寒意。贞元三年（781），殿前射生军将领韩钦绪等数人竟然联合妖僧李广弘叛乱，意图造反。所幸神策军将领魏修、李俊向德宗告密了此事，德宗在震惊之余抓捕反叛人员，命宦官王希迁率军平定了叛乱。此时的他对武将已极不放心，决定令内侍省宦官审问此案，但在宰相李泌的劝说下将预谋人员押往御史台审讯。结果是腰斩了妖僧等8名主犯，并且处决了参与其中的800余名禁军将士，掐灭了叛乱的火苗，成功化解危机。

又有神策军将军孟华作战有功，反被心生嫉妒的大将军罗织罪名，诬陷其有谋反罪；龙武将军李建玉因在作战中曾被吐蕃俘获又得以逃脱，反被手下诬告其有通敌大罪。这两件事后经御史窦参查证，冤案才最终得以平反。又贞元八年（792），左神策大将军柏良器的妻族喝醉酒，违反禁令在宫内过夜，经此一事柏良器本人被剥夺神策军权，降职为右领军卫大将军。自奉天之难后，德宗好不容易重归长安，但是耳边总是充斥着身边禁军武将谋逆的消息，或造反、或通敌、或违令，高坐帝位的德宗对武将越发不信任了。

除了对武将的不信任，对文官的失望也与日俱增。德宗即位之初选择亲近士人，但亲信的文臣张涉、薛邕在德宗身边一副温文尔雅的儒士模样，背后却贪腐受贿。当二人之事相继被揭发，德宗在震惊之余，内心已经有所动摇。上文刚说到不畏权势、明辨断案，平反了两次武将冤案的御史窦参也受到德宗信任，然而当他在贞元年间位至宰相后，便在朝廷和地方培植党羽，收受贿

甘露之变：难以夺回的皇帝权力

赂，纵容侄子的不法行为，后被群臣揭发，被抄家赐死。

渐渐地，德宗对朝臣的不信任与日俱增，甚至派巡查京城治安的金吾卫秘密监视群臣。如此这样，防臣如防贼，宰相都不敢在家中会客见友，害怕引起德宗的猜忌，引火烧身。君臣相疑竟到了这种地步。

原本被疏远的宦官，在奉天之难期间便开始重新获得德宗的重视。奉天之难期间，有众多文官武将跟着反叛，与之形成鲜明对比的是宦官霍仙鸣及窦文场一路忠心耿耿地追随保卫德宗，这两人是从德宗太子时代就侍奉在德宗左右，除此二人，众多扈从德宗的宦官也受到赏识和任用。例如，李辅光40岁进入内廷，原本只是内廷中籍籍无名之辈，但恰逢奉天之难时他扈从在德宗身边，一路护驾侍奉到梁州，受到德宗的提拔和嘉奖，超授为八品官员，获得了"兴元元从"的功臣名号。德宗从长安逃到奉天，再逃到梁州，特别是前往梁州期间，路途艰辛、颠沛流离，甚至护卫德宗的六军禁军也多有逃亡，但众多宦官始终坚守在德宗身边。因此，德宗除嘉奖武将外，包括李辅光在内的众多追随德宗的宦官同样获得功臣名号，同时获得包括免除死罪、终身官给家粮、犯法减罪三等、免除差役杂役等特权。此前的宦官群体不断受到群臣打压，但此时他们成了护驾功臣，获得免死金牌，终于能够一雪前耻，傲视群臣。

第一章　宦官势力崛起

德宗对宦官群体从即位之初的疏远，到此时的嘉奖、提拔、任用，可以看到德宗的心境已经发生极大的转变，这一切文武大臣都看在眼里。兴元元年（784）初，宰相便又向德宗进言不要亲近宦官，然而德宗内心早非当初。德宗已经决心依靠宦官力量，并对宰相表达了自己的不悦。

德宗经过将近一年的逃难漂泊，终于回到长安。刚回长安，便着手安排宦官群体重新介入军事系统，起用宦官典军。兴元元年（784）十月，令窦文场监神策军左厢兵马使，王希迁监右厢兵马使，重新安排宦官担任神策军的监军。窦文场和王希迁均从德宗太子时期便侍奉在侧，也都是代宗朝宦官鱼朝恩的部下，二人在代宗朝仆固怀恩叛乱时又都曾监督神策军出兵平叛。可以说，这二人本就是德宗的亲近侍从，有军事作战经验，又同德宗经历了生死考验。当文官武将相继背叛德宗的时候，宦官确实是当时看起来唯一值得依靠的力量。此后几年，禁军武将种种出格行为德宗都看在眼里，加之宦官群体时不时在德宗身边吹耳边风，手握禁军大权的将军们一个个被贬斥夺权，德宗对宦官的倚重扶持也就越来越强了。

贞元八年（792）左右，王希迁去世后，德宗又提拔霍仙鸣继续担任右神策军的监军和临时主帅。贞元十二年（796），又将宦官手中的禁军之权进一步升级，由临时主帅变更为正式主帅，

甘露之变：难以夺回的皇帝权力

宦官典军从此名正言顺。德宗任命窦文场和霍仙鸣为左右神策军中尉，张尚进和焦希望为左右神威军中护军。霍仙鸣与张尚进也是奉天之难中护驾有功的宦官，焦希望则是德宗太子时期侍奉在侧的潜邸旧人。

在任命过程中，还有一个小插曲。窦文场在获任中尉后，难掩内心的喜悦，野心进一步膨胀。他跟宰相沟通，希望任命文书能够写在白麻上。白麻并非普通白纸，而是专门用作封王、拜相的专用纸张。宰相并不敢当面拒绝，而是将问题踢给了起草任命文书的翰林学士，翰林学士又将窦文场的要求反映给了德宗。

窦文场的意图德宗自然明白，但他绝不允许宦官群体中再出现如李辅国、程元振、鱼朝恩那样染指朝政、毫无边界感的权宦。德宗亲自找来窦文场，推心置腹地与他交谈，说道："唐前期对宦官的约束很严格，那时候宦官官阶不高，穿绯色官服的都没有几个人。自从李辅国以来，破坏了以往的制度。现在我任用你为护军中尉，是有我个人的私心。如果再用白麻宣告天下，大家一定认为我是被你们逼迫才有这样的任命。"经过此番交谈，宦官窦文场明白了德宗的良苦用心，急忙叩头谢罪，焚毁了已经在白麻上起草好的任命制书。显然，德宗与这几位宦官之间存在深厚的私人感情，这也是他为何重新起用宦官典军的原因。

第一章　宦官势力崛起

此后，宦官从之前的监军和临时主帅升级为护军中尉，成为神策军的最高长官，位列武将所任的大将军、将军之上，并且从此成为固定制度。除神策军中尉外，其下设中尉副使为副长官，其下又有都判官为主要负责人。在具体办事人员中，重要职任如判官、孔目官也由宦官和武将杂糅担任。宦官还有掌管马匹的征马使以及掌管宴饮活动的宴设使。宦官力量深深嵌入神策军中，与禁军的来往更加紧密，大唐中央军队逐渐形成由宦官、武将组成的统一利益集团。

不仅中央禁军，宦官力量也深入地方藩镇。此前宦官作为天子耳目，被派出监视地方军队，但并未确立为制度。德宗贞元年间不仅在地方藩镇开始广泛设置宦官监军使，同时也确立了监军的常态化和制度化。监军在地方拥有独立的办公场所即监军使院，有固定的俸禄，还有专属的监军使印，前面提到的李辅光就是较早获得监军使印的宦官。

宦官监军使承担的职责是多样的，唐前期宦官监军已经作为天子耳目，监视藩镇动向。到了德宗朝，宦官监军使的活动更加频繁。这是因为，当正面解决藩镇的尝试彻底失败后，宦官监军成为德宗尝试加强对地方藩镇管理的重要工具。德宗朝宦官监军使，是藩镇与君主之间的联络人，特别是当地方藩镇出现节度使更迭时，君主往往需要参考宦官监军使反馈的地方信息，可能还

甘露之变：难以夺回的皇帝权力

会要求他们同藩镇将士交流协商，君主才能确定下一任藩镇节度使的人选；有时为了稳定藩镇局势，宦官监军使需要临时管理藩镇，镇压可能的动乱苗头；甚至必要之时，宦官监军使需要指挥藩镇兵作战。

经济领域也重新放手宦官疯狂搞钱，这与德宗即位之初的政策大相径庭。德宗即位后就减少了地方进奉，宦官掌管的宫廷内库没有了财源。建中二年（781），削藩战争打响。大炮一响黄金万两，失去了地方进奉后，度支想方设法聚敛钱财，其方式主要是巧立名目，向京畿地区百姓花式征收各类税，例如房地产税、商品交易税、高利贷典当税，还提高了盐价。如此竭泽而渔的薅羊毛行为，导致民怨沸腾。即便如此，中央财力依旧难以为继。泾原兵变发生前，中央财源匮乏、捉襟见肘，甚至没能够好好犒赏那些为大唐冲锋陷阵、时刻准备献出生命的前线将士，这才引发了皇城中从未有过的大规模士兵哗变。甚至在逃难奉天时，德宗不得不卖掉亲王饰带上的金子换取军费。

由此，德宗深深感受到了"巧妇难为无米之炊"的尴尬，仅仅依靠度支是不能解决财政危机的，于是重新恢复了地方进奉。叛变平定后，进奉仍然没有停止。地方藩镇节度使在进奉上互相竞争比拼，希望能够通过这样的方式获得德宗的青睐。德宗朝重开地方进奉后，其规模甚至远超其祖父辈之时。大量地方藩镇进

第一章　宦官势力崛起

奉来的物资，重新由宦官管理，宦官又恢复了财富大管家身份。

宦官群体除了典禁军、掌内库，对外朝事务的干预也进一步增强。这种干预，一方面是由于君臣关系越来越疏远，原本属于外朝官员的许多职任转而由宦官担任；另一方面，德宗朝设置了大量全新的职任由宦官担当。同玄宗朝一样，宦官都是采用灵活的使职差遣形式担任相应的职任。此时的宦官使职例如负责传递文书的监右银台门进奏使，掌管内廷事务的如内园使、营幕使、内酒坊使，掌管宫苑的大明宫使、北内留后使等相继出现。宦官群体在内廷崛起，文臣逐渐退出内廷活动区域。

但内廷中有一个例外，那就是翰林学士。翰林学士设立于玄宗朝，工作地点在大明宫右银台门内一处相对封闭的院落即翰林学士院中，是除宦官外唯一能够出入宫禁，在内廷办公的文官。翰林学士具有较高的学识素养，是皇帝的高级秘书和私人顾问，工作内容包括撰写重要的诏敕文书、辅佐皇帝进行政事务决策等，在中枢系统具有举足轻重的作用。

翰林学士不是正式官职，只是临时差遣，没有官阶品秩，从六部尚书到校书郎都有机会入选，是否被重用取决于本人同皇帝的关系如何。德宗朝任命了多名翰林学士，其中陆贽与顾少连是德宗心腹，常常能够参政、议政，尤其是陆贽在任翰林学士期间，大小政务都由他参决，宰相犹如摆设，因此被称为"内相"。

甘露之变：难以夺回的皇帝权力

德宗重用翰林学士的原因是不信任宰相，反之，德宗虽然允许翰林学士参与机密政务，但对翰林学士的控制也很严格。不仅安排宦官担任学士使监督翰林学士的工作，并且滞留的翰林学士不予外任升迁，例如郑絪、卫次公就被滞留在学士院中长达13年。

宦官在内廷的活动越来越频繁，供职人数也在激增。德宗在对文武官员失去信任后，真的就完全信任宦官了吗？德宗防臣如防贼，如此敏感多疑的他，真的会彻底放权给宦官吗？并不会。虽然宦官同他经历了生死考验，宦官也不会有夺位当皇帝的可能，但是宦官力量的强大也可能会威胁到他的宝座。为防范此前权宦的肆意干政，德宗采取了一些对宦官的限制措施，并非仅仅是一味纵容宦官，或许从中我们更能够理解德宗的小心思。

但是制度的走向总是背离设计者的初衷，不免让人感叹历史的走向有时就是这样不如人愿。

例如，宦官养子问题。学界对中晚唐宦官擅权的认识，除了指出他们擅权的根基是掌握禁军外，宦官养子被认为是宦官权势更续以及培养势力的最主要手段。宦官养子何时成为唐代宦官最主要的更迭方式呢？答案是在德宗朝。

贞元七年（791）三月，德宗改变此前唐代宦官不能养子的规定，正式允许内侍省宦官五品以上的可以养子一人。养子需是同姓，年龄不能超过10岁。此前，宦官养子并未被公开允许，

第一章 宦官势力崛起

但已经有宦官养子的现象。除了宦官养子外，还有来自平民之家和官员家庭的宦官，内侍省宦官来源多样。但此后，宦官绝大部分都是来自宦官家族，极少会有来自平民家庭的，来自官员家庭的宦官几乎绝迹。宦官集团的人员来源走向单一化和封闭化。

为何德宗会这样做呢？或许我们从另一件事情上可以看到原因。贞元十二年（796），当德宗授予宦官神策军中尉时，又下令限制了宦官在国家祭祀中的活动。此前，大规模祭祖和皇帝亲自祭祀天地的时候，都会令中使宦官一人带领礼器到祭坛祭祀。而在这一年，德宗认为祭祀这样的国家大事，宦官中使领取礼器并不适宜，而改为由专门的礼官到内库监督领取礼器到太庙。在宦官权势扩张的背景下，德宗这样做有意划定外朝文臣和内朝宦官的活动空间，明确划分内外的界限。

将宦官来源限定在宦官养子中，可以在一定程度上隔绝宦官集团与外朝官员的往来，从而两个群体的界限日益明晰。皇帝则可以从中驾驭，牵制不同的政治力量，实现帝王纵横捭阖之术。

同样的心思也反映在军事安排上。上文谈及德宗对禁军实行改革时，既设置实力强大的神策军，拱卫京师，震慑地方藩镇，同时又将近身侍卫他的那些贴身护卫编入神威军中。又将神策军、神威军一分为二，实现互相制衡。可以看到，从军事领域的互相制衡，到行政领域划分内外界限，德宗始终尝试分而治之，构建一个更安全的周边环境。

但又为什么说这些制度设计最终都成了徒劳呢？因为从结果看制度设计都走向了它的反面。在军事方面，神威军在宪宗朝很快迫于神策军发展的压力而被收编吞并，神策军获得了贴身侍卫皇帝的职责，皇帝安危均在神策军之手，没有了制衡力量。宦官养子方面，宦官依靠养子养女，形成盘根错节的家族势力，逐渐成为团结一致的统一力量。他们的自我意识更加突出，与外朝官员势如水火，不断蚕食原属于外朝的职权，推进内部空间向外部扩展，最终宦官群体获得了位同宰相的话语权，出现了南北大臣共治的局面。事情总是在慢慢起变化，这些发展恐怕都是德宗皇帝本人始料不及的。

但我们仍需要承认，德宗已经尽其所能，加强了中央禁军的势力，扩充了中央的财源。至于如何再次把权力从宦官群体中收回，将是此后几代皇帝苦思冥想的难题。

四、顺宗失败，宪敬遭弑

顺宗李诵，德宗长子，母亲是皇后王氏。上元二年（761）正月生于长安大明宫，大历十四年（779）封为宣王，建中元年（780）立为太子，此后的太子时光长达25年，是唐朝历史上担任储君时间最长的太子。德宗虽有十一子,但八子庶出,二子不是德宗亲子。李诵是德宗唯一的嫡子,也是德宗尽心培养的接班人。

然而,贞元二十年(804)九月,太子李诵再次中风,不能说话。此前贞元三年(787),太子妃萧氏母亲郜国长公主与禁军将领李昇淫乱且行厌胜之术的事情被揭发,德宗对太子李诵心存疑虑,有过废立的念头,但被李泌及时劝阻,父子和好如初。三年后(贞元六年,790)被幽禁在宫中的郜国长公主薨逝,太子也因中风而卧床,不过后来得以康复。十多年后,太子旧病复发,德宗担忧不已,多次探望,又遍寻名医,却始终不见起色。

中风是李唐王室的家族遗传病,这样的病症,几乎是唐朝皇帝的魔咒,这就是史书所称"风疾",即遗传性高血压。自高祖皇帝李渊开创大唐,此后数位皇帝包括唐太宗李世民、唐高宗李治、唐顺宗李诵、唐穆宗李恒、唐文宗李昂、唐宣宗李忱均有此病。这种心脑血管疾病,干扰了皇帝的执政能力,进而也影响了唐朝政局的走向。

到贞元二十一年(805)正月初一,所有的亲王和皇亲国戚都在大殿中朝拜德宗,唯独太子李诵因为生病不能前来。德宗看到李诵年纪轻轻却缠绵病榻,或许又联想到爱妻王皇后也曾久病不起,最终红颜薄命,不由得泣泪纵横、悲伤感叹,此后便卧床不起。

二十三日，德宗驾崩。太子李诵久卧病床，难免引起人们的担忧疑虑，于是，李诵当天连孝服都没有换上，身穿紫袍脚穿麻鞋，强撑着病体到九仙门召见禁军将领，京城的人心才安定下来。此后，李诵接见百官，正式在太极殿即位。

由于顺宗不能说话，不能临朝裁决政务，就一直住在后宫，床前悬挂帷帐，宦官李忠言、昭容牛氏伺候在身旁。文武百官奏事时，顺宗在帷帐中决议。顺宗因为身体原因不能操劳国事，顺宗朝参与政务的核心人员是自太子时期就陪伴李诵的王伾、王叔文、韦执谊。

玄宗在开元年间设立翰林院，征召天下才艺之士供奉宫廷，包括文学之士、僧、道以及琴、棋、书、画、天文、医学等各种技艺人员。之后，文学之士的重要性日渐凸显，就从翰林院分化出来，在翰林院南边新设立的学士院中办公，其他技艺人员依旧在翰林院中，称"翰林待诏"。王伾擅长书法，王叔文擅长围棋，二人分别以书待诏和棋待诏的身份频繁出入东宫。二人都出身寒门，凭借高超的技艺，侍奉在侧，成为李诵的心腹。此外，韦执谊在德宗朝被破格任用，获得德宗宠信，20多岁以右拾遗的官职被召为翰林学士，又在德宗的安排下与太子李诵接触，从此与太子李诵往来密切。

第一章 宦官势力崛起

李诵为太子的时候,王叔文等人就尽力为他谋划。顺宗当太子时就对宦官的跋扈深恶痛绝,曾与太子侍读等人谈及宦官宫市的事情,李诵想要向德宗进谏罢宫市、抑宦官,众人都称赞李诵,唯独王叔文没有支持。他指出德宗多疑敏感,太子最好不要讨论外事,更要避免与宦官发生正面冲突,以防宦官趁机挑拨德宗与李诵的父子关系。王叔文成功劝止了李诵,也获得了李诵的信任。同时,王叔文注重笼络内廷力量,结交翰林学士与宦官,争取到左军中尉杨志廉对太子的支持,又在学士院中安插自己的同乡浙东观察判官凌准为翰林学士,打探消息,参与起草遗诏。

德宗最后病重的20多天中,人心疑惧,暗流涌动。德宗贤妃韦氏和部分宦官支持舒王李谊。李谊是德宗弟弟、代宗嫡子郑王李邈的长子,大历八年(773)郑王李邈薨逝后,代宗将李谊过继给了当时的太子德宗。舒王李谊深受德宗器重,德宗曾因郜国长公主案也有过废除太子改立舒王的想法。翰林学士卫次公等人也在考虑支持太子的长子广陵王李纯。但在王叔文等人的筹谋下,李诵获得了内廷多数力量的支持,有惊无险地以久病之躯继承大统。

顺宗即位后,提拔自己的心腹担任要职。贞元二十一年(805)二月,任命吏部侍郎韦执谊为宰相。之后不久,任命殿中

甘露之变：难以夺回的皇帝权力

丞王伾为左散骑常侍、兼翰林待诏，后又转任翰林学士；苏州司功王叔文为起居舍人、翰林学士，二人共同负责起草机密诏令。

顺宗不能亲自处理政务，当时政务的处理和传递过程非常复杂。王叔文、王伾虽然是顺宗心腹，但二人与顺宗的关系有差异，角色也各有不同。王伾面貌丑陋，操着一口苏州方言，顺宗最喜欢戏弄亲近他。王叔文懂得文章经义，喜欢谈论政务，顺宗对他更敬重些。因为身份、亲疏不同，王叔文在翰林院处理政事，王伾则能随意出入宫廷，和李忠言、牛昭容议论政务。一般流程是：呈给顺宗的奏章先交到学士院，由王叔文裁决政事，王伾将王叔文的意见带进宫中告诉李忠言，李忠言又将意见通过牛昭容传递给顺宗，顺宗将指示通过牛昭容传递给李忠言，之后李忠言再以皇帝的名义下诏传到中书省，由韦执谊负责接收并执行。

顺宗太子时期，王伾与王叔文秘密结交了一批有名望且锐意改革的中下层官员，如刘禹锡、柳宗元、程异、凌准、韩泰、韩晔、陈谏、陆质、吕温、李景俭等。顺宗即位后，这些官员相继被提拔，得到重用。他们负责探听外朝动静，然后与王叔文一起讨论政务。一些对他们有意见的官员或被攻击，如侍御史窦群；或被贬黜，如御史中丞武元衡贬为太子左庶子；或选择主动避事退隐，如宰相贾耽声称有病在身，请求告老还乡，宰相郑珣瑜径直回家，不再上班。

王叔文等人大权在握，开始放手改革德宗朝以来的弊政。改革涉及多个方面，包括加强中央集权，削弱地方藩镇势力。例如，浙西观察使李锜兼任诸道盐铁转运使，掌握财政大权。贞元二十一年（805）三月，王叔文收回李锜的盐铁转运使之职，改由宰相杜佑兼任度支盐铁转运使，自己担任副使，将财政权收归中央。剑南西川节度使韦皋让节度副使刘辟来京师，请求总领剑南东川、剑南西川、山南西道三川，但被王叔文拒绝。还有如赏罚分明，任人唯贤；取消杂税，减轻百姓负担；放300名宫女、600名教坊女乐出宫还家等。

改革中最重要的内容是打击宦官势力。顺宗在太子时就不满德宗宠信宦官，此时王叔文等人便将改革对象瞄准宦官群体。第一项就是罢免宦官宫市。德宗晚年任用宦官为宫市使，为宫廷采买物资，宫市使之下又有数百名小宦官直接出宫采购。采购的宦官往往在交易中强买强卖、压低价格甚至公开抢夺，情形如白居易《卖炭翁》中描述的那样，引起了极大的民愤。

第二项是废除五坊小儿。五坊即雕坊、鹘坊、鹞坊、鹰坊、狗坊，五坊豢养的鹰犬是为皇帝狩猎、玩乐、供奉而用。玄宗年间便设有五坊使，多为亲信近臣或禁军武将兼任。肃宗朝，李辅国兼任五坊使。德宗朝，五坊隶属于宦官宣徽院。五坊使和五坊小儿常常借由训练鹰犬,四处敲诈勒索、巧取豪夺,同样引发民众的痛恨。此外,裁减内廷闲杂人员,下诏停止了内侍郭忠政等19人的俸禄。

王叔文等人的改革活动损害了宦官集团的利益,同权宦俱文珍(后从养父姓,改名刘贞亮)等人的关系急剧恶化。除了宦官,不满顺宗和王叔文的还有翰林学士郑絪和卫次公,他们已经在德宗朝担任了13年的学士,顺宗即位后依旧没有升迁。当时,顺宗患病久久没有痊愈,有时被扶上大殿,下面的文武百官只能远远看着,没有人出班上奏政事。朝廷内外都恐惧不安,期盼早日确立太子。于是,俱文珍、刘光琦、薛盈珍等宦官写信给顺宗召集翰林学士郑絪、卫次公、李程、王涯,进入大殿起草册立太子的诏书,排除了王叔文集团的凌准。一旦顺宗有什么不测,宦官们就可以顺理成章拥戴太子即位。

顺宗虽然有严重的心血管疾病,多次因中风卧病在床,年仅46岁就薨逝,但他共有27个儿子,11个女儿,是唐朝子女最多的皇帝,其中广陵王李淳为长子。郑絪在纸上写下"立嫡以长",拿给顺宗看,顺宗点头同意。贞元二十一年(805)三月二十四日,顺宗下诏册立广陵王李淳为太子,改名李纯。四月初六,顺宗在宣政殿正式册立李纯为太子。王叔文、韦执谊担忧自己权位不保,三天后便安排给事中陆质为太子侍读,让

第一章　宦官势力崛起

他接近太子，偷偷试探太子的意向，想要随时化解太子对自己的不满，但被太子斥责。

王叔文明白当下时间紧急，唯有加紧夺取宦官手中兵权才能巩固顺宗的皇位，自己的权位也能得到保障。王叔文曾想直接夺权，由李忠言向宦官们传达诏命，众宦官不敢说话，唯有俱文珍与他争执。直接夺权遭遇阻力，王叔文改换思路，不再亲自出面，而是任命范希朝、韩泰接管京西诸城镇的神策军。

神策军除了在京部队，还有一部分右神策军驻扎在京西凤翔，左神策军驻扎在京北塞上，属于外镇兵，负责抵御吐蕃侵扰和监视京西、京北藩镇，各城镇长官称城使或镇使。德宗设置的两军中尉，不仅直接控制京师的神策军，也遥领京师周边的神策镇兵，控制着诸镇长官的任命。相较于近在眼前的京师兵，外镇兵远在千里之外，神策军中尉只能远程控制，二者间信息滞后，军队反应迟缓，一旦周边军事紧张，朝廷会临时在城使、镇使之上增设一级新长官即行营节度使，加强对外镇兵的调度。

王叔文本想在京师直接夺取宦官兵权，但是没能成功，于是采取迂回策略，打起了神策镇兵的主意。贞元二十一年（805）五月初三，以右金吾大将军范希朝为左右神策京西诸城镇行营兵马节度使。五月初六，以度支郎中韩泰为神策行营行军司马。范希朝是中唐名将，治军严整，在军中威望极高，担任正职；韩泰是王叔文亲信，担任副职，掌握实权，从事实上控制部分神策兵。

一开始宦官们没明白这其中的利害，并未直接拒绝，但当行营将领们纷纷向宦官两军中尉进奏信函，说他们即将隶属范希朝，杨志廉等宦官才醒悟过来，知道王叔文是在夺取军权，恐怕之后还会对他们动手。愤怒的宦官们彻底与王叔文集团分裂，悄悄给诸镇神策军下令，要求他们不听从诏令。范希朝抵达奉天，没有一个将领前来迎接。韩泰见状骑马回京，向王叔文报告，王叔文听后却无计可施。天真的王叔文原本想通过一纸诏令就拿回宦官军权，却被宦官集团轻而易举地化解。这件事情之后，形势对王叔文集团越来越不利。

王叔文这边在尝试夺取宦官军权，宦官那边也谋划着剥夺王叔文的参政权。贞元二十一年（805）五月二十三日，俱文珍免去了王叔文的翰林学士，以王叔文为户部侍郎。王叔文明白失去翰林学士的身份，他就不能再进入宫禁，被排除在政权核心之外。王伾接连上表为他请求，顺宗同意王叔文每隔三五天进入翰林学士院一次，但没有恢复他的学士身份。

六月二十日，王叔文的母亲去世，王叔文只能离职，回家给母亲守丧。王叔文离开后，王伾失去了依靠，只能每天去见宦官和宰相杜佑，请求征召王叔文回朝当宰相，并且统领禁军。这样

第一章 宦官势力崛起

的请求无异于与虎谋皮，自然没有成功。王伾不甘心，又请求征召王叔文为宰相，统领隶属鸿胪寺的威远军，但依然没有成功。王伾在翰林院中一连进奏了三份奏章，都没有收到回复，便感到大势已去，在翰林院或坐或躺，挣扎了一天。毫无良策的王伾，当天晚上声称自己中风了，第二天被抬回家中，再也没有出来。

王叔文、王伾两位核心人员相继离开后，宦官们又联合地方藩镇向顺宗施压，逼迫他让位给太子。顺宗即位时，剑南西川节度使韦皋曾让节度副使刘辟来到京师，向王叔文请求总领剑南东川、剑南西川、山南西道三川，但被王叔文拒绝，于是韦皋就转而与宦官合作，联合宦官窦文场的养子荆南节度使裴均、与宦官交好的河东节度使严绶，三人相继上表请顺宗退位，让太子监国。

七月二十八日，在宦官与藩镇的联合逼迫下，顺宗禅位，下诏由太子全权处理军国大事。八月初四，顺宗正式下制令太子继位，自己改称太上皇。第二天（八月初五），顺宗迁居兴庆宫，改年号为永贞元年（805），封宪宗母亲良娣王氏为太上皇后。第三天（八月初六），失去顺宗庇护的王叔文集团，开始遭到全面清洗。贬王伾为开州司马，王叔文为渝州司户。王伾不久在贬所病故，第二年王叔文被赐死。八月初九，宪宗李纯在宣政殿即位。

甘露之变：难以夺回的皇帝权力

宪宗即位后，继续接连贬黜王叔文集团成员。最终，贬刘禹锡为朗州司马，柳宗元为永州司马，韩泰为虔州司马，韩晔为饶州司马，程异为郴州司马，凌准为连州司马，陈谏为台州司马，韦执谊为崖州司马。至此，这场轰轰烈烈、旨在改革前朝弊政的运动猝然宣告失败，史称"二王八司马"事件。除了贬黜外朝官员，顺宗的亲信宦官们也遭到弃置。曾与王叔文等人合作的李忠言此后去向不明，曾经拥戴顺宗即位的杨志廉提前退休，顺宗的近侍小宦官20岁的王志用遭到贬黜。

顺宗本人即使退位为太上皇，也在劫难逃。永贞元年（805）十月，山人罗令则前往陇右经略使刘澭那里，矫诏称顺宗请他发兵营救自己。罗令则和他的党羽们都被杖杀，但顺宗的存在始终威胁着宪宗的皇位。两个月后，元和元年（806）正月十九日，这位做了25年的太子，186天的皇帝，4个月的太上皇，年仅46岁的李诵在兴庆殿驾崩。至于顺宗的结局，《旧唐书》只是记载元和元年（806）正月因顺宗旧疾复发，宪宗亲自服侍顺宗汤药饮食，不上朝听政。几天后，顺宗就驾崩了。

然而顺宗自从禅位后直到病故没有再露面，可能并非正常病故。唐代传奇小说集《续玄怪录》中有一篇《辛公平上仙》记载了暗黑版的顺宗之死。很可能顺宗禅位后，被宦官勒令自尽，顺宗拒绝后，依旧被宦官杀害。等到几个月后，宪宗改元，朝政稳

第一章 宦官势力崛起

固,才将顺宗之死昭告天下,正式为顺宗发丧。

宪宗李纯,顺宗长子,母亲是在代宗大历年间入宫的王才人,13岁时被代宗赐给李诵。李诵被册立为太子时,王氏被册为太子良娣。李纯生于大历十三年(778)二月,德宗贞元四年(788)封为广陵郡王,顺宗永贞元年(805)四月封为皇太子,八月即位。宪宗在位15年,致力于削弱藩镇势力,先后平定多起藩镇叛乱,暂时结束了安史之乱以来藩镇跋扈的局面,史称"元和中兴"。然而一代英主,晚年沉迷丹药,喜好神仙不老术;崇信佛教,派遣宦官到凤翔法门寺迎接佛骨;重用宦官,导致宦官势力获得恶性膨胀,自己最终也惨死于宦官之手,让人不胜唏嘘。

如果说,顺宗之死疑似宦官所为,那么宪宗则是唐朝历史上第一个可以确定被宦官杀死的皇帝。宪宗为何重用宦官,为何被宦官谋杀,宦官杀宪宗的动机是什么?为了解答这些疑问,我们需要先简单了解宪宗元和年间政局与宦官权势的发展。

宪宗即位后,贬黜王叔文等革新运动成员,抑制宦官的行动也就戛然而止了。宪宗沿用德宗朝旧臣,对宦官的态度也回到了重用的老路上。特别是宪宗年间频繁对藩镇用兵,宦官群体得以在军事和政治领域获得快速发展。

宦官在军事上的发展,主要是在朝廷对藩镇作战中担任监军使或直接率领军队参与作战。例如,元和元年(806),宪宗任命左神策军长武城使高崇文为左神策军行营节度使,率领神策军1万人讨伐西川节度使刘辟,拥戴宪宗即位的宦官内侍少监俱文珍担任都监招讨宣慰使,即监军使。元和二年(807)征讨镇海节度使李锜,任命淮南节度使王锷为诸道行营兵马招讨处置使,宦官右监门卫大将军薛尚衍为都监招讨宣慰使。元和四年(809)讨伐成德节度使王承宗,任命左军中尉吐突承璀为左右神策、河中、河阳、浙西、宣歙等道行营兵马使招讨宣慰使,率领在京的神策军参与作战。宦官们在频繁的军事行动中积累军功,成长为军功权贵。

宦官不仅直接参与军事作战,也参与到了军国大事的决策中,这一时期宦官枢密使得到充分发展。玄宗朝高力士、肃宗朝李辅国、代宗朝鱼朝恩等都曾参与过政务决策,不过仅是临时性质。到代宗年间,出现了正式的枢密使一职。枢密使往来在宫廷和中书门下之间,职责包括:皇帝与宰相之间的政务联络、草拟内廷文书、处理各地监军上报的消息、参与延英会议等决策会议。代宗朝内侍董秀担任枢密使长达12年,最终因为同权相元载内外勾结被诛杀。董秀虽死,但枢密使由乔献德接任,枢密使成为宦官的固定使职。由于枢密使是参决机密的要职,地位越来越高,枢密院长官枢密使成为与两军中尉相提并

第一章 宦官势力崛起

论的宦官"四贵";机构也越来越完整,到宪宗朝枢密使发展为枢密院,在正使下有副使,还有记录文书的枢密承旨、监察枢密院工作的枢密端公等。

宪宗元和年间,重要的宦官内诸司普遍设立,除了枢密使,最晚到宪宗朝已经出现如负责传递文书从而参与到政务运行的阁门使、学士院使,掌管具体事务的染坊使、鸿胪礼宾使、神策军采造使、内冰井使,管理宫苑的会仙院使、浴堂院使、华清宫使等。总之,宦官系统粗具规模,此后南衙朝官与北司宦官系统间开始了长达一个世纪的合作与对抗。

宪宗虽然重用宦官,但赏罚分明,对宦官的管理十分严格,没有放纵宦官,还曾屡次严惩违法乱纪的宦官。例如,元和四年(809),宦官内常侍吕如金为翰林使,交结盐铁使李巽转运一批樟木修建宅邸,被杖罚40杖后在流放途中又被赐死。元和五年(810),金吾卫大将军尹慎向右神策军中尉第五从直行贿,第五从直害怕事发被牵连,主动向宪宗报告,宪宗贬黜尹慎,并且处死了三个中间人。元和六年(811),弓箭库使刘希光收受羽林大将军孙璹的贿赂,被赐死。元和八年(813),宦官李建章收受桂州观察使房启的贿赂,被杖罚100杖后处死。元和十一年(816),弓箭库使王国文结交前同州澄城县丞王澄,被发配守陵,贬为白身。总之,宪宗对那些结交外臣、受贿贪腐的宦官是零容忍的态

甘露之变：难以夺回的皇帝权力

度，无论官位几何，伸手必被捉，捉后轻则剥夺一切职位，发配守陵，重则直接赐死。

宪宗早年励精图治，对外成功削弱藩镇势力，对内很好地控驭朝臣和宦官。宦官姚存古在宪宗朝受到重用，他的墓志文中记载了宪宗曾说过的话："吾以天下地大吏繁，悉付相臣，谋于庙堂。思得谨密近侍，衔我指意，可事于外朝。"可以看到，宪宗充分发挥皇帝个人权力，建立起以自己为中心的新政局模式，通过驾驭内外群臣，才实现了大唐的中兴。但这样的一代英主，随着在位日久，开始懈怠政事，沉迷于长生不老之术，导致政局朝着不可预料的方向发展。

宪宗晚年喜欢神仙不老术，下诏全国寻求方士，众多方士齐聚京城，山人柳泌便在其中。元和十三年（818）十月，柳泌开始在兴唐观中炼制药物。宪宗急切地想要长生不老，柳泌利用宪宗的心理求取官位，说天台山有许多灵草，如果能由自己担任长官就可以找到。宪宗不顾谏官反对，任命他暂代台州刺史，还赐给他金鱼袋和紫色的官服。柳泌到台州后，逼迫官吏百姓采药，但是毫无所获。柳泌害怕被宪宗治罪，就携全家逃往山中，但被逮捕押送回京城。

意外的是，宪宗没有治柳泌的罪，命他为翰林院待诏，仍然制作丹药。服用丹药在唐朝皇帝中并不少见，目前也出土了很多相关用具和材料。例如，西安何家村遗址窖藏曾经出土过一批道士制作丹药所需的材料和炼丹器具，可以确定，丹药的成分是丹砂、水银、矿石等。这些物质进入人体，会导致人的性情越来越急躁癫狂、喜怒无常。宪宗正是服用丹药的缘故，身体日益燥渴，常常暴躁发怒，因此服侍宪宗的宦官们常常获罪，有的被直接处死，人人自危。

元和十五年（820）正月二十七日，宪宗在中和殿突然死亡。神策中尉梁守谦和宦官马进潭、刘承偕、韦元素、王守澄等人共同拥立太子遂王李恒继位，杀死了拥立澧王李恽的吐突承璀和澧王本人，随后赏赐左右神策军、六军、威远军士兵钱财，稳定军心。元和十五年（820）闰正月初三，穆宗在太极殿即位。

吐突承璀是宪宗朝最受宠信的宦官。他自小就服侍在太子李纯身边，是宪宗的东宫旧人。宪宗即位后，任命他为内常侍、左监门将军，元和元年（806）接替杨志廉担任左军中尉。元和四年（809），率领在京神策军参与平定王承宗叛乱，出师不利被降为军器使，又因牵连进弓箭库使刘希光受贿案，出为淮南监军使。元和八年（813），吐突承璀被召回任弓箭库使，元和十二年（817）再次任命为左军中尉。从吐突承璀的升迁贬黜可以看到，宪宗对宦官的控制力很强。宪宗曾自信地对宰相李绛说："此家奴耳，向以其驱使之久，故假以恩私，若有违犯，朕去之轻如一毛耳。"宪宗在精力充沛的时候确实能够严加管束宦官，然而当他力不从心的时候，羽翼渐丰的宦官集团失去了约束，引发元和末年的内廷动荡。

吐突承璀被杀死的原因，据《资治通鉴》记载是因为他意图动摇储位，拥立澧王李恽，这就涉及宪宗朝的储位之争。宪宗有20个儿子，其中美人纪氏所生邓王李宁为长子，元和四年（809）被立为太子，然而两年后（元和六年十二月）年仅19岁便薨逝。太子薨逝，储位之争再起波澜。澧王李恽为宪宗第二子，若按照长幼顺序应该由他继任太子，然而李恽遇到了劲敌——他的弟弟宪宗第三子遂王李宥。元和七年（812）七月，经过七个月的漫长抉择，宪宗决定册立第三子遂王李宥为太子，改名李恒。

遂王的母亲贵妃郭氏家世显赫。郭贵妃的父亲是汾阳王郭子仪第六子郭暧，母亲是代宗女儿升平公主，他们夫妻俩的故事被后人改编为戏剧《（醉）打金枝》。郭氏家族为勋贵豪门，顺宗为笼络郭氏，便策划了政治联姻，将郭暧的女儿纳为长子广陵王李纯的正妃，从辈分上看郭氏是宪宗的表姑母。郭氏于贞元十一年（795）生下遂王，元和元年（806）被册为贵妃。

史书载宪宗与郭贵妃感情深厚，但郭氏家族多为朝中重臣，在政军两界的势力盘根错节，宪宗担心郭氏家族通过外戚身份干预朝政，于是元和年间没有重用郭氏家族，也没有册立郭氏为皇后。按理，遂王为正妃之子，但因为宪宗的顾虑，反而立长子邓王为太子。即使第二次遂王被立为太子，由于郭贵妃不是皇后，他的嫡子身份也没有确立，为宪宗末年的皇位斗争埋下了隐患。

宪宗之死疑影重重。关于宪宗之死，历来有三种说法。一说宪宗沉迷丹药，最后毒发身亡。然而《新唐书》已经明确指出是宦官陈弘志等人谋反，宪宗驾崩，因此自身中毒而亡的说法只是掩人耳目的借口。

二说宪宗是被宦官内常侍陈弘志等杀死。奇怪的是，继位的穆宗竟然没有彻底惩办杀害父亲的凶手，元和十五年（820）三月，陈弘志还与一众拥立穆宗的宦官请求列戟，直到文宗即位后才将凶手陈弘志、王守澄处决。

三说宪宗之死的幕后元凶正是自己的儿子穆宗和正妃郭贵妃。这个说法的关键证据来自昭宗朝裴庭裕所写的《东观奏记》，书中说宪宗驾崩的时候，宣宗虽然年幼但已经能记事，"追恨光陵商臣之酷"。光陵是穆宗的陵墓，商臣是春秋时期楚国国君楚穆王，他的皇位是通过弑父取得的。这句话是说宪宗之死的罪魁祸首是穆宗，这也是史学界的主流看法。然而穆宗本人昏聩没有心机，难以策划弑君夺位的计谋。文宗处决了谋杀祖父的宦官，却对郭太后孝顺恭谨，郭太后当年应当没有参与其中。

甘露之变：难以夺回的皇帝权力

历史的真相到底如何？学者黄楼提出了另一种可能。首先，澧王李恽年长，得到了众多宦官的拥戴。不过左军中尉吐突承璀并非澧王党羽，另一位内廷实权派右军中尉梁守谦才是拥立李恽的主谋。翰林学士崔群等朝臣担心宦官拥戴澧王李恽成功即位后其势力会再度膨胀，因此劝宪宗立遂王为太子。储位看似尘埃落定，但宪宗晚年沉迷于长生不老，遂王的太子之位并不巩固，给宦官们留下了可乘之机。

元和十五年（820）宪宗病重，梁守谦等宦官正加紧谋划废黜太子拥立澧王李恽即位，然而意想不到的是，由于不堪忍受宪宗的暴虐，陈弘志、王守澄等人铤而走险弑杀君主，这让梁守谦等人措手不及。此时，他们害怕贸然改换太子会背负弑君之罪，引火烧身，引起外朝官员和地方藩镇的集体攻击。为了掩盖真相，息事宁人，梁守谦等人抛弃澧王，拥立原定的皇位继承人太子李恒即位。为了向新帝表忠心，将旧主澧王杀死。至于吐突承璀，他想要为宪宗报仇发兵讨贼，梁守谦等人担心东窗事发牵连自身，于是诱杀吐突承璀，诬陷他是因为拥立澧王而被处决。

由于左军中尉吐突承璀被杀，右军中尉梁守谦等人成为拥立新帝的功臣，此后穆宗、敬宗、文宗、武宗四朝，右神策军始终处于上风，排挤打压左神策军，干预皇位人选，是把持内廷的主要力量。

第一章　宦官势力崛起

穆宗，宪宗第三子，元和十五年（820）闰正月在太极殿即位，长庆四年（824）病重去世，年仅30岁。穆宗在位的四年，终日沉迷于出游打猎、歌舞女色，对身边近臣的赏赐毫无节制，又同他的父亲一样进食丹药。长庆二年（822）十一月二十四日，穆宗在和宦官们打马球时受到惊吓，得了中风导致半身不遂。为了防止皇位传承出现意外，十二月初七，在朝臣和宦官的支持下，穆宗长子景王李湛被立为太子。长庆四年（824）正月二十日，穆宗疾病再次发作，二十二日去世。四天后（二十六日），太子李湛在太极宫即位。

敬宗，穆宗长子，长庆四年（824）即位，宝历二年（826）十二月被宦官杀害，年仅18岁。敬宗16岁即位，与他的父亲穆宗一样，终日游宴、击球、奏乐，赏赐宦官、乐人的物品多到难以记载。敬宗游乐无度、不理朝政，对内廷的控制十分松弛，导致他在位期间险象环生，接连遭遇了数次刺杀。

长庆四年（824）四月，刚即位两月有余的敬宗正兴致勃勃地在清思殿击球，突然有宦官一边跑进宫中，一边关闭宫门，向敬宗报告说有盗贼攻破宫门闯了进来，这个事件就是染工张韶之乱。慌忙之际，敬宗想要逃到右神策军营避难，但右神策军营距其较远，敬宗担心遇到盗贼就往左神策军营避难。左神策军中尉马存亮跑出门迎接，捧着敬宗的双脚哭泣，亲自背着敬宗进入军营,派遣左神策大将军康艺全率领骑兵进宫讨贼。

马存亮历任六朝,宪宗元和末年时是吐突承璀的副手,担任左神策军中尉副使、左监门卫将军。吐突承璀去世后,接替吐突承璀的是右军中尉梁守谦亲信马进潭,直到穆宗长庆二年(822),马存亮才接任左神策军中尉。马存亮在染工张韶之乱中立下大功,趁机向敬宗上书为曾经的上司吐突承璀申冤,敬宗允许吐突承璀儿子吐突士晔为其父收葬,但并未为吐突承璀平反。马存亮为人忠厚谨慎,在禁军中非常有威信,但是由于他出身左神策军,又为吐突承璀鸣冤,遭到右神策军梁守谦一派打压,虽有护驾之功却被贬出京师担任淮南监军使。

染工张韶之乱平定后,马存亮抓住机会为吐突承璀鸣冤翻案,刺激了梁守谦等当权宦官的神经,他们害怕宪宗被杀的旧事被重提,真相大白后被秋后算账。为了给自己留下后路,特意公开宣布,从此以后被乱党牵连犯下小错的,允许他们改过自新,不再进行审问。这次叛乱中没有恪守职责守卫宫门的宦官们都获得了宽大处理,没有被处死,杖责之后继续守门。

梁守谦等人的姑息养奸换来的是一次又一次的谋逆。四个月后(长庆四年八月),妖贼马文忠和宦官季文德等人图谋不轨,被杖罚100杖后处死。宝历元年(825)七月,万年县典贾镇、赵元皋诬告统军王佖的儿子王正慕等人谋乱,诬告之人被杖杀。

第一章　宦官势力崛起

宝历二年（826）十二月初八，敬宗夜里打猎回到宫中，与宦官刘克明、田务澄、许文端以及击球军将苏佐明、王嘉宪、石从宽、阎惟直等28人喝酒。敬宗喝得半醉时，到房中更换衣服，大殿里的火烛忽然被吹灭，苏佐明等人趁机杀死了敬宗。继一代英主宪宗之后，这位游戏人间的少年天子也葬送在宦官手中。

第二章
皇帝也要"夺权"

一、仓促即位,逆党充斥

宝历二年(826)十二月初八,敬宗猝然遭遇宦官刘克明等人的刺杀。敬宗16岁登基,18岁身亡,成为唐朝历史上除唐哀帝外享年最短的皇帝。弑君的刘克明、苏佐明等人矫制立宪宗李纯第六子、敬宗的叔叔绛王李悟权勾当军国事,想通过拥立新皇登基成为功勋之臣,从而逃避弑君之罪。当时宦官集团中的领袖神策军中尉梁守谦、枢密使王守澄等,率领禁军绞杀刘克明为首

第二章 皇帝也要"夺权"

的逆臣和绛王。

谁来继任大统成了难题。那时,敬宗还没来得及指定皇位继承人便撒手人寰,而敬宗长子李普不过3岁,难以继任大统。右军中尉梁守谦与外朝重臣宰相裴度联络后,决定拥立敬宗皇帝的异母弟,穆宗第二子江王李涵为帝,这就是宝历宫变。

宦官们急忙率卫兵迎接江王李涵进宫。进宫后,李涵素服面见大臣,流着泪宣布刘克明等人的叛乱已经平定。第二天,江王在太子的居所少阳院接见禁军将领,安抚军心;又流放了曾经围绕在敬宗身边的僧人、道士,处置了曾陪敬宗踢球的将士。处理完毕遗留问题后,李涵正式即位于宣政殿,改名李昂。就这样,李昂被宦官拥立为帝,仓促间以兄终弟及的方式即位,成为大唐第十四位君主。

文宗皇帝即位,是唐朝历史上第二次破坏父死子继这一继承原则(上一次是唐前期中宗与睿宗的两次继位),打破了此前历代坚持的长子继承制。宦官集团不再只是依附于已经确定的皇位继承人,而是开始独立在十六宅宗室亲王之中自主选择嗣君,日益成为确定皇位继承人的决定力量。

文宗皇帝18岁即位,执政14年(827—840)。文宗虽与敬宗同为穆宗之子,同年出生(前后仅相差4个月),但二者性情却差异巨大。敬宗贪玩无度,懈怠政事,而史书上称文宗"恭俭儒雅，博通群书"，做藩王时就喜欢阅览《贞观政要》，立志成为如太宗李世民般的盛世明君。此前，穆宗、敬宗荒淫无度，敬宗甚至一个月只上朝一次，偌大的江山在缺乏皇帝领导的状态下运行已达7年之久。文宗即位后，一改前两朝帝王的怠政，每逢单日便要举行朝会，与宰相群臣延访政事。

文宗不仅勤政，还躬行节俭。文宗刚即位便着手革除前朝的弊政，减少宫廷内各类冗员，如裁撤杂务人员和声乐人员近3000人以及宫女3000人，放飞五坊圈养的各类鹰鹞，拆毁敬宗时期玩乐的球场和亭台楼阁，宫廷内用度开支参照曾祖父德宗贞元朝用度标准。

文宗皇帝不仅自己以身作则厉行节约，还约束限制身边的皇亲国戚和内廷宦官，率领百官践行简朴之风，试图改变当时社会上的奢侈之风。文宗即位后，命令宦官神策军中尉和内诸司宦官不可穿戴价格昂贵的纱縠绫罗巾，而驸马韦处仁入宫时却戴了，恰好被文宗看到。文宗说："我原本是仰慕你们家族清雅朴素的风气，才选你为驸马，这样昂贵的布料，就由其他亲族穿戴，你就不要用了。"

文宗努力践行着勤勉和简朴的治国原则，颇有当年他曾祖父德宗初即位时候的风采。经历过穆宗、敬宗的荒诞统治，群臣百姓看到新皇帝的新气象，无不由衷庆贺，觉得终于可以期盼又一

第二章 皇帝也要"夺权"

个太平盛世的到来。

文宗即位后,于大和二年(828)举办了"贤良方正直言极谏"科的考试,希望借此机会虚心纳谏,广听四方言论。这里需要简单介绍一下唐朝的科举制度。唐朝常设的科举考试为明经、进士两科,其中进士科最为士人重视,甚至有"缙绅虽位极人臣,不由进士者,终不为美"的说法。与常设科举不同,"贤良方正直言极谏"科以皇帝名义主办,属于特别开设的考试。这类考试统称为制举,并非唐朝特有,汉代便有。唐代制举共63科,其中"贤良方正能直言极谏"科从德宗朝开始频繁举办,在中晚唐开设频次最高。"贤良方正直言极谏"科旨在选拔不畏强权、勇于批判朝政的谏诤人才,参加者可以通过地方官员或五品以上中央官员举荐,亦可毛遂自荐。

中晚唐以来,中央朝廷困难重重,文宗急需这类人才进入官僚队伍,匡扶朝政。杜牧与刘蕡在这次对策中脱颖而出,杜牧针对地方藩镇跋扈的问题,作《战论》和《守论》,言及朝廷用兵之策;刘蕡的对策洋洋洒洒5000余字,将矛头对准权势正盛的宦官集团。相较于大多数举子不敢切中朝廷要害,杜牧和刘蕡则分别讨论了藩镇跋扈、宦官专权这两个中晚唐以来的痼疾,其中藩镇远在京师之外,宦官则近在眼前,敢于剑指宦官需要更大的勇气。

甘露之变：难以夺回的皇帝权力

当时宦官集团掌握神策军15万人，干预朝政，先后杀宪宗、敬宗、绛王等，扶持穆宗、文宗即位，在长安权势显赫。刘蕡策文批评了内廷宦官窃权、外朝藩镇跋扈、长官任人唯亲、百姓生活困苦、文武官员对立的局势，指出国家已经有了"宫闱将变，社稷将危，天下将倾，海内将乱"的征兆。若结合唐末懿宗、僖宗时期的国家形势，刘蕡的言论可谓是洞若观火，深刻预言了唐王朝未来的命运走向。策文中尤其对宦官权势展开了猛烈的批评，认为改革政事首先要去除宦官力量，而想要除掉宦官力量，就要先去除他们的兵权。

刘蕡的这篇策文，直接断送了他的政治生命。与他同时参与制举的裴休、崔慎由、马植此后都位极人臣，做到了宰相；王式成为一代名将，杜牧官至中书舍人。唯独刘蕡，因考官以及宰相都不敢得罪宦官，最终未被录取。

这一结果引起了极大的舆论风波。同科及第的李郃说道："刘蕡都没有及第，而我们却及第了，实在是不知羞耻。"并向皇帝上书要求将他所授官职换给刘蕡。当时有文人读到刘蕡的策文时互相垂泪惋惜，为他叫屈。此后，刘蕡因为不能在朝堂任职，而在地方藩镇担任节度使的幕僚。武宗会昌元年（841），刘蕡在宦官监军使的诬陷下，远贬为柳州司户参军，后客死异乡。他的好友李商隐曾作诗《哭刘蕡》，悲痛悼念好友的逝世。

第二章 皇帝也要"夺权"

刘蕡出身贫寒，耿介嫉恶，在写对策时也预感到此后将面临宦官集团的围剿，但他已然将生死置之度外，抱着"苟利社稷，死无悔焉"的觉悟，慷慨陈词，毛泽东主席曾作诗称他是中唐俊伟。

这次"贤良方正直言极谏"科的举办，因为刘蕡策文闹出这么大动静，文宗自然看在眼里。刘蕡策文中所说的除宦官、夺兵权，正是文宗心中所想，文宗内心已经被深深触动。回顾文宗年少的经历，11岁时，祖父宪宗被宦官弑杀，内廷宦官不敢声张，只说宪宗是服药而死；而后哥哥敬宗在位不足3年，接着遭遇宦官谋杀，最终也死于宦官之手。此外，被杀的还有宪宗第二子澧王李恽、宪宗第六子绛王李悟。

二帝、二王死于非命，弑君凶手仍然在侧，这样的背景下刘蕡作策文批评宦官专权并非一己之见，而是朝廷反宦官的舆论代表。然而这样的人物，朝廷不敢用，诸道不敢留，文宗除了感到宦官势力的威胁，也深感形势的孤立。如何才能夺回权力？文宗苦思冥想。

二、宋氏之冤，漳王之狱

文宗并非指定的继承人，是因宦官集团拥立才继承大统，因

甘露之变：难以夺回的皇帝权力

此文宗即位后首先对那些拥立他的宦官予以提拔奖励。宝历二年（826）十二月，增右神策军中尉梁守谦食实封300户，左神策军中尉魏简弘进阶开府仪同三司，枢密使杨承和担任飞龙使，韦元素担任弓箭库使，枢密使崔潭峻加上将军。

此后半年，两军中尉相继退休。大和元年（827）三月，右神策军中尉梁守谦致仕。除给予全额俸禄外，还专门命令宦官中使到梁守谦的住宅赐予他绫绢3000匹、钱3000贯。同年十月，梁守谦去世，追赠扬州大都督、赐钱100万贯。六月份，左神策军中尉魏宏简致仕，给予全额的官俸。右神策军中尉由枢密使王守澄接任，王守澄被封为骠骑大将军、食实封500户、行右卫上将军，左神策军中尉由弓箭库使韦元素接任。

文宗不得已厚赏那些拥戴他的宦官，但内心却非常厌恶宦官。梁守谦曾经掩盖真相、姑息养奸，虽然他去世的时候哀荣备至，但很快梁氏家族就遭到了文宗的疏远和排斥。梁守谦的亲弟弟梁守志被调出长安外任富平镇遏使，此后10年没有迁升；他最小的养子始终在基层打杂，没有获得正式官职。

梁守谦不再是威胁，但继任右军中尉的王守澄却是更加危险的存在。王守澄直接参与谋杀宪宗，为元和逆党之一，如今安然无恙，甚至平步青云，掌握禁军之权。文宗即位后，无时无刻不在担心，若哪天王守澄再起异心，很有可能会故技重施，杀掉自

第二章 皇帝也要"夺权"

己另立新君。当务之急,文宗认为要提前下手,铲除以王守澄为首的宦官势力。

如何将宦官手中的权力夺回,仅仅依靠自己肯定是不够的。文宗审视朝堂,内心似乎有了一个属意的人选,他就是"沉厚忠谨"的翰林学士宋申锡。

满朝文武,为何文宗会选宋申锡?我们先来看看文宗即位之初面对的朝堂与朝臣。自宪宗元和三年(808)对策案开始,朝堂之上的牛李党争到文宗即位时已经持续了16年之久。文宗即位后,这场外朝官员争权夺利、互相倾轧的党争进入到白热化阶段。

文宗即位时,韦处厚同裴度都在嗣君问题上支持了当时的江王李涵。文宗是以宗亲身份继位,仓促之间并没有现成的立法制度可以参照,多亏了当时的翰林学士韦处厚详细制定即位的礼仪事宜,文宗得以顺利登基。文宗欣赏韦处厚的能力,于是在即位后,提拔韦处厚为宰相。当时文宗身边有韦处厚、裴度、路隋等老臣在侧,政治气氛颇为积极。然而随着老臣们相继或逝去、或避祸、或圆滑,朝臣中已经缺乏能够主持大局的稳重老臣。这样的环境也为党争的日渐激化提供了温床。

大和三年(829)七月,裴度推荐浙西观察使李德裕任宰相,但受到吏部侍郎李宗闵的阻挠,改任义成节度使。李宗闵能够成功阻挠李德裕入朝拜相,是依靠宦官的帮助。李宗闵担任吏部侍郎时,便通过驸马都尉沈䘆结交了内廷的女学士宋若宪和枢密使杨承和。李宗闵能够拜相,也正是依靠宋若宪和杨承和的帮助。

宋若宪,出身累代崇尚儒学的书香门第。父亲宋庭芬有文采,生有一子五女。5个女儿分别是若莘、若昭、若伦、若宪、若荀,她们是中国古代历史上的传奇女性。

宋氏姐妹都博学多识、才华出众,不喜欢涂脂抹粉,也不愿意嫁人过此一生,而是想成为大学问家。宋家很开明,支持她们求学,希望她们听从自己内心的想法生活。若莘作为长姐,严格督促妹妹们的学问,并且写有《女论语》10篇。

德宗贞元年间,昭义节度使李抱真向德宗表奏五姐妹的才学,德宗便将她们召入禁中,测试她们的文采水平,并考了儒家经典文献的要点。五姐妹表现出色,德宗非常惊喜,将她们都留在了宫中。

德宗与近臣写诗时,五姐妹也参与其中,诗文总能够获得德宗的嘉赏。德宗崇敬五姐妹的风范操守,不用妾侍称呼她们,而是尊称她们为学士。她们的父亲因为女儿们的表现,也获得了加官。从德宗朝开始,长姐若莘便负责管理宫廷内的典籍图档,元和末年若莘去世,赠河内郡君。穆宗即位后,穆宗又以若昭继任

第二章 皇帝也要"夺权"

这项工作,拜为尚宫,被称为先生,后妃和王公贵族都以师长的礼仪对待她。敬宗宝历年间,若昭去世,赠梁国夫人,若宪又继任同样的职务。

宋氏家族长期活动在禁中内廷,到宋若宪时期已经经历了六代君主。文宗喜好文学,而若宪文采斐然,精通论议,文宗对她礼遇有加。宋若宪在内廷的地位和角色越来越重要,甚至间接卷入朝堂争斗中。宋若宪凭借对文宗的隐形影响力助推李宗闵担任宰相,而李宗闵之后的贬黜也为宋氏家族带来了灭顶之灾,此是后话。

大和四年(830)正月,李宗闵又推荐武昌节度使牛僧孺入朝担任宰相,进一步在朝堂驱逐、打击李党力量,甚至连曾推荐李德裕任宰相的三代元老裴度都被排挤出中央,外任山南东道节度使。同时为了壮大牛党自身力量,杨虞卿、杨汝士、杨汉公、张元夫、萧澣等人相继担任朝廷要职。

朝廷皆为李宗闵、牛僧孺派系把持,而他们能够掌权并扩大势力,多是因其与内廷宦官频繁往来合作。加之他们行事风格偏向保守,不是能够协助文宗解决宦官问题的合作伙伴。

宋申锡则与朝廷中的党人不同。宋申锡,出自广平郡(今河北邯郸)宋氏。自小父母亡故,家境贫寒,但博学能文。进士及第后,任秘书省校书郎,后宰相韦贯之被贬,出任湖南观察使，宋申锡也随韦贯之外任其下属。穆宗朝宋申锡回朝，自监察御史调任起居舍人，宝历二年（826）任礼部员外郎，后充任翰林侍讲学士。宋申锡为人忠厚谨慎，自从入仕后，始终清廉正直，不结朋党，史书称其"清慎介洁，不趋党与"。文宗即位时，宋申锡参与起草诏书，转任户部郎中、知制诰。大和二年（828），正式拜中书舍人，再次担任翰林学士。宋申锡这样起自孤寒，又不参与党派斗争的士人受到文宗重用，时人也受到了激励和鼓舞。

文宗皇帝审视朝堂，发现宋申锡是忠厚之人，可以依靠，于是开始和宋申锡商量铲除宦官力量的夺权计划。文宗皇帝曾经单独找宋申锡面谈，跟他说道："自从梁守谦等宦官退休后，宦官王守澄继任神策军中尉，统领神策军。但王守澄仗着自己是三朝宿卫旧人，行事异常跋扈，我实在没有办法了，你去联络外廷朝臣想想办法，帮我除去这个后患。我稍后便会任命你为宰相，助你一臂之力。"面对文宗如此重托，宋申锡感到责任重大，急忙跪倒叩拜。不久，大和四年（830）七月，文宗便任命宋申锡为尚书右丞、加平章事，出任宰相。

宋申锡在文宗朝受到远超平辈之人的宠用，舆论对他给予很高的期待。当时社会上奢侈浪费的现象严重，担任重要职任的臣子更是带头受贿，成为一时风俗，而宋申锡任宰相后，谨慎正

第二章 皇帝也要"夺权"

直、公正廉洁,没有接受各地的贿赂。宋申锡以身作则、节俭清廉,符合文宗即位以来的倡导,足以让文宗欣慰。但自从宋申锡任宰相后,其主持政务的水平很一般,政治能力亦不强,没能满足众人的期望。

与宋申锡类似,文宗虽能躬行节俭,但领导格局和能力同样十分有限。文宗曾在便殿召见6位翰林学士,谈及汉文帝恭谨简朴,举起了自己的衣袖,颇为得意地说道:"这身衣服已经洗了3次。"其他学士都趁机夸赞文宗节俭,柳公权则耿直地指出,穿洗过的衣服不过是小节罢了,作为皇帝更重要的职责是"进贤良,退不肖,纳谏诤,明赏罚"。文宗不同于父兄,立志做贤君,实属难得。但长于宫禁,仓促继位,其政治觉悟和领导能力尚有所欠缺。

这样的君与臣,挑战解决大唐棘手的宦官专权问题,不出意外的话是要出意外的。宋申锡一个不审慎的举动,直接葬送了他的仕途,甚至差点引来杀身、屠家之祸。

文宗将铲除宦官集团的大计委托于宋申锡,宋申锡思索良久,打算在朝堂找寻其他可以信赖的大臣,共商大计。被宋申锡选定的,是时任吏部侍郎的王璠。

王璠,元和五年(810)进士及第,以文辞知名。起初在地方藩镇任职,宪宗元和年间入朝为监察御史,迁起居舍人。穆

甘露之变：难以夺回的皇帝权力

宗长庆年间，迁员外郎，后掌制诰，负责起草诏书，敬宗宝历二年（826）转任御史中丞。当时李逢吉任宰相，与王璠亲厚，王璠倚仗与李逢吉的关系才会先掌制诰，再拜御史中丞，也是凭着同李逢吉的关系，王璠稍有横行，不尊礼法。王璠曾经同宰相左仆射李绛在路上相逢，没有回避，冲撞了李绛的车驾。李绛将此事上书给朝廷，中书、门下两省也支持李绛，王璠被贬为工部侍郎。然而当时李逢吉掌权，厌恶李绛的正直，故在此事后寻找事由将李绛罢相，授予其太子少师的名誉虚职到东都洛阳养老。

王璠虽有文采，但结交权贵，行事莽撞。宋申锡在朝廷不阿附偏私，为何会信任王璠呢？这与王璠的仕宦经历有很大关系。敬宗宝历二年（826）七月，王璠外任河南尹。在任时，宦官内飞龙厩手下小儿在河南跋扈扰民，王璠杀了几个尤为残暴的。王璠不怕宦官势力，为政很有名气。文宗大和初年，王璠入朝为官，为吏部侍郎。宋申锡在朝听闻王璠颇有吏治之能，对王璠不畏宦官的事迹印象深刻。宋申锡刚被文宗拜为宰相，大和四年（830）七月便提拔王璠为京兆尹、兼御史大夫，十二月又迁为尚书左丞、判太常卿事。宋申锡将文宗计划全盘托出，与他秘密商议铲除宦官元和逆党的事。

宋申锡轻易相信王璠，并且托以如此重大机密，为自己招

第二章 皇帝也要"夺权"

来了杀身之祸。宋申锡只知王璠不畏宦官，但不知道的是，王璠只是政治投机分子，个人品行有瑕疵。王璠从宋申锡处得知了秘密铲除宦官的秘密计划后，权衡再三，竟然选择泄密给王守澄。

王守澄听到文宗和朝臣计划铲除自己，颇为震惊，也非常焦虑，急忙找来自己的亲信郑注商议此事。四年之后，郑注将协助文宗诛杀宦官，王守澄最终命丧他手。而此时的郑注却想出一条毒计，致使文宗第一次铲除宦官的计划尚未实施便告结束。

郑注是何人？郑注此生有三位贵人，第一位是节度使李愬，第二位是带他入长安的宦官王守澄，第三位是文宗。最终郑注参与甘露之谋，外逐牛李党人，内诛元和逆党，成为一时的风云人物。

郑注，绛州翼城人。出身低微，身材瘦小，有眼疾，相貌丑陋，但为人机巧诡诈，善于揣摩他人意图，又医术高明，长年交游在京师的权臣豪门之家。元和十三年（818），李愬任襄阳节度使，郑注治好李愬手下牙将的痼疾，牙将就将他推荐给李愬。李愬多年征战在外，身体难免病痛，用了郑注的药感觉十分有效，就将郑注留在身边，任命为节度押衙。此后，李愬调任徐州节度使，郑注也跟随左右，协助其处理军政事务。

郑注精于诡辩，行事狡猾，善于察言观色。与李愬筹谋军政

甘露之变：难以夺回的皇帝权力

事务时，总是可以说到李愬心中所想。但郑注在藩镇自行其是、滥用职权、作威作福，引起众人不满。监军使王守澄不满郑注的言行，请李愬驱逐郑注。李愬说道："他虽然这样，但是确实是奇才，将军可以试着和他聊聊看，如果真的不满意，再驱逐也不迟。"王守澄勉强答应。

郑注初来求见，王守澄面露难色，不得已才答应见他。但等到和郑注坐下交谈后，郑注口若悬河、机智善言，所说皆中王守澄心中之意。二人促膝交谈，笑声不断，王守澄觉得与郑注十分投缘，感叹相见恨晚。第二天，王守澄向李愬说道："真的如您所言，郑注是个奇人。"从此，郑注时常往来王守澄门下，李愬安排他为巡官，成为军府的座上之宾。郑注此时春风得意，唯恐牙将透露自己的过往身世，于是编造罪名向李愬诬告牙将，导致牙将被秘密处决。

王守澄之后回朝任枢密使，将郑注带在身边，为他买宅子，又周济他的日常用度。此时正值穆宗皇帝生病，王守澄操纵政事，郑注昼伏夜出，为王守澄谋划，在外勾结奸邪权臣，广收四方贿赂，卖官鬻爵。没过几年，达官贵人的车马挤满了他的家门，请求他帮忙办事。例如，穆宗长庆三年（823），工部尚书郑权家中姬妾众多，京官俸禄少不能负担生活开销，于是便通过郑注贿赂王守澄，得到了外任岭南节度使的机会。文宗即位后，王

第二章 皇帝也要"夺权"

守澄很快便继任右神策军中尉,二人继续招权纳贿,文宗毫无办法。

此时,郑注得知文宗欲联合宰相宋申锡诛杀宦官,心生一计,王守澄听后连连点头,十分满意。郑注提议,让郑注的表亲、时任神策军将的豆卢著诬告宋申锡和漳王李凑谋反。大和五年(831)二月,王守澄带着豆卢著的状纸,来到内廷浴堂殿,将郑注精心编造的谎言一一汇报给文宗。

编造的具体谋反过程是这样的:十六宅宫市典晏敬则和䃼训与宋申锡的属下王师文共同商议造反,䃼训向王师文说:"文宗皇帝身体多病,太子尚且年幼,如果从兄弟中选择嗣君,下一个就是漳王了。"宋申锡悄悄给䃼训银5铤、绢800匹,而晏敬则将漳王的吴绫汗衫一领、熟线绫一匹,作为信物交给宋申锡。二人通过传递钱物,已经结成了联盟。这个谎言经过精心编造,人物、时间、事件俱全,将宋申锡和漳王罗织进冤案的风暴眼中。

郑注十分擅长洞察人心,他编造的谎言深深击中了文宗内心最怕之事。

漳王何人?穆宗有五个儿子,长庆元年(821)五人同时晋封为王。分别是:长子景王李湛(敬宗),次子江王李涵(文宗),五子颍王李炎(武宗),六子漳王李凑(怀懿太子),八子

甘露之变：难以夺回的皇帝权力

安王李溶。

上文说过，敬宗被宦官刺杀后，宦官集团选择了他的弟弟江王李涵继立为帝。文宗即位以来，最担心的就是兄长的惨祸会在自己身上重演，而漳王李凑宽和文雅，很有贤名，有可能取代文宗登上皇位。

文宗思索再三，宋申锡是自己委托诛杀宦官的谋臣，漳王李凑则是可能取代自己的一个潜在威胁，当下该如何处理？宁可信其有，不可信其无，当下且将铲除宦官的行动暂停，还是保命要紧。特别是趁此机会，可以直接解决掉弟弟李凑对自己皇位的威胁岂不妙哉？不得不说，郑注早已洞悉文宗、宦官集团与漳王李凑三者之间的关系。

文宗听到王守澄的汇报，立刻采取了措施。敬宗朝也曾发生数次造反谋乱的事件，但最后都息事宁人。相反，这一次的冤案，牵涉甚广，被判死刑或被流放的多达百余人。

王守澄汇报完毕，建议文宗立即去坊里大肆追捕疑犯，又请令200名骑兵到靖恭里宋申锡家，屠杀其家人。跟王守澄一起在浴堂殿面见文宗的还有宦官内飞龙使马存亮，他向文宗提出异议。马存亮，上一章曾提到他在敬宗朝曾担任左神策军中尉，平定了染工张韶之乱，但是由于宦官之间的派系斗争，马存亮虽有护驾之功却被贬出京师担任淮南监军使，文宗即位后回朝担任飞

第二章 皇帝也要"夺权"

龙使。

马存亮说:"谋反之人仅宋申锡一人,为什么不召集南司群臣商议此事?今天突然大开杀戒,京城恐怕会出现内乱。"马存亮的话很有道理,王守澄本想立即趁机铲除宋申锡,但此时也不敢无理发难,便停止了屠杀计划。文宗决定召集宰相们告知此事,看看宰相们的意见。

当天宰相们回家休假,文宗派遣宦官中使召集宰相们回宫议事。宰相们不知所为何事,满腹狐疑,急匆匆回宫。路隋、李宗闵、牛僧孺、宋申锡等走到了中书省东门,被宦官拦下。宦官说:"此次召见者并无宋申锡。"此话一出,宋申锡已经明白自己获罪了,于是拿着笏板朝着延英殿的方向深深地叩头后,返回家中。

宋申锡为官数载,自觉并没有做什么愧对文宗的事情,这次没有被召见,起初也并未在意。从中书门下回家后,在外厅换掉官服,穿上素色衣服,等待皇上处置。他的妻子非常不解,问道:"你都已经做到宰相了,人臣之极,为什么会辜负天子呢?"宋申锡答道:"我自文宗朝以来,深受皇恩,到达宰相之位,却不能铲除作乱奸臣,反而被他们编造罪名,夫人一向了解我,觉得我是会造反的人吗?"说着,两人相拥而哭。

宋申锡走后,路隋等宰相来到延英殿,文宗便将刚刚王守澄

甘露之变：难以夺回的皇帝权力

所奏的宋申锡谋反之事告诉了他们。宰相谋反？如此突然的消息使诸位宰相面面相觑。

文宗下令抓捕十六宅宫市典晏敬则和硃训等人，又到十六王宅和市肆之中追捕胥吏，又派遣右神策军到宋申锡家中抓捕他的亲信侍从王师文以及孔目官张全真等人。除王师文得知消息逃亡外，其余众人都被抓到神策军内狱，严刑逼供，屈打成招，承认了谋反的事实。这几日京师内到处都是抓捕谋反者的禁军，百姓们听说了宰相和亲王欲行谋反的事情，都震惊恐惧，民情汹汹。

接着，文宗将师保以下和三省、御史台、大理寺的官员都召集起来，共同在中书省和集贤院参验宋申锡和漳王谋反之事。第二天，在延英殿举行会议，文宗亲自询问众臣。快到中午时，左常侍崔玄亮，给事中李固言，谏议大夫王质，补阙卢钧、舒元褒、罗泰、蒋系、裴休、窦宗直、韦温，拾遗李群、韦端符、丁居晦、袁都等14人，都跪在玉阶下，再次请求面见文宗，恳切谏诤，请求将宋申锡案移交外廷三司推按详查，不要只是在宫禁内审讯，众人为此说了许久。文宗并不想听他们的谏言，只想速速处死宋申锡，于是说："此事我已经与公卿重臣商量过了，你们先退下吧。"

左常侍崔玄亮哭泣着向文宗说道："杀掉一个百姓都不能不

第二章 皇帝也要"夺权"

慎重,何况是宰相呢?"说完,脑袋都磕出了血,匍匐在阶梯上,呜咽不止。文宗看到此情此景,内心为之触动,怒意稍稍缓解,说道:"我会再和宰相们商量。"众臣这才离开。

文宗再次召集宰相入朝,牛僧孺说:"做臣下的地位再高也不过是宰相,现在宋申锡已经担任宰相,果真如王守澄所言要谋划拥立漳王,他又能得到什么呢?宋申锡大概不至于这样。"王守澄等人此前坚持迅速处决宋申锡,此时害怕案件交于外廷审理会戳破他们的谎言,于是也请文宗只降低或罢免宋申锡的官职。最终,在群臣的劝谏之下,宋申锡免于死刑被贬为开州司马,漳王被贬为巢县公。没过几年,二人相继去世。

此前曾阻止王守澄屠家的飞龙使马存亮被王守澄趁机贬出,担任河阳监军使。第二年,马存亮上书说身体有疾,希望能够告老还乡返回京师,但因王守澄忌恨,奏疏迟迟没有得到回复,拖延很久后终获允许。开成元年(836),马存亮在永嘉里的家中去世,享年63岁,追赠扬州大都督。李德裕在长庆初年任职翰林学士时曾与马存亮共事,因此亲自为马存亮撰写神道碑,碑中李德裕并没有避讳同马存亮相熟的关系,称他在长庆初年任职翰林学士时曾与马存亮共事,赞扬他是"国之尽忠卫主之臣",能够"实本兵柄,左右皇威"。

复盘宋申锡事件,还有一个疑问。文宗即位之初,想依靠翰林学士宋申锡铲除宦官。为了让宋申锡在外廷联络朝臣,就提拔他为宰相。宋申锡卸任翰林学士,就不能时刻面见皇帝,这才会让郑注有机可乘。郑注利用文宗的疑心,成功离间二人,使得文宗险些杀掉宋申锡。但文宗果真相信郑注的话吗?上文说过,涉及皇位威胁,斩草除根以绝后患是本能选择,但文宗能对宋申锡托以大计,怎么就这样轻易选择相信郑注谎言?

当郑注和王守澄极力污蔑、攻击宋申锡时,文宗感受到的不仅有漳王对自己皇位的威胁,还担心宦官对自己产生怀疑。宋申锡为何突然遭受宦官的攻击,文宗其实心知肚明。出于自保,不让宦官有怀疑自己的理由,文宗起初并不敢维护宋申锡,反而纵容宦官。而后在十几位谏臣痛哭进谏、叩头流血、舆情汹汹的情势下,才最终顺势保下宋申锡的性命。

文宗自然是知道二人的冤屈,对宋申锡和漳王也满怀愧疚之情。宋申锡冤案后,大和七年(833)七月,宋申锡在被贬的官所逝世,文宗下诏允许他归葬长安。到开成元年(836)九月,文宗又下诏,恢复了宋申锡的全部官职,追赠宋申锡为兵部尚书,还委任他的儿子宋慎微为城固县尉。另一位冤案的无辜主角漳王李凑,大和九年(835)正月郁郁而终,追封为齐王,开成三年(838)追赠为怀懿太子。

宋申锡案前后被抓捕审讯流贬的人员众多,为安抚民心,文宗下诏称此后诸人一切不再过问，沸沸扬扬的宋申锡案就此告一段落。虽说不再过问，文宗却念念不忘，此事也余波未断，甚至逝去的漳王又再次成为权力斗争的工具，我们先按下不表。

三、冒进士子，受宠于帝

上文我们在谈到文宗任用宋申锡时，已经分析了文宗朝前期朋党相争的情况。宋申锡案后，朝廷中党人之间倾轧依旧，结党营私，争相为小团体牟利。

牛李党争再起波澜，转折点是悉怛谋事件。

大和五年（831）九月，吐蕃维州副使悉怛谋请求归降大唐，当时担任西川节度使的李德裕派遣行维州刺史虞藏俭率兵进驻维州，并且上奏了这个情况，希望朝廷接受悉怛谋的投降。然而，当时的宰相牛僧孺却认为，吐蕃国境辽阔，大唐即使得到一个维州，也不能动摇吐蕃的势力。大唐现在接受维州，反而会白白地破坏同吐蕃之间的信任，没有丝毫益处。文宗采纳了牛僧孺的建议，命令李德裕把维州重新归还给吐蕃，并且将悉怛谋一并送还给了吐蕃。吐蕃得到叛徒悉怛谋，很快将他在边境处死。

到大和六年（832）十一月，与李德裕共事的西川监军使王践言被召回朝廷，担任枢密使。回到内廷后，王践言便常常同文宗提起这件事。王践言说："去年捆绑送还悉怛谋，只是让吐蕃心里痛快，并且断绝了以后想来投降的人，并非是一个好计策啊。"文宗每每想到这件事，也感到后悔，责怪宰相牛僧孺失策。

文宗慢慢地不再信任牛僧孺，大臣们感到朝廷的风向要变了。有大臣趁机说道："牛僧孺与李德裕之间有恩怨，牛僧孺之所以否定李德裕的提议其实是在妒忌他的功劳。"这样的言论，使得文宗更加怀疑，自己任用的宰相牛僧孺，到底是在秉公办事还是公报私仇？于是，文宗便疏远了牛僧孺。文宗态度的转变，使牛僧孺内心感到不安。

正在这个时候，文宗到延英殿议事，对宰相们说："天下何时能够太平？你们也在考虑这个吗？"此时，文宗将自己的疑惑公开，想给牛僧孺一个机会，听听他的答案。牛僧孺回答说："太平没有迹象。现在四方的外族没有互相侵犯，黎民百姓不至于离散流亡，虽然不是最好的治世，也可以说是小康。陛下如果另外想谋求太平，不是我们这些人能够做到的。"

当时的大唐真如牛僧孺所说的那样是小康吗？内有宦官权势膨胀，多次刺杀、拥立皇帝；外有藩镇跋扈，欺侮、怠慢朝廷；连年征战，加之苛捐杂税繁重，百姓已疲于应对。然而牛僧孺高居宰相之位，却不愿直面问题，尸位素餐，苟且偷安，醉心于权力斗争。文宗始终想追求太平治世，这样的回答显然不能让文宗满意。

面对文宗的责怪和怀疑，牛僧孺明白自己很快便不能再担任宰相了。这次对话之后，牛僧孺便接连上表，请求辞去宰相的职务。十二月，牛僧孺以宰相的身份外任淮南节度使，离开了中央朝廷。几天之后，文宗便将李德裕调回朝廷，任命为兵部尚书。第二年二月加同平章事，拜为宰相。

这是李德裕第二次入朝担任宰相，枢密使王践言的推荐发挥了重要作用。可以看到，这段时期牛李党人无论是谁当宰相，都需要借助内廷宦官的帮助，特别是枢密使这样的关键角色。牛李党人和内廷宦官之间存在着不同程度的联络，但二者又不相同。

牛党为了党派利益和物质享受，更注重交结攀附宦官、驸马、后妃等权贵势力，整体实力更为强大。例如，牛党的给事中杨虞卿和他的堂兄中书舍人杨汝士、弟弟户部郎中杨汉公、中书舍人张元夫、给事中萧澣等人都善于钻营交结，依附权贵势力，上则干涉宰相主持行政事务，下则阻挠官员的日常工作。所做的事情，或为投靠他们的士人谋求官职或为举子谋求科举及第等，都是为了壮大自己的派系力量。

与牛党不同，李德裕虽然也同宦官往来，并且通过宦官入拜

甘露之变：难以夺回的皇帝权力

宰相，但李德裕与宦官只是公务合作，是为实现个人政治抱负的顺势而为，且能够在交往中做到不卑不亢。除李德裕外，其他李党成员也多是刚正不阿的改革派，没有与宦官私下交往联络的踪迹。君子难与小人斗，牛党多抱团诬陷、攻击政敌，而李德裕等人力量不强，总是受到牛党的打压。

李德裕回朝担任宰相后，文宗也听说了牛党以公谋私的所作所为，非常厌恶，于是就朋党问题与李德裕讨论，想听听他的意见。李德裕说："现在朝堂之上三分之一的人都是朋党。"言下之意，牛党之人已经充斥整个朝堂，朋党问题非常严重，需要大力整治。在李德裕的支持下，一个月后，杨虞卿等牛党之人便被调出了中央，杨虞卿为常州刺史，张元夫为汝州刺史，萧澣为郑州刺史。风水轮流转，朝廷中的牛党之人遭到了全面的清除。

过些天，文宗又与宰相李宗闵和李德裕谈到朋党问题。李宗闵看到此时牛党处在下风，党人都被排除出朝廷，便想同他们撇清关系，于是说："我向来是了解他们的，所以没有授予杨虞卿这类人位高禄厚的美官。"李德裕却在一旁说道："给事中、中书舍人难道不正是美官吗？"李宗闵原本是想与杨虞卿等人划清界限，却欲盖弥彰，进一步坐实了他与杨虞卿等人的关系。这样的对话充满了火药味，李宗闵脸色骤变没有接话。

在这轮较量中，李党的李德裕胜出，牛党之人相继被排除出

第二章 皇帝也要"夺权"

中央,作为牛党首领的李宗闵,失势近在眼前。大和七年(833)七月,李宗闵便以宰相身份外任山南西道节度使。李党在党争之中,短暂获得了优势地位。

然而,这种优势地位并没有保持多久。李德裕之所以被文宗召回,是因为文宗已经对苟安且只专注于党争的牛党失望,希望李德裕能够有所作为。李党确实相较牛党而言,更加锐意进取。李党之人多主张抑制宦官势力,维护君主皇权,但也并不支持彻底铲除宦官力量,而是主张宰相主政,从而削弱宦官集团对朝政的干预。因此李党的理念,与文宗的期望还相去甚远。文宗需要寻求牛李党人之外,第三种势力的帮助。

经历了宋申锡冤案,文宗既震惊又失望。朝堂上的朋党斗争日益激烈,党派之间只重党同伐异,在宋申锡案中未能参与阻止冤案,与宦官或交结,或合作,始终是难以依靠的力量。宦官眼线遍布朝堂,甚至还有如王璠这样的投机分子,难以辨别敌我。为了铲除宦官,特别是铲除那些参与弑杀宪宗的元和逆党,还需要慎重找寻帮手才可以。

谁堪大用?文宗苦思冥想。

自德宗朝开始,我们会发现,历代皇帝身边总是会围绕一批亲信宠臣,人员身份多样。内廷中,除了宦官、翰林学士,还有各类出身社会下层,擅长某些技艺的如经学、医术、棋术、隐士

甘露之变：难以夺回的皇帝权力

等翰林待诏。皇帝之所以依靠任用这些力量，有两方面的考虑：一是对外朝文武大臣不信任，心存顾虑；二是这些贴身侍奉的人员，便于皇帝控制，活动也更加隐秘。此前，顺宗就曾任用孤寒文人进行改革，文宗朝的李训、郑注也属于此类。

郑注为何会被文宗任用？或许读者会疑惑，这个编造谣言、破坏文宗除宦计划的宦官门客，怎么会摇身一变，成为文宗依赖信任、托付大计的人？实际上，郑注在策划冤案陷害宋申锡和漳王后，不仅引起文宗的憎恶，还遭到外朝大臣和部分内廷宦官的敌视。他之所以能实现逆风翻盘，离不开提前在朝堂上的谋划布局，离不开自身的医术和口才，更离不开的还有文宗突发的身体变故。

大和七年（833）九月，侍御史李款连续上表弹劾："郑注内则交结宦官，外则笼络百官，四处奔走，广收贿赂，白天潜伏晚上活动，窃权干政，人们敢怒不敢言，在路上不敢交谈，只得以目示意。请把郑注交于司法部门处理。"十几天的时间里，奏章多达几十份，却都被宰相王涯隐藏了起来。

宰相王涯竟然是郑注之党？李训、郑注在此后一年时间，是叱咤朝堂的风云人物，也是甘露之谋的主角。而他们刚进入朝堂之时，根基尚浅，急需培养自己的力量，一来抗衡那些朝堂之上的反对派，二来助力他们完成外除朋党、内除宦官的大计。这些

第二章 皇帝也要"夺权"

亲信力量，在外朝朋党势力被驱逐之后，就可以填补党人离开后的权力真空，成为除宦的辅助与外援。李训、郑注找寻的重要援助力量就是宰相王涯。二人刚入朝廷时，遭到群臣弹劾，任官也诸多不顺，王涯对他们的帮助最多。或许我们能够从王涯的出身看到李训、郑注集团成员的特点。

王涯，祖籍山西太原。祖父王祚，武周时期因谏罢万象神宫而知名，开元时期任大理寺的属官大理司直，负责出使断案，能做到仁爱公平。父亲王晃，历任左补阙、温州刺史。王涯本人博学多才，写得一手好文章。贞元八年（792）进士，又登制举博学宏词科。初授蓝田县尉，后以左拾遗担任翰林学士，迁为起居舍人。元和三年（808）对策案，因为其外甥皇甫湜批评宦官、抨击时政，引起宰相李吉甫的不满，王涯受到牵连被罢免了翰林学士之职，外贬虢州司马，后徙为袁州刺史。不久，因宪宗思念，又召回京师任兵部员外郎、知制诰，再为翰林学士。

王涯文思清丽、雅正古朴，顺宗永贞年间和宪宗元和年间的许多诏书都是由王涯起草。宪宗时朝臣多党同伐异、结党营私，而王涯则孤立奋进、不参与党争，在当时的政治环境中可谓是独树一帜，于是宪宗经常找他咨询政务，听取其建议。由于王涯居住地较远，每次派遣宦官召他入宫总是很慢，通勤时间太长，因此，宪宗特地安排他住在光宅里的官方宅邸之中。光宅里为丹凤

甘露之变：难以夺回的皇帝权力

门街西从北第一坊，西邻太极宫，北靠大明宫正南门丹凤，是进出宫禁最便捷的城坊。这样的恩赐优待在众多翰林学士之中是独一份。到元和十一年（816），王涯更是凭借宪宗的信任，成功拜相，担任中书侍郎、同平章事。这一时期可以说是王涯的高光时刻。

王涯在宪宗朝就拜任宰相，位极人臣，为何到文宗朝会选择同李训、郑注合作呢？其实他担任宰相不足两年，到元和十三年（818）就被批评循常随俗、墨守成规，难以胜任宰相职务而遭罢相，转而担任兵部侍郎，后迁吏部侍郎。穆宗即位后，外任剑南东川节度使。敬宗即位后，任户部侍郎、盐铁转运使，又外任山南西道节度使。

宦海沉浮多年，曾经孤立奋进的青年已经被磨去了棱角。到文宗大和三年（829），王涯回朝任太常卿，主持编订《云韶乐》。大和四年（830），任吏部尚书、检校司空，领盐铁转运使，后进尚书右仆射、封代郡公。大和七年（833）七月，在王守澄和郑注的帮助下，再次成为宰相，进封代国公。

面对文官群体强大的反对呼声，王涯虽然能够投桃报李，暂时压制，但也只是权宜之计。王守澄不得不将郑注隐藏保护在他所掌管的神策右军中。然而郑注的进用不仅遭遇外朝文官群体的批评和阻挠，宦官集团内部对此也有反对声音，甚至密谋擒杀郑

第二章 皇帝也要"夺权"

注。

宦官集团并非铁板一块,神策右军和神策左军历来纷争不断。到了文宗朝,神策军左军中尉韦元素同枢密使杨承和、王践言三人长期与王守澄争权不睦,是王守澄的政敌。由于郑注屡屡为王守澄谋划,也被三人视为死敌。

此时郑注正遭遇外朝文官的仇视,左神策军将李弘楚趁机劝说韦元素:"郑注阴险狡诈举世无双,如果不趁他权势尚未坐大就除掉他,等日后郑注依靠王守澄羽翼丰满,恐怕成为心腹之患。现在因为御史的弹劾他躲到了右军,请求您让我去见他,借口您身体有病,叫他来诊治。等他来了就让他坐下,我在旁边伺候,您到时候一使眼色,我就把他抓出去杀掉。您再面见皇帝叩头请罪,把他的过往罪行详细地说给皇帝,到时候两位枢密使杨承和、王践言肯定会帮您说话。加之当今皇帝即位,您是有拥立大功的人,不会因为杀了一名奸臣就获罪的。"

李弘楚说得很有道理,于是韦元素便让李弘楚以看病的名义,召郑注来到神策左军。此时郑注正躲在右军中避难,听到左军中尉找他看病,深谙权力斗争的他肯定明白,自己作为王守澄的门客,本就不受神策军左军待见,此时叫他去神策军左军,事出反常,恐怕凶多吉少。

郑注到后,对韦元素点头哈腰,毕恭毕敬。善于察言观色的他,一边为韦元素诊脉,一边口若悬河,滔滔不绝。韦元素在同他交谈之间,原本的怒气尽消,反而在不知不觉中亲切地拉住他的手,说起了心里话,二人交谈良久不知疲倦。等在旁边的李弘楚好几次刺探韦元素的意思,韦元素竟都没有理会他,直到最后反而赠给郑注大量金银钱帛,并且送他回去。李弘楚叹息韦元素错失良机,自己日后恐怕会反遭郑注报复,主动辞职离开。郑注就这样凭借医术和口才再次化险为夷。

等外朝弹劾郑注的风头过去后,王守澄在文宗面前为郑注求情,文宗虽然不愿意,但也无奈赦免了郑注,并且还顺从王守澄的请求,任命郑注为侍御史,充任右神策军判官,之后,郑注被任命为昭义节度副使,得以安全离开京师。

文宗即位以来,郑注能逃脱外朝文官的仇视,获得升迁,是依靠王守澄的庇护。如果此后一切照旧的话,纵使郑注医术超群、舌灿莲花,恐怕只能是依附于王守澄的一名门客而已,然而历史的走向总是出人意料。

大和七年(833)十二月,文宗突然半身不遂,不能说话。一个月后,即大和八年(834)正月十六日,文宗强撑着来到紫宸殿面见了朝臣。宰相关心文宗身体是否恢复,文宗感叹还没有康复,内廷没有好大夫可以为自己治疗。文宗急寻良医,王守澄看到了机会。

第二章 皇帝也要"夺权"

郑注自从凭借医术相继获得李愬和王守澄的赏识后，这一次又有了施展才华的好机会。因郑注精通医术，王守澄向文宗推荐了此时为昭义节度副使的郑注。文宗征召郑注来京师为他诊治，郑注的药再一次发挥了奇效，由此郑注开始得到文宗的宠信。郑注在医术方面相当有造诣，为了给文宗诊治，还编纂有《药方》一卷进献给文宗。文宗令王守澄召郑注到浴堂殿大门，亲自问询，并且赐锦彩奖励他。

郑注面见文宗时，喜欢穿隐士穿着的鹿皮大衣，自比为隐士，文宗把他当作老师、朋友看待。文宗180度的转变，着实让群臣大跌眼镜。郑注依靠王守澄的宠信，权势熏天，特别是宋申锡冤案后，已经引起内外官员的不满。此时，他获得文宗的宠信，更加剧了外朝官员对他的仇视。

郑注刚得到文宗信任的时候，文宗曾经向翰林学士、户部侍郎李珏问过他对郑注的印象。李珏答道："我不仅知道这个姓名，更是知道郑注的为人。郑注是一个奸邪小人，陛下宠信他，恐怕有损您的圣德。我作为陛下的亲信近臣，怎么会与这种人勾结！"

大和八年（834）六月，长期干旱无雨，文宗征求下雨的方法。司门员外郎李中敏上表说，连年的干旱都是因为宋申锡的冤案以及郑注的奸邪不轨。如今让老天下雨，只有处死郑注，为宋

甘露之变：难以夺回的皇帝权力

申锡平反才可以。李中敏的奏章并未得到回复，李中敏看到文宗坚持任用郑注，内心很失望，便向朝廷辞职，回到了东都洛阳。宰相李德裕也十分憎恶郑注，曾经向文宗讨要郑注，想杀之而后快，但却不了了之。

群臣的反对并没有成为郑注仕途的阻力，他依靠精湛的医术，持续获得文宗的信任和提拔。大和八年（834）十二月，郑注自昭义节度副使迁任太仆卿、兼任御史大夫。谏议大夫郭承嘏为人正直清廉，以孝道闻名，从大和六年（832）拜任谏议大夫后，经常上疏文宗谈论政务得失。听闻郑注升任朝官，多次上疏文宗不可任用此人，文宗不听。

由于朝中阻力巨大，郑注并没有立刻接受任命，但此后郑注经常往来于禁中，为文宗诊治病情。此时，往来禁中、深受文宗信任的不仅有为他治病的郑注，还有一位同文宗坐而论道、讲解《易经》的李训。

李训，原名李仲严，出自大族陇西李氏，是宰相李揆的族孙，宰相李逢吉的族侄，但祖、父姓名官爵不见记载，应当是姑臧李氏中的破落户。史书称他形貌魁梧，神情洒落，辞敏智捷，善揣人意。长庆三年（823）进士及第，补任太学助教，后任河阳节度使幕僚。他与郑注类似，均属于双商在线，口才绝佳，而在门第、出身、样貌上更是优于郑注。

第二章 皇帝也要"夺权"

李训虽然是风流倜傥的青年才俊,但早期仕途并不如意。仕途的折戟沉沙与他的从父李逢吉密切相关。

宝历元年(825),石州刺史武昭罢为袁王府长史,郁郁寡欢,抱怨宰相不能慧眼识人,自己没有受到重用。宰相李程与李逢吉二人关系不睦,李程族人水部郎中李仍叔故意激怒武昭,说李程曾经是想授予武昭官职的,但被李逢吉阻拦。武昭喝多了酒,便向左金吾兵曹参军茅汇大放狂言,说李逢吉竟然阻碍自己的官运,他要行刺李逢吉,结果这酒醉之言被人告发,朝廷下令三司会审。

李训平时与李逢吉亲厚,听说武昭下狱,于是动了歪心思,他对茅汇说:"如果你说此事是李程与武昭谋划的则可以活,否则必死无疑。"李训想要诬陷李程与武昭合谋行刺李逢吉,但遭到茅汇的拒绝。不久,武昭被杖杀,李仍叔被贬官,茅汇长流崖州。李训因为唆使他人诬告宰相,也被流放到象州。

宝历二年(826)文宗即位后,按照惯例大赦天下,李训才得以北归。后来他因母亲去世,在东都洛阳守孝。当时,郑注任昭义节度副使,李训感叹道:"现在朝堂掌权者都是谨小慎微之人,我听说郑注重视人才,又有宦官帮助,可以找他共谋大事。"于是投奔郑注,二人一见如故、相谈甚欢。

李训的从父李逢吉因党争失利,任东都留守,怏怏不乐,想

甘露之变：难以夺回的皇帝权力

争取重新获得任用，担任宰相。李训便与他说了同郑注的亲近关系，李逢吉便让李训拿着数百万的金帛珍宝前往长安贿赂郑注。郑注得到了贿赂，甚为开心，便将李训推荐给了王守澄，王守澄又将李训推荐给了文宗。

郑注、李训均是通过王守澄得以见到文宗，二人得到文宗赏识亲近的原因则各有不同。郑注是因为医术精湛，可以治疗文宗的疾病；文宗喜爱经学，李训精通易学，恰能投其所好。

李训与文宗见面交谈，文宗大悦，认为李训真是奇士。此后，李训的恩遇日隆，以布衣的身份自由进出翰林院，时常陪伴在文宗身边。大和八年（834）三月，李逢吉顺利入朝担任仆射，又向文宗夸赞起了他的族侄李训。到八月份，李训守孝期结束，文宗便考虑重用李训。起初，文宗想让他任谏官，将他安排在内廷翰林院。李训的受宠和任命同郑注一样，均是来自皇帝个人的突然宠用提拔，并非来自正途逐级升迁。不出意外，自然遭遇了朝臣的阻拦。这一次，阻力来自李宗闵的政敌——宰相李德裕。

李德裕面见文宗，直截了当地反对道："李训曾经的所作所为，估计陛下您一定都知道，这样的人怎么可以在您身边担任近臣？"文宗说："虽曾有错，难道不能容许他改过吗？"李德裕答道："我听说只有圣贤颜回才能不再重犯曾经的错误。圣贤犯

第二章 皇帝也要"夺权"

错,只是偶尔考虑不周导致。李训的罪过,早已根植心中,怎么会悔改呢。"文宗说:"李训是李逢吉推荐的,我已经答应了,不想食言。"李德裕说:"李逢吉曾身为宰相,却推荐这样邪恶的人祸害国家,也是罪人。"文宗说:"那就换个官职给他吧。"李德裕坚决拒绝道:"也不可以。"

文宗转而看着李德裕身旁的王涯,希望能够得到他的支持。上文我们已经提到,王涯之所以能再度任宰相,正是得到王守澄和郑注的帮助,因此王涯同意授予李训官职。不过在李德裕的阻拦下,李训没能够直接进入内廷的翰林院,而是改任从八品四门助教。但这样的任命敕书,继续遭到给事中郑肃、韩佽的驳回。王涯欺骗二人说,李德裕让他们不要驳回敕书,于是任命敕书竟然就这样通过了。

李训在李德裕的阻挠下,没能顺利进入内廷翰林院,但是有了仆射李逢吉的推荐和王涯的帮助,得以任命为四门助教。任命当天,文宗亲自召他进入内殿,赐予五品官员才能穿的绯服,以示对他的信任和重用。

文宗为何不顾群臣激烈反对,坚持任用郑注和李训,甚至发展到了言无不从的地步?首先,自然是二人的技能满足了文宗身心的需要;其次,前面已经介绍过,郑注、李训二人非常善于洞察人心,文宗内心所想,他们也必然是再清楚不过了。

甘露之变：难以夺回的皇帝权力

其实文宗的心思，虽然不能同外朝文武官员明言，但是并不难猜。文宗希望能够在宋申锡之后，再次找到敢于帮助他铲除宦官的同盟者。翰林学士许康佐给文宗进献新注解的《春秋》列国经传60卷，文宗读到"阍弑吴子余祭"的事情，便问身旁的许康佐："吴人征伐越国，俘虏越国百姓成为阍，阍杀了吴国国君余祭，这是怎么回事？"许康佐回答："我对这个也没有深究，不清楚。"

文宗这里读到的是春秋时期吴国国君余祭的故事。余祭在位4年，最终被抓来的越国俘虏刺杀而死。春秋战国时期宦官来源多样，包括战俘、罪犯和自宫之人，其中俘虏为基本来源。春秋时期各国间征伐不断，吴国讨伐越国，并且俘虏了越国百姓带回国，施行了宫刑，被安排看守船只。吴王余祭在视察舟船的时候，便被阍人俘虏刺死。

许康佐考虑到当时宦官权势正盛，虽然知道文宗心中所想，但是不敢接文宗的话。宦官竟成了君臣间的禁忌话题，文宗见状只是张口大笑，没有再说什么。许康佐为了避免成为第二个宋申锡，只愿尽快逃离是非之地，他称病辞去了翰林学士的职务，被罢为兵部侍郎。

自从李训进入翰林院后，便在翰林院为文宗专门讲解《易经》。每每解读经文的时候，总是或多或少谈及宦官的事情，而

第二章 皇帝也要"夺权"

且越说越激动。李训对铲除宦官成竹在胸,言辞非常真诚,文宗内心深受触动。郑注此时住在善和里,这里与皇宫的永巷相通,方便郑注进入内廷为文宗诊脉。李训从内廷讲学完毕,也会非常便捷地将文宗的近况与郑注沟通,二人的联系更加紧密。

文宗自登基以来,铲除宦官势力的大计始终在心头萦绕。此前,好不容易选定了老实忠厚、孤寒不党的宋申锡,委以大事。但是宋申锡个人能力不足,轻信他人,自己险些丧命,还差点牵连到文宗本人。经历了宋申锡冤案后,其他大臣对宦官都唯恐避之不及,唯独李训、郑注敢同文宗谈及宦官问题,文宗看到了希望。

更重要的是,在文宗看来,以李训和郑注的能力和身份,二人是铲除宦官的不二人选。能力上,通过与二人的频繁接触,文宗认可了他们的机智和才辩。身份上,李训、郑注都是由王守澄引荐,特别是郑注更是王守澄的资深党羽。若和他们联手铲除宦官势力,恐怕这是宦官集团怎么也不会想到的。自然不会引起宦官的猜疑。

于是,文宗放心大胆地将自己的意图告诉二人,开始了他的第二次除宦行动。文宗在蓬莱殿阅读书籍,以讨论经文的名义召见了李训。李训来到后,文宗屏退服侍在左右的宦官,问了李训那个曾问过许康佐的问题。

甘露之变：难以夺回的皇帝权力

李训答道："吴人征伐越国获得俘虏，俘虏就是罪人，就好比现在所谓的生口。吴国不杀俘虏，而是将他们放到蚕室实施了肉刑，古人将这些人称为阉寺，也就是现在的宦官中使。吴子是吴国国君，余祭是他的名字。当时吴国命令宦官守护船只，余祭前往视察，便被宦官杀了。"文宗听到这里，叹了一口气。

李训接着说："君主不应接近宦官，否则有生命危险。吴国国君远离贤良，亲近宦官，才会有这样的灾祸。孔子将这些书写出来是引以为戒。"文宗接着说："我身边有太多这样的人了，前有吴国国君余祭的灾祸，我怎么能不多加考虑呢。"李训答道："陛下您睿智圣明，能留意到这些尚未萌发的事。如果想要去除灾祸，臣愿意遵循您的旨意。历来皇帝都知道这个道理但是不能远离宦官，厌恶宦官但是不能去除宦官。您能如此，是宗庙社稷的福分啊。"通过这样的君臣对答，文宗再次彻底表明了铲除宦官的强烈意愿。

在获得文宗的信赖和托付后，李训、郑注不断往来内廷，日夜不停地为文宗谋划，提出了很多建议对策，文宗全部采纳，一一落实。在外人看来，李训、郑注只是通过投靠王守澄作威作福，却不知道他们和文宗正在谋划一场惊天动地的大计划。李训、郑注认为完成这个计划，不日将实现太平盛世，于是将之称为"太平之策"。具体说来，首先是铲除宦官集团，接着出兵收

第二章 皇帝也要"夺权"

复河、湟地区,再接着平定河北。

不得不说,李训、郑注堪称奇士。一是勇气可嘉。当朝臣对宦官唯恐避之不及甚至不敢提到宦官的时候,他们敢于站出来辅佐文宗,着力解决日益不受控制的宦官集团。二是胸怀大志。唐朝的宦官问题、周边少数民族问题、藩镇问题,朝堂之上的文武官员都心知肚明,但执政者汲汲营营于党派利益,旁观的中立者又都作壁上观,而李训、郑注绘就了一幅解决诸多痼疾、重现太平盛世的画卷。

文宗即位以来,便以太宗为榜样,希望能够再现盛世。李训、郑注的谋划切中要害,正是文宗心中所想。文宗长期以来寻寻觅觅,不断试探,至此才得到了盟友,于是更加宠信他们二人。文宗亲赐李训胜业里住宅,其他赏赐更是不计其数。

对于这次铲除宦官的行动,文宗吸取上回的教训,一开始便十分注意保密工作。为了更加迷惑宦官,文宗拿出李训所作的五条解释《易经》的疏文,供百官阅览,宣布如果有人能提出不同于李训解释的都有赏赐。这样做是让众人知道,文宗对待李训同师友一般,他们在内廷只是讨论经学而已。

四、以牛治李，以宦治宦

李训、郑注虽受到文宗宠信，却被以宰相李德裕为首的朝臣攻击、敌视。李德裕不断阻挠李训任官，并且一直想杀掉郑注。于是，李训、郑注为了施展政治抱负，实现为文宗描绘的"太平策"，便将除掉李德裕作为第一个目标。

鉴于自身力量还不够强大，李训和郑注寻找到了新的盟友，那就是李德裕的政敌：李宗闵。李训、郑注作为第三支力量，打算利用朝官中的党派斗争，联合牛党之力驱逐李党。朝堂之上，风云突变，原本李党占据优势的局面即将反转。

大和八年（834）九月，郑注自昭义被征召回到京师的时候，李宗闵也从兴元被征召回京。一个月后，李宗闵被任命为中书侍郎、同平章事，拜任宰相。四天后，李德裕以宰相身份外任李宗闵曾担任的山南西道节度使。一进一出，二李职任互换了。

在李德裕罢相同一日，李训迁任国子《周易》博士，充翰林院侍讲学士。没有了宰相的阻挠，李训成功进入翰林院。入翰林院当天，文宗又专门赐予他欢迎宴席，又安排20名法曲院的弟子为他奏乐。

李德裕虽然被罢相，但李训进入翰林院依然遭到了两省谏官

第二章 皇帝也要"夺权"

的批评,都说李训是海内众所周知的奸邪小人,不应陪在皇帝身边。文宗并没有听,命令宦官中使宣谕谏官说:"我将李训留在禁中是为了讨论经学,已经下达敕命,不可以骤然更改。"而这些谏诤的官员也被李训、郑注视为阻碍,此后很快就被调出京师。

李德裕并不甘心就此离开朝廷,他面见了文宗,陈述自己的想法,希望能够留在京师。文宗被他说服了,于是又改任他为兵部尚书。但是,此时的宰相李宗闵却坚持要求李德裕离开,他说任官敕命一旦宣布就应执行,不应按照自己的想法行事。在李宗闵的坚持下,李德裕改任润州刺史、镇海军(浙西)节度使等职,且被剥夺了宰相的身份。

李德裕出镇浙西,而前任浙西观察使王璠则被调入京师,转任尚书左丞。之前说过,王璠因为将文宗与宋申锡图谋铲除宦官和郑注的计划泄露给了王守澄和郑注,给了二人绝地反击的机会,郑注得以顺利逃脱,因此郑注非常感激王璠。王璠原本是李逢吉的下属,同李训交好,并且在敬宗宝历元年(825)的武昭案中,同李训一起构陷过李程。因此,在李训和郑注的推荐下,王璠得以重回京师担任高官,获得文宗重用。

自文宗即位以来,牛党掌权便污蔑攻击李党,李党掌权便驱逐牛党,党人之间因为党派不同互相排挤争斗。这些文宗都看在眼里,却无可奈何,只能感叹:"除掉河北叛贼容易,除掉朝中的朋党困难啊。"

文宗朝牛李二党成员忽进忽退、忽上忽下,难以维持长久的权势,这说明文宗在二者之间左右摇摆,对牛李二党人员都已经不再信任。但我们之前已经反复提到,牛党李党是不同的,牛党多为小人,李党多为君子。牛党之人为了一己私利,捏造事实诬陷攻击李党,文宗不辨忠奸,一概将他们斥为党人,这不仅是助长小人抱团成党,更是小人能够攻击君子的根源所在。

李德裕虽然被调出京师,但李训、郑注和李宗闵依旧没有善罢甘休。怎么进一步攻击李德裕呢?他们想到了宋申锡案。此时,宋申锡和漳王虽然相继去世,但冤案波澜再起,又戳中了文宗敏感的神经。

宋申锡冤案铸成后,漳王养母杜仲阳受到牵连,被放归浙西,朝廷命令当地慰问安置。当时的浙西观察使李德裕被召到京师,便写文书让当时的浙西观察留后李蟾遵照诏书旨意办事。李蟾将杜仲阳安置在道观中,并供给其饮食。大和九年(835)三月,郑注便借此机会,勾结牛党官员罗织罪名,污蔑攻击李德裕。这次诬告由李训、郑注的党人尚书左丞王璠、牛党的户部尚书李汉联名上奏,二人说李德裕曾经在浙西贿赂杜仲阳,暗中结托漳王,计划谋反。此时,距离宋申锡冤案已经过去4年多,漳王也已经去世,早已死无对证,牛党毫无顾忌地造谣污蔑。

宰相李德裕竟然同漳王勾结,意图谋反?文宗听闻既震惊又愤怒。当时漳王已经去世,文宗仍然如审判大和五年(831)宋申锡案时那样兴师动众。文宗在蓬莱阁召见了王涯、李固言、路隋、王璠、李汉、郑注等大臣,当面求证此事。王璠、李汉极力污蔑李德裕,却没有拿出任何关于李德裕同漳王联合谋反的证据。

宰相路隋曾经同李德裕一同为宰相,他没有附和郑注等人的污蔑之词,且为李德裕辩白。路隋说:"李德裕不至于这样。如果真如所说那样,臣也应该被治罪。"路隋出面为李德裕担保,污蔑之声才略微平息。

虽然没有什么证据,但本着宁可信其有不可信其无的态度,文宗依旧惩处李德裕,再贬他为太子宾客的虚职,让他到洛阳东都任职。为李德裕辩白的路隋,也因此被外调,以宰相身份充任镇海节度使。官员赴镇前,按规矩是要同皇帝面辞,但因他救援李德裕的缘故,取消了面辞皇帝的环节。

李德裕、路隋离开后,宰相只有李宗闵和王涯。于是,郑注安排亲信贾𫗧担任中书侍郎、同平章事,拜任宰相。贾𫗧当时正准备外放任官,没想到竟然一步登天,直接担任了宰相。

贾𫗧,祖籍河南。文史皆通,笔法优美。先中进士,后中制举贤良方正科。先任渭南尉、集贤校理，后迁任考功员外郎。长庆年间，曾同白居易一同任制举贤良方正科的考官，公正选拔士人。贾𫗧文学素养很高，机敏果断，但性格急躁轻率，常常意气用事、欺凌同事。谏议大夫李渤向宰相弹劾他，当时牛党李逢吉任宰相，爱惜他的文采，没有斥责他。

穆宗驾崩时，贾𫗧被任命为江、浙告哀使，途中遭到谏官张又新的构陷，中途转而担任常州刺史。按照旧例，中央两省官员奉命出使，有两名穿红色衣服的吏员作为开路前导，以示地位尊崇。当时的浙西观察使李德裕认为他已经不是使者，下令撤掉吏员，贾𫗧内心很是遗憾。

文宗即位后，贾𫗧回朝担任太常少卿、知制诰，迁为京兆尹、兼御史大夫、获爵位姑臧县男。原本仕途顺利的他，却因为性情急躁出现意想不到的转折、再转折。

大和九年（835）上巳节，文宗赐百官在曲江池宴饮。按照惯例，京兆尹在外门下马，步行进入，向御史作揖。贾𫗧当时同李宗闵、李训关系好，于是目中无人、骄矜尊大，骑马直接入门，无视御史，遭到殿中侍御史杨俭和苏特的阻拦，三人发生了争执。由于贾𫗧破坏礼法，就被治罪，扣罚了俸禄。

贾𫗧感觉羞耻，颜面不存，不愿继续在京做官，想出去避一避，请求外任，获得了浙西观察使的任命。但是还没成行，就遇到了李训、郑注排挤李德裕的事件。宰相有了空位，在李训的授意下，孤寒出身的贾𬣞因祸得福，拜任宰相，担任中书侍郎、同平章事。

对李德裕的贬黜还没有结束，李训、郑注同李宗闵仍在文宗身边竭力攻击污蔑他。李训等人说，文宗刚得风疾那会儿，宰相王涯曾经紧急呼叫李德裕，让他迅速前往内廷问候文宗的起居，但是李德裕竟然毫不关心，没有及时赶来，足见李德裕当时就对文宗怀有异心。又说，李德裕曾在西蜀征收民间逃亡者的贷款30万缗，导致当地百姓忧愁困苦，李德裕不是个廉洁自律的好官。欲加之罪何患无辞，在李宗闵一干人等的诋毁下，刚刚罢相、离开京师没有几天的李德裕，再次被贬为袁州长史。

大和九年（835）四月，李德裕被贬出朝堂，李训、郑注与牛党等人联手获胜。此前一直不受任命的郑注，这时谦让地提出，由仓部员外郎李款代替自己担任太仆卿、兼御史大夫。上文提到，李款曾为侍御史，在大和七年（833）连续上表十几次弹劾郑注。郑注说："李款加给我的罪名，即使从道理说也是无辜的；李款他之所以那样做是因为他的忠诚，是对皇上竭尽臣子的节操。"一番表演后郑注才接受了太仆卿的任命。郑注想塑造出无辜又谦逊的形象，却引来士人的讥笑。

牛党朝臣，除了李宗闵回朝任宰相外，其他牛党官员也相

甘露之变：难以夺回的皇帝权力

继回到朝廷担任重要岗位。比如，杨虞卿、萧澣此前分别被贬为常州刺史、郑州刺史，而现在则已经分别担任京兆尹与刑部侍郎。

然而牛党的胜利是短暂的。李德裕的离开预示着李训、郑注同牛党的利益纽带断裂，双方从盟友转变为争权夺利的政敌。牛党或许对同为进士出身的李训心存好感，但对于郑注，他们的态度恐怕同李德裕并没有什么区别，应当是鄙视和不屑的。二者之间即将迎来又一轮对决。

六月份，长安城内突然传起了这么一则谣言：文宗身体不好，郑注为了给文宗治病，为文宗配制了一种金丹，金丹的药引竟然是小孩子的心肝。为了得到小孩子的心肝，文宗秘密下旨在长安城中抓捕小孩子，有些地方已经出现了丢小孩的情况。更令人惊悚的是，药引心肝必须是从活着的小孩身上取出才有用。谣言越传越恐怖，民间都把小孩锁在家中严密看管，街上没有了小孩子的踪影，偌大的长安城诡异地安静下来。

此类谣言在唐代已经不是第一次出现。太宗贞观年间，有谣言称朝廷派名为枨枨的恶鬼，专门取人内脏祭祀天狗；玄宗开元年间，有谣言说朝廷抓小孩子埋在东都明堂下面，行厌胜之术；德宗建中年间，有谣言说在江淮地区出现了专门吃人心的毛人。

谣言初起的时候，郑注很不安，感受到了从未有过的压力。

第二章 皇帝也要"夺权"

虽然郑注起于草莽,身份低微,但自从投靠李愬开始结交权贵以来,非常在意自己的名声和形象,甚至不惜除掉曾经举荐自己的牙将。进入朝堂后,郑注一直以衣冠名士自居,希望能够摆脱以医技事人的身份。关于这点,由于时代不同,可能我们难以理解郑注的心境。

为皇帝看病难道不是极高的荣耀吗?在当时恐怕并非如此。唐初以来,官员身份上有清浊之分,士人都在追求文官清流,而那些虽有吏能,从事盐铁事务的官员则被视作浊流。其他因琴、棋、书、画、医药、占卜等技能受到皇帝宠信的人员更是受到文官集团的鄙视。

书法大家柳公权的经历便是一例。当时的翰林学士院不仅有翰林学士还有翰林侍书学士,但翰林侍书学士也会遭到士大夫的鄙视。柳公权的哥哥柳公绰曾给当时的宰相李宗闵写信,说自己的弟弟原本的志向是走儒家士大夫的正统道路,穆宗皇帝因为仰慕柳公权的书法任命其为侍书学士。这种职位和占卜、术士没有什么区别,内心以此为耻,宁愿换一个闲散职位。一代书法名家凭借杰出的书法技艺为官,尚且感到卑微和屈辱,其他伎术官的社会地位就更不必说了。

正因为郑注出身低微,缺少什么便会极力追求什么,一直以来他非常希望能够踏入士大夫阶层,因此郑注本姓是"鱼"而冒

甘露之变：难以夺回的皇帝权力

姓世家大族之姓"郑"；不愿进入翰林伎术院，而进入翰林学士院。由此说来，郑注非常看重自己的名声和形象。

我们刚说，唐朝出现过很多类似的谣言，但是这次的谣言同以往的谣言不同，具有明确的攻击对象。这种毁人名誉、造谣诽谤的手法，经常出现在党派斗争之中。谣言不仅攻击郑注的医德，更将他塑造成为迷惑文宗、危害百姓的祸首。若长此以往，民情汹汹不能平息，郑注恐怕会落得身败名裂的下场。

一般情况，皇帝听到这类谣言只能下旨安慰众人，随着时间的流逝，谣言便会慢慢平息。但这一次，谣言不仅从医术的角度攻击凭借医术得宠的郑注，更是将文宗拉下了水，毕竟吃小儿心肝的人是文宗。因此，不仅郑注感受到巨大的压力，文宗也很生气，要求严厉追查。

谣言是谁传的呢？御史大夫李固言上书说："我昨天审问了传谣言的人，谣言出自京兆尹的随从，后在京师广泛传播。"李固言将谣言的源头直指京兆尹杨虞卿。杨虞卿，元和五年（810）进士，又中博学宏词科，到元和末年官任监察御史。文宗大和年间，杨虞卿的仕途与李宗闵深深绑定，李宗闵任宰相时，他在朝任左司郎中，后任谏议大夫转给事中，大和七年（833）李宗闵罢相贬出京师时，他外任常州刺史。如今，李宗闵被召入京师，他也一同回京担任工部侍郎，大和九年（835）四月转任京兆尹。

第二章 皇帝也要"夺权"

李宗闵待他如骨肉一般,当时其号为牛党的党魁。

杨虞卿为人伪善谄媚,阿附权贵谋取私利,干预科举选人。李固言虽然同李宗闵关系友善,也是牛党成员,但为人正直,平日里就怨恨杨虞卿结党营私,与杨虞卿关系并不好。郑注也趁机说是杨虞卿的家人在长安到处造谣。文宗大怒,大和九年(835)六月,将杨虞卿下御史台狱。杨虞卿的弟弟杨汉公与儿子杨知进等子侄共8人,光着脚一路跪拜,灰头土脸地喊冤,去敲了登闻鼓,说是被郑注诬陷。李宗闵听闻杨虞卿下狱,也极力奔走营救。

然而,负责审理杨虞卿案件的是右司郎中、兼知御史知杂舒元舆。此人与李训私交甚密,由他审案是李训、郑注专门安排的,杨虞卿是否冤枉全在于他的意愿,那么结果也可想而知。

舒元舆,祖籍婺州东阳。出身寒微,机敏好学。宪宗元和年间中进士,后在藩镇幕府工作,文宗大和初年回朝任监察御史,转侍御史。舒元舆自负有过人的才学,心高气傲,锐意进取,文宗大和五年(831)曾到宫门口献文8万字,但没有获得通报。舒元舆不甘心,亲自上书文宗,陈述自己文章的内容,希望得到重用赏识。文宗将奏疏拿给宰相看,李宗闵批评他浮躁荒诞,于是改任著作郎,打发他到东都洛阳任职,而到洛阳后的经历却彻底改变了他原本的人生轨迹。

甘露之变：难以夺回的皇帝权力

当时流人李训遇到大赦也回到了洛阳，正在为母亲服丧。舒元舆同李训正是在那个时候相识。二人性情相投，相得甚欢，很快成为好友。之后，李训获得文宗宠用，踌躇满志，谋求壮大自身力量，立刻想到了舒元舆，就将他调回京城担任左司郎中。当时的谣言既已无从查起，舒元舆便配合李训、郑注，坐实了杨虞卿的罪名。

在李宗闵营救杨虞卿的时候，郑注请求担任中书、门下的官员，遭到了李宗闵的拒绝。于是，郑注在文宗身边诽谤李宗闵，说谣言之事看似是杨虞卿所为，李宗闵才是背后主使。当李宗闵来面见文宗为杨虞卿辩白时，文宗想到郑注所说的话，恼羞成怒，责问李宗闵："你曾经说郑覃有妖气，今日作妖的人是郑覃还是你？"李宗闵惶恐伏地，不敢接话。文宗大声呵斥李宗闵出去，很快贬李宗闵为明州刺史，杨虞卿被贬为虔州司马，后再贬为虔州司户，杨汉公也以同党的身份被贬为舒州刺史。牛党的其他成员先后接连被贬，吏部侍郎李汉被贬为汾州刺史，再贬为汾州司马；刑部侍郎萧澣被贬为遂州刺史，再贬为遂州司马。

王璠也是牛党成员，但此时他已经寻到了新的靠山，在李训、郑注的保护下，没有受到影响。负责审理案件的舒元舆，因为办事得力，擢升为御史中丞。李宗闵被贬黜后，李固言代替其担任门下侍郎、平章事，成为宰相。李固言与李宗闵同为牛党，此时能够拜相是李训、郑注暂稳人心的举措。

当李宗闵被贬为明州刺史后,郑注又加了一把大火,决心将内外异己势力一并铲除。郑注向文宗揭发说,大和三年(829)李宗闵之所以能够从吏部侍郎拜相,是因为通过结托驸马沈𫷷、枢密使杨承和、女学士宋若宪。文宗听后大怒,没想到李宗闵敢在自己眼皮下交结内廷势力,而沈𫷷、杨承和、宋若宪这些文宗平时信任的内廷人员,竟然同外朝官员私相授受,操纵干预宰相的人选,唯有文宗一人被蒙在鼓里。

李训、郑注打击的对象已经不再局限为外朝官员,而是扩大到了内廷中。因李宗闵拜相事件,驸马左金吾大将军沈𫷷被贬为邵州刺史,再贬为柳州司户参军;李宗闵再次被贬为潮州司户参军。女学士宋若宪被幽禁在外面的宅地赐死,宋若宪的兄弟、侄子、女婿等有亲缘关系的13人连坐,都被流放到岭南地区。

李训、郑注一边在朝堂之上解决朋党问题,一边开始谋划处理宦官问题。当二人利用牛李党争,联合牛党力量,成功将李德裕驱逐出朝堂后,二人便又故技重施,开始利用宦官之间的矛盾,实现合纵连横,打击宦官力量。

上文说过,左神策军中尉韦元素,枢密使杨承和、王践言长期在朝中掌权,和王守澄不睦。李训、郑注借杨虞卿案,罢黜了牛党势力,更进一步牵出同李宗闵交结的内廷势力,趁机打击朋党背后的宦官。

文宗朝李宗闵依靠枢密使杨承和实现拜相,李德裕依靠枢密使王践言实现拜相,左神策军中尉韦元素也同他们属一个派系。文宗很清楚,外朝朋党同内廷宦官同气连枝,要除朋党更需除掉其后台,这样也能趁机削弱宦官集团力量。

王守澄此时并不知道自己的亲信郑注已经投靠文宗,并且正谋划一场彻底铲除宦官集团的计划。但当郑注告诉他要除掉自己的政敌时,他自然十分支持。就这样,李训、郑注凭借文宗的信任,再依托王守澄的支持,将这些宦官权贵调出长安,外任地方监军使。杨承和任西川监军使、韦元素任淮南监军使、王践言为河东监军使。神策军中尉和枢密使是宦官集团"四贵",因此这样的外任实际形同贬黜。

为什么不是直接诛杀呢?这些人都是从宪宗元和时期开始执掌内廷的元老,30年来深耕内廷,逐步升入权贵阶层,又掌握着军权,同禁军力量深度结合,二者盘根错节。为了防止直接诛杀四人导致禁军恐慌动荡,因此先将他们调离长安,再做打算。

大和九年(835),文宗一改往日躬行节俭的态度,开始大兴土木。为何突然搞基建?一种说法是,郑注掐指一算,说秦地有灾难,需要大兴土木才能去除。还有一种说法是,文宗读到了杜甫的《曲江行》,诗中有:"江头宫殿锁千门,细柳新蒲

第二章 皇帝也要"夺权"

为谁绿?"文宗想到在天宝年间之前,曲江池四岸都是行宫台殿、百司廨署,于是也想营建一些亭台楼阁,再现当年太平盛世的景象。

总之,从大和九年(835)初开始,文宗令左右神策军1500人疏通了曲江池和昆明池;韦元素三人离开长安后,文宗发2000名左神策军把龙首池填平,将之变成鞠场;又征调左右神策军1500人到曲江,修建紫云楼。

真的是因为厌胜之术或者是想重现盛世,才大兴土木吗?看似与即位时节俭初心相矛盾的做法,其实也是文宗计划中的一部分。掐指一算抑或是仰慕天宝盛景,不过是一套说辞而已,其真实的意图是为铲除宦官而做准备。文宗打算通过频繁征调左右神策军,让禁军一直忙于土木基建,转移禁军的视线,淡化内廷人员变动对禁军的影响。

到了八月份,李训觉得时机成熟了。于是,文宗下诏称,由于杨承和庇护宋申锡,韦元素、王践言与李宗闵、李德裕内外相互勾结,接受他们的贿赂,因此对三人采取长流的处罚,将杨承和安置在驩州,韦元素安置在象州,王践言安置在恩州,命令所在地的官属给他们戴上枷锁后将他们送去被流放的地方。当三人踏上流放之路后,又派遣使者追上去,赐三人死罪。至于已经去世的崔潭峻,则被开棺鞭尸。

甘露之变：难以夺回的皇帝权力

杨承和等人被贬黜流放以及赐死后，王守澄在宦官集团内部地位更加巩固，成为内廷最高掌权者。铲除政敌、春风得意的王守澄，进一步肃清杨承和等人势力，将他们的派系成员都贬出内廷。

大和九年（835）八月，王守澄列了一份名单给郑注，上面是6个人的名字：田全操、刘英泇、似先义逸、刘行深、周元稹、薛士干。这些宦官同韦元素等人一样，基本都已入仕30多年，是仕宦经历丰富的内廷老臣。目前，我们可以了解到其中三位宦官的任职经历。

田全操，大和三年（829）外任郑滑监军使。担任监军使期间与李德裕相熟，向文宗夸赞李德裕治理有方，推动为李德裕修建德政碑之事。回朝后，大和八年（834），担任皇太子见太师礼仪使，大和九年（835）担任右军辟仗使，主管宫禁内的修缮工作。

刘英泇，德宗贞元十一年（795）赐绿授官，历任鹞坊使、后坊都知、五坊副使、飞龙副使、鸿胪礼宾使等要职，进封彭城县开国子。到大和五年（831），外任宣州监军使，两年之后回朝任毡坊使。

似先义逸，宪宗元和初年入仕，近身服侍宪宗。敬宗朝曾往幽州宣慰。文宗大和初年，奉旨到成都宣谕安抚南诏，回朝后担

第二章 皇帝也要"夺权"

任内外客省使,获赐紫服。

王守澄指着这些人的名字说道,之前他们仗着韦元素等人的权势,事事与他作对。这么多年,终于有机会报仇了。让他们离开京师,若有合适的时机也解决掉吧。

郑注接过名单,连连答应,内心也盘算起来。若趁此机会能够将这些内廷的权宦都赶出京师,既能满足王守澄的私欲,也能加快削弱宦官势力的进程,何乐而不为?郑注立即回去同李训商议,二人决定顺从王守澄的计划,再次利用宦官两派的矛盾,借力打力,肉体消灭这些宦官权贵。

很快,李训、郑注派遣他们分别到盐州、灵武、泾原、夏州、振武、凤翔去巡视边防。为了不让这些宦官怀疑,于是假戏真做,安排给他们各不相同的任务。比如,任命刘英浰担任牛羊使,并且专门赐紫服,让他到边地监察牛羊供给情况。对似先义逸则说,文宗有意南巡,让他先到泾原巡查,监督当地边备修建情况。其他几人的任务也都具体详细,各有不同,六人就这样领命上路了。

六人离开后,李训和郑注计划,等他们外出一段时间,命令翰林学士顾师邕起草诏书给六道,让六道官员奉旨赐死他们。顾师邕,祖籍苏州吴县。其父顾少连是德宗朝翰林学士,官至兵部尚书、东都留守,卒后赠尚书右仆射。顾师邕性情淡泊,喜好读书,很少与他人交游聚合,进士及第后官至监察御史。经李训推荐担任水部员外郎、翰林学士,得以进入内廷,成为文宗皇帝的近臣。

六人离开京师后,京师的猎杀行动还在继续,下一个目标是陈弘志。

九月份,李训向文宗献计,将山南东道监军使陈弘志召回京师。陈弘志是何人?他就是当年弑杀宪宗的凶手之一。陈弘志奉命回程,半路上走到青泥驿,文宗派人杖杀了他。

随着杨承和等人相继被除掉,田全操等人离开京师后,王守澄已经没有了利用价值,成为李训的下一个目标。

在铲除王守澄前,郑注有了新的身份。郑注请求担任凤翔节度使,但他的请求遭到了门下侍郎、同平章事李固言的拒绝。此时,李固言虽为宰相,但在李训、郑注控制的朝堂中早已没有了话语权。大和九年(835)九月二十五日,李固言被赶出朝堂,担任山南西道节度使;郑注如愿成为凤翔节度使,但尚未赴镇。在形势一片大好之时,为何郑注打算离开京师,到凤翔去?因为此时,李训、郑注已经在筹谋一个大计划了,稍后再展开叙述。

再讲回铲除王守澄这里。在除掉杨承和等人的过程中,王守澄出力很多。九月二十六日,王守澄升任为左右神策军观军容使,以表示对他的尊崇。何谓观军容使？肃宗朝九节度使讨伐安庆绪时没有统帅,鱼朝恩以"观军容使"的身份统领部队,观军容使其实就是战时负责监视各节度使行军的都监。此后,不再设立这一使职。直到这时,任命王守澄为北门六军和南衙十二卫的都监。观军容使看似地位显赫,实际上空有虚名而已,并不如神策军中尉那样掌握对神策军的实权。李训、郑注是想通过这样明尊实降的方式剥夺王守澄对禁军的控制。

为了能够顺利除掉王守澄,仅仅是架空他的军权还远远不够。李训、郑注与王守澄交往密切,对宦官内部的斗争了如指掌,二人决定提拔王守澄的政敌仇士良。

仇士良,祖籍循州兴宁。少时便被宦官仇文晟收养,加入仇氏宦官大家族中。顺宗朝入仕,是当时太子李纯（宪宗）的亲近侍从。宪宗即位后,火速获得升迁,26岁便担任内侍省五品省官内常侍,赐三品紫服,并加有象征皇帝亲信、可以近身侍从皇帝的宣徽供奉官头衔。经历了宪宗、穆宗、敬宗三朝,仇士良在内廷任过内外五坊使,外任平卢监军使、凤翔监军使、鄂岳监军使等。不同于其他宦官常担任各种使职差遣,仇士良担任时间最长、次数最多的就是内外五坊使。

上文说过,五坊使常借训练鹰犬之际,在民间敲诈勒索、巧取豪夺。每年秋冬,仇士良就率领着数百名五坊宦官、差役到京

甘露之变：难以夺回的皇帝权力

郊附近放鹰走狗，每十多天再换一个地方。所到之处，当地官员都准备厚礼，小心接待。仇士良等人凭借皇帝恩宠放纵专横，在地方往往强取豪夺，比盗贼还残暴，地方百姓苦不堪言。从仇士良的仕宦经历能看出，他并非宦官集团中老成持重之辈，而是恃恩骄横、手段残酷之人。仇士良在文宗即位前，经多次迁官至内侍省长官四品内侍，其散官为右监门卫将军，爵位为开国公，成为宦官集团中的权贵。

敬宗遇弑时，他很可能没有在内廷，而是在外担任监军使。文宗即位后被征召回朝廷，担任宣徽供奉官。但由于王守澄的抑制和打压，很快便转任内坊典内这样的清闲职任，后担任右神策军副使、内外五坊使。到大和七年（833）任大盈库使、染坊使、飞龙使等职，始终没有进入宦官集团核心层。

李训、郑注知道仇士良与王守澄之间的矛盾，就为文宗出主意，故意提拔仇士良来分割王守澄的权力，让他们二人自相鱼肉。大和九年（835）五月，左神策军中尉韦元素被调离长安，任命仇士良为左神策军中尉，王守澄得知后很不高兴。

为了减弱铲除王守澄引起的禁军动荡，文宗不仅提拔仇士良势力，更帮助仇士良在军队中树立威望。韦元素等人被赐死后，文宗亲自视察宫禁内的营建工作，来到左神策军负责的龙首殿、梨园和含元殿视察慰问左神策军，并且命令新任左神策军中尉仇

第二章　皇帝也要"夺权"

士良继续进行土木工程营造。曲江池旁紫云楼和彩霞亭修建完毕后，文宗亲自赐予匾额。仇士良率众在银台门迎接匾额，亲自主持了盛大的挂牌仪式。在这一系列的行动中，仇士良作为宦官新贵的地位得以巩固，王守澄越来越没有存在感了。

对内，李训、郑注顺利削弱宦官集团势力，赐死杨承和等人，外调田全操等六位宦官权贵，架空王守澄，内廷只剩下新扶植起来的仇士良。对外，凡是二人厌恶的朝臣，都被指控为李德裕或李宗闵的朋党，被驱逐出朝堂，二人在外朝的权势更加稳固。

例如，郑注进翰林院时，中书舍人高元裕为他起草任官诏书，诏书中说郑注是以医药之术侍奉君主。上文我们说过，唐朝士人对伎术官心存鄙视，郑注因此对高元裕怀恨在心。之后，李宗闵被贬，郑注便上奏说高元裕曾到郊外送别李宗闵，是李宗闵的党人，于是贬高元裕为阆州刺史。郑注刚得到文宗信任的时候，文宗身边的翰林学士、户部侍郎李珏称郑注是奸邪小人，此时李珏也被贬出朝廷，外任江州刺史。

如此种种，在李训、郑注的合作下，每天都有官员被贬黜或降职，史书称"班列为之一空"，朝堂上人心动荡不安。文宗对这个情况也有所了解，九月一日下诏安慰群臣说："所有与李德裕、李宗闵有亲戚、朋友关系的人以及两人的门生、故吏，除今

甘露之变：难以夺回的皇帝权力

日之前已经被贬谪罢免的以外，其余的人员全都不再问罪。"诏书颁布后，人心才慢慢安定。

二人外除朋党、内抑宦官，成绩显著，官位也逐渐升高。大和九年（835）七月，李训从国子博士改任兵部郎中、知制诰，继续充任翰林学士。八月，郑注自太仆寺卿迁升为工部尚书，任翰林侍讲学士。文宗特意下诏，让他来九仙门，亲自赐予其任官告身。郑注获得翰林侍讲学士的身份后，也能够同李训一样进入内廷，陪伴在文宗身边。九月，此时李训与文宗相识不过一年时间，也就是在授予王守澄观军容使的第二天，李训与舒元舆二人分别以礼部侍郎和刑部侍郎的官职加同中书门下平章事，成为外朝的实权宰相。

此前，宋申锡从翰林学士拜外朝宰相，担任宰相后不能再如翰林学士那样经常出入内廷，君臣之间在关键时刻缺乏及时、有效的联络。于是，到李训拜相的时候，文宗吸取此前宋申锡冤案的教训，修复了这个漏洞。任命李训为宰相的同时，专门又命李训每两三天到翰林院讲解《易经》，这样李训就可以经常往来翰林院，自由出入内廷。至于李训在翰林院是讲《易经》讨论学术问题，还是继续谋划商议太平策，显然是后者。

至于舒元舆，他为何能够拜相呢？舒元舆是李训在朝堂的得力助手，负责除去李训、郑注的敌对力量。前文我们讲过，他因

第二章 皇帝也要"夺权"

为成功处理杨虞卿案而获任御史中丞。在任职期间，凡是李训、郑注厌恶的朝官，他一律进行弹劾，因此更加受到李训的信任青睐，得以和李训同时拜相。

此时，朝堂上共有4位宰相，分别是李训、舒元舆、贾𝗇、王涯。除李训外，三人都出身寒微，没有参与牛李党争。除王涯仕宦经历较丰富以外，另外两人都是刚刚入朝不久便被授予宰相。他们三人能够拜为宰相，都是通过李训的关系。文宗已经受够了牛李党人之间的互相攻讦，希望由这些没有参与党争的官员执政，不要再引发新的党派争斗。

通过任命外朝宰相，李训加强了对朝堂的控制；通过扶持王守澄的政敌仇士良，稳定了宦官集团和禁军力量。到了十月份，时机成熟了，复仇行动再次启动。李训秘密地同文宗说，铲除王守澄的时候到了。文宗派遣内养宦官李好古到王守澄的住宅，赐予王守澄毒酒。

李好古在敬宗宝历二年（826）19岁入仕，第二年文宗即位后赐绿，同年又赐绯，大和六年（832）25岁便已赐紫，深受文宗信任，升迁非常迅速。但他能够执行秘密赐死王守澄的任务，与他的另一特殊身份有关，他是仇士良的女婿。这样说来，仇士良应该也暗中参与了铲除王守澄的计划。或许王守澄在被架空时对此已经有所察觉，但是为时已晚。现在望着毒酒，想到如今的

甘露之变：难以夺回的皇帝权力

死局竟是自己一手促成，王守澄内心懊悔不已却已无能为力，只能将毒酒一饮而尽，结束了生命。

王守澄就这样被秘密赐死，文宗对外说他是正常亡故。像那些历代去世的权宦一样，王守澄被赐予了扬州大都督的赠官。王守澄的弟弟王守涓此时担任徐州监军使，为了斩草除根，不留后患，文宗便以王守澄之死的理由召他回京。王守涓走到中牟的时候，也被诛杀了。

至此，李训、郑注先逐李党，再驱牛党，曾经被文宗感叹的比解决藩镇问题还棘手的朝廷朋党之争就这样在二人的合纵连横、各个击破下瓦解了。二人又除去了掌控内廷和禁军的元和系宦官权贵们，包括曾经弑君的陈弘志、王守澄。文宗即位以来，一直担心身边的元和系宦官权贵重新上演弑君另立的戏码，随着一众宦官权贵被赐死，高悬在文宗头顶的危机解除了。

李训、郑注帮助文宗逐步实现着太平盛世的图景，因此更加受到文宗的信任，二人在朝堂之上的威望越来越高，一时风光无两。众宰相面见文宗奏对，其他宰相都不敢否定李训，只得顺承着李训的态度发言。宦官与禁军看到李训，都恭敬收敛地远远迎拜。

李训、郑注明白，"太平之策"绝非仅凭他们二人之力便可完成，特别是他们依靠文宗骤然登上权力巅峰，已经引起内外朝

第二章 皇帝也要"夺权"

文武官员的不快甚至是敌意。文宗朝牛李党争最为激烈,当时的朝廷上真正能够在党争中置身事外保持中立的寥寥无几,因此当李训、郑注除党争、立威权后,朝臣竟已经离开大半。为了能够顺利推进计划,既要笼络人心,也要继续扩大自身的力量,李训开始提拔官员补缺。

为了顺从民意,又避免引来新的党派争斗,李训推荐了一批在朝廷内外有很高威望的老臣重新担任要职。他们此前都曾在文宗朝党争中遭遇排挤,被迫改任闲散职务,此时重新担任位高权重的要职。

例如,大和九年(835)十月,任命东都留守、司徒兼侍中裴度兼任中书令,其他职务仍像以前一样。前文说过,裴度是帮助文宗即位的三朝元老,但是因为推荐李德裕任宰相被卷入党争,后在李宗闵等牛党力量得势后,便被排挤出朝廷。还有郑覃,此前被卷入牛李党争,受到牛党排挤,在杨虞卿、李宗闵被贬后,继续担任刑部尚书,到十月份,迁尚书右仆射,兼判国子祭酒。同样在十月,令狐楚拜尚书左仆射,进封彭阳郡开国公。

李训推荐了一批老臣重获任用的举动,确实收获了一波人心,士大夫中有不少甚至开始希望李训能够辅佐文宗实现天下太平。

除了推荐老臣,李训还在朝中寻找新的同盟力量,为接下来

135

的大计划做准备。不过,其中一些人采用各种方式拒绝了李训的邀请,他们认为此时朝堂看似风平浪静,实际上暗流涌动,充满了火药的味道,不愿冒险参与其中。有直接拒绝担任凤翔节度副使的韦温;有接受了咸阳尉、直史馆的官职,但缓缓就职、成功拖延时间的杜觊;有拖延不就任同州刺史的白居易。他们或坚决不与之合作,或侥幸观望,或不愿卷入纷争。这样看来,李训、郑注能够寻找到的同盟力量非常有限。

当然,在高官俸禄、飞黄腾达面前,还是有人选择了同李训、郑注合作。他们相继又提拔了一批依附自己的官员。这些人中,有些直接参与了铲除宦官的谋划,有些虽然没有直接参与其中,但是一直同李训、郑注往来密切。

到甘露之变发生前,直接参与了甘露之谋的包括:御史中丞李孝本(宗室)、左金吾卫将军李贞素(宗室)、左金吾卫大将军韩约、宰相舒元舆(进士)、太原节度使王璠(进士)、邠宁节度使郭行余(进士)、京兆少尹罗立言(进士)、万年县令姚中立(进士)、长安县令孟瑑(进士)、翰林学士顾师邕(进士)、郑注妻兄魏逢、郑注僚佐魏弘节。其中,有些人前文已经介绍过了,另一些将在后面陆续提到。

还有与李训、郑注往来密切,但并未参与甘露之谋的人员,包括:宰相王涯(进士)、宰相贾𫗧(进士)、凤翔节度副使钱可

第二章 皇帝也要"夺权"

复(名家子)、凤翔节度判官卢简能(名家子)、观察判官萧杰(名家子)等。

从出身看,与李训、郑注往来密切的对象,除郑注、韩约、魏逢为非进士,出身低微外,其余大部分都是进士出身。从仕宦履历看,大部分是有进取志向、希望获得重用的中低层官员。从授予的官职看,李训、郑注在朝堂上驱逐牛李党人后,便提拔与自己交好的孤寒文人占据核心职位。这些职位,既有外朝宰相、京兆府官员,也有可以自由进入内廷的翰林学士,更有掌握禁军的将军和掌握地方武装的节度使。从这些人员担任的职位,我们或许可以隐约看到,李训、郑注正在布局着一场搅动天地的惊天谋划。

五、浐水之约,凤翔祥瑞

复盘李训、郑注除朋党、杀宦官的政治手段,都是依靠朝臣或者宦官集团内部的争斗,实现借力打力。可以想到,这段时间二人频繁往来内廷,应当是同文宗保持着紧密的合作,才会取得非常成功的进展。那么,当尽去牛李党人与元和权贵宦官后,太平之策实现了吗?似乎还没有,因为禁军之权依旧在宦官手中。

甘露之变：难以夺回的皇帝权力

自从德宗贞元十二年（796）六月，设立护军中尉两员、中护军两员统率禁军以来，到文宗大和九年（835），宦官掌管禁军已经有将近40个年头了。40年间，只有顺宗朝的永贞革新曾经计划过夺取宦官的典兵权，然而失败了。李训、郑注成功地消灭了宪宗元和年间以来的宦官权贵，但是为了维持禁军的稳定，不得已又扶持了新权贵，接替左神策军中尉韦元素的是仇士良，即将接替右神策军中尉王守澄的是鱼弘志。

李训、郑注明白，只是更换人员并非长久之计。宦官掌军的制度不废除，宦官仍然可能会在未来凭借军权，嚣张跋扈，甚至弑君、立君，宦官对皇权仍有潜在的威胁。唯有夺回宦官手中的军权，交予皇帝，才能一劳永逸。仇士良和鱼弘志恐怕并不会乖乖交出手中的神策军权，可是贸然宣布废除宦官典军的制度更难以实现，因为宦官同禁军之间通过姻亲关系、血缘关系已经深度结合。如何是好？

当下，数名权宦已经被肉体消灭，另有数名权宦被调出京师，王守澄也被铲除，新掌权的仇士良和鱼弘志根基尚未巩固，神策军则忙于修建宫殿。这是宦官力量最虚弱，也是最疏于防范的时候。不如一鼓作气，将宦官集团中有权势的人物统统铲除，再夺回军权，以绝后患。于是，李训、郑注想到了一个除宦夺权计划。

第二章 皇帝也要"夺权"

这个计划就是制造一个机会，将宦官集团高层人员都集合起来，然后全部杀掉，简单、直白、高效地夺回宦官手中的权力。什么样的机会呢？现在正好有一个。

作为宦官集团曾经的头号人物，王守澄虽然是被秘密赐死，但他去世将会获得文宗的厚葬。在王守澄被赐死之前，李训、郑注便开始谋划这样一个大胆计划：王守澄下葬那天，郑注上奏文宗，说王守澄是有功于国的旧臣，他愿意亲自护丧，再集结宦官集团都到浐河旁为王守澄送葬，郑注带着亲兵在殿旁等待。等到宦官在大殿集合完毕，只等文宗一声令下，郑注便率领亲兵上前，全歼宦官，一个不留。铲除宦官集团后，文宗在李训、郑注的军事力量支持下，公开宣布这场政变是由于宦官集团意图谋反，叛乱者已经被处决，最后做好对神策军的安抚工作，稳定朝堂。

这个计划中最关键的部分是要有一支值得信赖的武装力量。神策军是不能利用了，因为此时左右神策军之间虽说仍有矛盾，但是并不凸显。不再能延续此前分而治之、各个击破的手段了，终于还是到了正面对决的时候。

为了以防万一，李训、郑注还有一个备用方案。一旦政变失败，就依靠这支力量保卫文宗逃往就近的藩镇，再联合提前约定的藩镇力量起兵勤王，一面保卫文宗，一面进京铲除宦官集团。

甘露之变：难以夺回的皇帝权力

文宗顺利回京后，再将这场政变归于宦官谋反，名正言顺地肃清宦官集团，收回神策军权。到唐末南衙北司关系急剧紧张的时候，这个依靠藩镇铲除宦官的备用方案得以实施，但结果远远超出了最初的设想，不过且留待后文再述。

京师神策军实力雄厚，能够与之抗衡的，只有地方藩镇兵力。另外，一旦正面对抗失利，出现非常之变，京城难以立足，藩镇也可以成为文宗的庇护所和与神策军对抗的基地。至于对藩镇的选择，李训、郑注想到了凤翔镇。

凤翔节度使管凤翔府、陇州，下辖十四县，凤翔府为其治所，属关内道。凤翔镇前身为陇右节度，是玄宗天宝年间设置的十节度之一，属于边疆型藩镇。凤翔历来为军事重地，负责抵御吐蕃和拱卫京师，因此朝廷长期在此集结重兵把守。神策军除了庞大的在京禁军，还有众多外镇兵力，其中普润镇在凤翔境内。如果掌握了凤翔镇，不仅可以威胁京师，也可以与神策外镇军抗衡。

凤翔镇既需要为京城政变提供关键的武装兵力，一旦计划有变还需做好勤王的充足准备。如此看来，凤翔节度使的人选至关重要，既要时刻了解政变的筹划和进展，又要率领亲兵参与在京师大殿的政变行动，更要在藩镇做好应对政变失败的准备。可以说，凤翔节度使是政变能否成功的关键角色。二人明白，如此重

第二章 皇帝也要"夺权"

要的职位必须掌握在自己手里。

大和九年(835)九月二十五日,文宗任命郑注为检校尚书左仆射、凤翔陇右节度使,每月可进京奏事。第二天(九月二十六日),虚尊王守澄为左右神策军观军容使。到十月九日王守澄被赐死,四天后(十月十三日)郑注离开京师,前往凤翔。郑注本是王守澄的心腹,王守澄被赐死,郑注便离开京师。选择这个时间点,向外界释放了一颗烟幕弹,似乎郑注的离开是因为失去了王守澄这个靠山,不再受宠被贬出朝堂;而郑注实际上是前往凤翔招兵买马,为彻底铲除宦官从而夺回神策军兵权做准备。

郑注前往凤翔前,李训和舒元舆专门挑选出身名门的官员担任郑注的僚属。山雨欲来风满楼,面对李训、郑注的邀约,有人选择退避三舍,不愿卷入暴风眼中;有人则大胆入局,试图在危机中寻求改变命运的先机。大和九年(835)十月,文宗任命吏部尚书赠尚书右仆射钱徽之子礼部郎中钱可复为节度副使,大历十才子之一德宗朝检校户部郎中卢纶之子驾部员外郎卢简能任节度判官,穆宗朝宰相进封徐国公萧俛之弟主客员外郎萧杰任观察判官,文宗生母萧太后妹妹的夫婿、左拾遗卢弘茂为掌书记。兵部员外郎李敬彝原本被辟为行军司马,但未赴任。此外,郑注的僚属还有出身寒微者,如魏弘节,果敢多谋,起初任鄌坊节度使赵儋的僚属，后来被郑注辟为僚属。

郑注不仅获得了豪华的明星僚属团，在离开京师前，度支司、京兆府等机构还专门为他举行了欢送宴会。面辞文宗时，文宗亲自赐予了他用通天犀牛角装饰的腰带。这种腰带稀有名贵，一般皇帝最宠信的臣子才能使用。郑注风光无限地前往凤翔，刚到凤翔便大肆优赏军将，培植自己的亲信力量。

抵达凤翔后，郑注还有意在凤翔策划了一些祥瑞事件。郑注上奏说，凤翔出现了紫色的云彩，又向朝廷进献了白雉。紫云和白雉自古便象征着祥瑞之气降临。郑注这样做是在制造舆论，渲染凤翔殊胜之地的氛围，为将来如果政变失利，文宗暂避凤翔做好准备。

第二套方案需要应对非常之变，除了郑注所在的凤翔镇将会成为核心军事据点，昭义镇也将是重要的支援力量。昭义镇在文宗朝异常活跃，在文宗即位之前便与内廷宦官联络频繁，这次更是直接与李训等人秘密合作，参与谋划朝廷政变。中晚唐以来藩镇跋扈，但是如昭义镇这样深度介入中央事务的还是头一回出现。昭义镇为何如此特别？这与刘悟、刘悟之子刘从谏在昭义镇的历史发展有关。

刘悟年轻时是平卢节度使李师道的部将，宪宗元和末年李师道叛乱，刘悟生擒李师道，因功授予义成节度使。穆宗即位后，

第二章 皇帝也要"夺权"

元和十五年(820)十月,刘悟移镇潞州,任昭义军节度使兼平章事。

昭义镇处于河朔三镇与唐廷之间,由李抱玉、李抱真创设,设置目的为钳制河朔三镇,拱卫京师,属于中原防遏型藩镇。该镇自创设以来始终为朝廷尽忠,但由于昭义镇靠近河朔三镇,到刘悟掌管昭义镇时,开始出现河朔化倾向,加上刘悟、刘从谏父子为了巩固自身统治,结交朝廷权贵,他们对朝廷的举动了如指掌。

当时,昭义监军使是刘承偕。他是册立穆宗的内廷功臣之一,又深受穆宗生母郭太后宠信,被太后认作养子。刘承偕倚仗着自己的恩宠,就经常在众人面前羞辱节度使刘悟,并且纵容手下胡作非为,刘悟不能制止。

刘承偕与刘悟关系不好,私下里同磁州刺史张汶密谋,打算找机会将刘悟捆绑后送到京师,再由张汶代任节度使。到长庆二年(822)二月,二人的计划泄露。刘悟听说监军和属下背地里勾结想要谋害自己,怒从心头起,暗示让手下的军士们作乱。骚乱的将士们杀死了张汶,又包围了刘承偕,先杀死了他的两名手下,又打算杀掉刘承偕。

这时,刘悟的幕僚贾直言急忙拦下了刘悟。贾直言是一位传奇名臣,历史上留下了他代父饮毒酒以及结发之妻的典故,

甘露之变：难以夺回的皇帝权力

他后来逝世时被朝廷追赠为工部尚书。贾直言出自河朔旧族，曾经任李师道的幕僚。李师道，前文刚说过，是因造反而死，贾直言作为李师道的幕僚为何没有被治罪呢？这是因为，贾直言曾极力阻止李师道反叛。他曾拿着刀抬着棺材对李师道直言极谏，并且画了一幅画，画中一个人被捆绑在囚车中，妻子儿女身带镣铐随行，贾直言想要以此画警示李师道谋反的悲惨结局。李师道见后大怒，将贾直言囚禁。后来刘悟杀李师道，释放了贾直言。刘悟因功授义成节度使，贾直言就追随在刘悟身边。此时，面对失去理智的刘悟，贾直言责问他："将军如今放纵手下士卒胁迫皇帝使者，难道是想步李师道的后尘吗？"怒发冲冠的刘悟，听到这些话才醒悟过来，及时制止了作乱的将士们，将刘承偕囚禁了起来。

消息传到了朝廷，穆宗让刘悟放刘承偕回京，刘悟借口军情紧急不放人。穆宗向裴度询问计策，裴度认为军乱是因刘承偕的不法行为才发生，那就命令刘悟集合三军，斩杀刘承偕。只有这样，才能显示朝廷的决心，稳定军心，此后天下无事。如果不能，即使给刘悟加官晋爵、多加赏赐，也于事无补。但穆宗考虑到刘承偕太后养子的身份，犹豫不决。于是，裴度建议将刘承偕发配流放到偏远之地，刘悟这才放了刘承偕。

看到穆宗的妥协退让，刘悟在藩镇就开始肆意放纵。朝廷中

第二章 皇帝也要"夺权"

一些失意政客,往往投奔刘悟寻求庇护。刘悟上奏论事,文辞常出言不逊。敬宗宝历元年(826)九月,刘悟突然病逝,其子刘从谏隐瞒消息,秘不发丧,同大将刘武德以及亲兵密谋,伪造了刘悟的遗表,请求朝廷任命自己继任节度使。

敬宗让大臣们商议该如何处理,仆射李绛认为泽路(昭义)镇在内地,与河朔藩镇不同,不应该准许刘悟的请求。然而,宰相李逢吉和神策军中尉王守澄接受了刘从谏的贿赂,便破例允许由刘从谏继任。文宗大和六年(832)十二月,刘从谏到京师觐见文宗,大和七年(833)春回到藩镇,加同中书门下平章事。刘从谏能够破例实现父死子继,文宗朝又能顺利回归昭义镇,都是他结交宰相、宦官这些权贵才实现。

得位不正的刘从谏,希望通过结交朝廷权贵,稳定自己在藩镇的权势。这也是之后刘从谏同李训、郑注二人来往密切的原因。那么,刘从谏是从什么时候开始与李训、郑注相熟的呢?这要从宋申锡冤案说起。

大和五年(831),郑注制造了宋申锡冤案,遭到了群臣的围攻,外朝官员与内廷宦官都想除之后快。为了暂避风头,郑注就离开京师,到昭义镇担任节度副使。郑注当时还是王守澄的亲信,他到昭义镇躲避的这段时间,也就同刘从谏相熟。

此后,李训、郑注势力壮大,刘从谏就将他们二人视为自己在朝廷的新靠山。当李训、郑注谋划彻底铲除宦官，寻求武力支援时，自然就想到了刘从谏。刘从谏欣然同意了李训、郑注的邀约，想着到时若能起兵勤王立下大功，不仅自己在藩镇的地位更加巩固，没准势力还能进一步发展壮大。

掌握了凤翔镇，联络了昭义镇，对即将发动的政变而言，准备还远远不够。地方藩镇实力强大，但藩镇与京师间的信息传递和藩镇兵力集结都需要时间，若京师有突发情况，恐怕一时之间藩镇兵不能及时赶到。若按照原计划，在大殿发动政变，京师之中也应做好一定的武力准备，从而实现内外夹击。李训盘算起了长安中可以利用的武装力量。

京师之中，除了宦官统领的北衙禁军，还有驻扎在皇城南边、宿卫皇宫与京城的南衙卫兵。随着府兵制的崩坏和北衙禁军的扩张，到中唐时南衙十二卫大部分已经无兵可用，名存实亡，十二卫的职任则成为荣誉职衔。南衙卫军中只有左右金吾卫仍然保留实际职事，负责在宫中和京城昼夜巡警。

自从代宗朝鱼朝恩率神策军进入京师，神策军逐步完成中央化改造，日益成为保卫宫禁的主要力量。到肃宗朝，李辅国曾想用500名羽林军骑兵代替左右金吾卫巡警，当时的宰相李揆上疏说，朝廷设置南北衙，区分文武，是用来相互监督。若用羽林军取代金吾卫巡夜，如果发生极端事件，谁来保卫君主安危？由于

第二章 皇帝也要"夺权"

宰相的阻拦,李辅国只好作罢。

正如李揆所说,君主保留左右金吾卫,正是出于防范北衙禁军,实现南北制衡的目的。李辅国想用北衙禁军取代金吾卫的计划没能成功,此后金吾卫的兵力反而得到了增强。德宗建中元年(780),将鸿胪寺统领的左右威远营兵力隶属于左右金吾卫,增加了左右金吾卫的在编人数。金吾卫是京师之中少有的还没有被宦官控制的兵力,也是李训、郑注需要重点依靠的军事力量。

谁来控驭左右金吾卫呢?李训、郑注身边聚集的官员大部分都是进士出身的文人,诗词歌赋信手拈来,但是能够领兵打仗的唯有韩约。

韩约,祖籍朗州武陵,本名重华。勇敢有决断,略通晓一些史书,有吏能才干。历任两池榷盐使、虢州刺史。文宗大和元年(827)正月,交趾叛乱,韩约任安南都护府长官,管理辖境的边防、行政和各族事务,若出现紧急情况需要带兵抚慰征讨。韩约生性贪婪,在任期间大肆聚敛,到大和二年(828)九月引发安南军乱,本人遭到驱逐。回朝后,转任太府卿。之后,李训、郑注相继受到重用,韩约便投靠二人。到大和九年(835)十一月十八日,原左金吾卫大将军崔鄯突然去世,李训便任命韩约继任。

甘露之变：难以夺回的皇帝权力

除了安排韩约继任左金吾卫大将军外，金吾卫军中还有李训、郑注集团的成员，例如地位仅次于大将军的左金吾卫将军李贞素。李贞素，宗室子弟，父亲李实是道王李元庆四世孙。李贞素温和宽宏，娶汉阳公主季女。累迁宗正少卿，由将作监改任左金吾卫将军。在任期间同李训联络密切，是李训党人中核心军事人员。此外，金吾卫军中设有左右街使，负责巡逻长安城的治安，左街副使张元昌也加入了李训、郑注集团。

京师之中，除了金吾卫，还有一些零星武装力量可以利用，李训、郑注也都安排由自己的亲信掌握。

首先，京兆尹下属有京兆府各县的捕盗官。京师是腹心要地，国家根本所在，历代王朝都重视京师的治安稳定。京师是全国的政治、经济中心，聚集了众多的皇亲国戚、达官显贵、富商大贾，也吸引了大批盗贼光顾。京兆尹作为京畿地区行政长官，首要的任务是"清肃邦畿"，也就是维持京畿地区的治安稳定，通过缉捕盗贼稳定京师治安成为考核京兆尹政绩的重要标准。

上文我们聊到杨虞卿案，李训、郑注等人称食小儿心肝的谣言是时任京兆尹的杨虞卿的家人制造，杨虞卿因此被贬官。此后，李石代替杨虞卿成为京兆尹。鉴于京兆尹手下有一批捕盗官可以利用，李训便将李石调任户部侍郎、判度支，由自己的亲信

第二章 皇帝也要"夺权"

罗立言接替李石成为京兆尹。

罗立言,祖籍宣州,贞元末年进士及第。先在魏博节度使田弘正那里任职,后改任阳武县令,因为善于处理复杂难办的事情,迁任河阴县令。在任期间有吏能,政令严明。例如,不畏豪强占地,火速将城墙修筑完毕;改革差役制度,免除了无地百姓的差役;在河道设置锁链,使沿河的盗窃活动销声匿迹。因为罗立言表现杰出,河南尹丁公请求朝廷表彰他,于是特加朝散大夫。

罗立言个人能力出众,但性格上骄傲自大,引来同僚不满,因此长期没有获得升迁。敬宗宝历元年(826),担任检校主客员外郎,后任盐铁河阴院官、兼侍御史。在任期间,理财能力卓著,但是趁机贪污腐败,在籴米时做了手脚,共贪赃1.9万贯。他的长官盐铁使惜才,只是削了他的兼职侍御史,后罗立言转任庐州刺史。文宗大和年间,回朝任司农少卿,主管太仓出纳。罗立言在任期间不思悔改,巧立名目贪污受贿,通过贿赂郑注,获得李训的重用和亲善。大和九年(835)十一月十七日,以京兆尹李石为户部侍郎、判度支,以罗立言为京兆少尹、权知府事。

这次政变利用的捕盗官来自万年县和长安县,两位县令分别是万年县令姚中立和长安县令孟琯。姚中立,穆宗长庆元年(821)进士,长庆二年(822)制举及第。文宗大和三年(829)

任监察御史。同年,举办了别头试。别头试的参加者多是公卿子弟,是为回避亲嫌而采取的一种科举考试方式。主持考试的考功员外郎取士不当,引起舆论,姚中立上奏了此事,并建议停办别头试,因而遭到排挤。到大和九年(835)时,担任万年县令。孟琯,元和五年(810)进士及第,曾任殿中侍御史,大和九年(835)时担任长安县令。

其次,御史台下属的狱卒也是一支武装力量。御史台是监察机构,原本没有监狱,因审案有临时羁押嫌犯的需求,就将囚犯关在大理寺。但是大理寺在承天门街第四横街之北,御史台在承天门街第六横街之北,加之受阴阳五行观影响,御史台门朝北开。如果押解犯人到御史台,需要经过烦琐的路线,这导致审案不便,又有泄露案情的风险。为此,贞观二十二年(648)设立了御史台左右二狱,御史大夫、御史中丞、侍御史等御史台官员都可以使用。

上文我们讲了李训、舒元舆同时拜相,之后便安排刑部郎中、兼侍御史、知杂李孝本权知御史中丞事,控制御史台的狱卒。李孝本,宗室子弟,宪宗元和年间进士,累迁至刑部郎中。正值李训、郑注受到文宗宠信,李孝本便依附他们二人,希望能够受到重用。于是二人便推荐他以刑部郎中兼任侍御史、知杂。后舒元舆成为宰相,李孝本权知御史中丞事。李孝本同李训来往

第二章 皇帝也要"夺权"

密切,是整个计划的核心人员。

李训、郑注明白,只是掌握了京师的少量武装力量,以此对抗宦官掌握的在京神策军还远远不够。还有什么办法可以增强在京军事实力呢?二人想到了藩镇亲兵。

从中唐开始,中央选派的藩镇节度使到地方赴任时,可以招募一些亲兵追随自己,藩镇也可以派遣兵将到京师迎接新任节度使。当下兵力紧缺,若能任命节度使,便可以用这个借口在京师公开招募亲兵,也不会引起宦官集团的怀疑。任命谁为节度使呢?李训、郑注想到了两个人:郭行余和王璠。

郭行余,元和年间进士。先是在河阳节度使乌重胤手下担任掌书记。乌重胤父亲去世,让郭行余为他父亲写墓志铭。一般而言,墓志铭都是要为逝者讳,免不了有一些阿谀奉承的内容,但郭行余为人刚直,不肯写这样的文字,引来了乌重胤的不满,郭行余便辞去了幕职。之后,郭行余回朝,历经多次迁转,任京兆少尹。有一次,郭行余乘车在外遇到了长官京兆尹刘栖楚,没有避让行礼,刘栖楚就抓捕、捆绑了为郭行余开路的吏员。郭行余没有道歉,反而写报告说:"京兆府在汉代的时候有尹、都尉、丞,他们都是皇帝任命的,以后相沿不改。开元年间,亲王担任最高长官,但只是荣誉虚衔,不负责实际事务。因此,尹是长史,司马就是汉朝的都尉和丞。现在尹主管事务,少尹为副手,没有听说在路上相遇需要下车行礼的,以前的规矩仍然存在。"面对郭行余的辩解,刘栖楚竟无言以对。

后来,郭行余升任楚、汝两州刺史。李训在东都的时候,郭行余多次馈赠他财物,二人私交很好。之后,李训受到重用,便将郭行余征回京师,担任大理卿。大和九年(835)十一月初五,任命郭行余为邠宁节度使,之后,郭行余以此为借口,在京师大肆招募亲兵。

王璠,我们之前已经多次提到。王璠有吏能,有文采,却是政治投机分子。在获取宋申锡信任后,迁升高官。但在得知宋申锡同文宗密谋铲除宦官势力时,内心游移不定,最终将消息泄露给了王守澄和郑注,引发了宋申锡冤案。因为给郑注泄露消息以及同李逢吉的关系,王璠获得了郑注、李训的信任,受到重用,担任尚书右丞。大和九年(835)五月,迁户部尚书、判度支,在内廷浴堂殿拜谢文宗时,文宗特赐锦彩激励他。十一月十六日,王璠接替李载义为河东节度使,开始在京师招募豪侠。

李训、郑注二人的谋划非常完备,甚至考虑到了发生政变那天,王璠、郭行余的着装。原本,节度使新受命时,需要穿着戎服到尚书省辞谢,但后来就停止了这项制度,原因与唐代櫜鞬服的式样密切相关。唐代将军穿着的戎服又名櫜鞬服。櫜鞬原本是盛放弓箭的容器,到唐代成为一种特殊服饰的代称。櫜鞬服是什么样子呢?在韩愈《送幽州李端公序》中,描述了幽州节度使刘济穿着的櫜鞬服:头戴抹额,下穿袴奴,脚蹬靴子,左手握刀,右边佩櫜鞬。这身装束不仅便于行动,更可以带长刀和弓箭进入官署。如今为了方便将来的军事行动,郑注特别请求恢复原有的制度。这样在政变之时,王璠、郭行余就可以穿着戎服,佩戴刀剑,快捷方便地率领亲兵作战。

　　李训、郑注绞尽脑汁,在京城搜罗到了金吾卫、捕盗官、御史台狱卒以及藩镇亲兵等武装力量为己所用。参与政变的人员都明白,这是一场政治豪赌,赌注是自己的身家性命。若成功便功成名就,一步登天;若失败则身败名裂,性命难保。赌注已经交出,买定离手,命运的赌盘开始滚滚转动。

第三章

流血宫廷

一、甘露之谋，计划提前

上文说到，李训、郑注二人的计划是利用宦官集体为王守澄送葬的时机，依靠凤翔镇藩镇兵，加上京师武装的配合，在大殿发动铲除宦官的行动。这个行动要实现对宦官的内外夹击，机密信息的及时往来沟通最为关键。凤翔远在长安300里之外，郑注虽然被准许每月来往京师，但作为凤翔节度使，他的一举一动都备受关注，他不能频繁往来京师和凤翔之间。那么，由谁来负责

第三章　流血宫廷

在京师与凤翔间传递消息呢？

郑注选择了自己的心腹，妻子的兄弟魏逢。魏逢作为郑注的内兄，始终跟随在郑注左右，深度参与铲除宦官的谋划。郑注离开京师担任凤翔节度使时，魏逢亦跟随前往，担任率更令、凤翔少尹。魏逢频繁往来于京师和凤翔之间，成为郑注和李训之间的信使，同时携带郑注奏表递送朝廷。

大和九年（835）十月十三日，郑注启程前往凤翔，到凤翔没几天便依照同李训的计划，派遣魏逢到京师递送奏表，正式上奏说要在本月二十六日朝觐文宗，接着表达了对王守澄的敬重和悼念，希望第二天能够自率亲兵为王守澄护丧。这则消息一经公布，各方势力暗流涌动。

首先是文宗和李训。文宗接到郑注奏疏，内心难掩忐忑和激动。文宗和李训等人明白，郑注的上奏不过是原本除宦计划的一环，为的是光明正大带兵进京师，围剿宦官集团。文宗当即准许了郑注的请求。魏逢传递奏表后，便到李训家中继续谋划行动细节，之后拿着密信返回凤翔镇。

其次是宦官集团。新任神策军中尉仇士良对李训、郑注的态度很复杂，既心存感激又心怀警惕。仇士良作为元和以来的老臣，在宪宗朝时虽获得殊宠，但在穆宗、敬宗两朝多外任地方监军使，没能进入宦官中央决策圈。文宗即位后，仇士良虽回朝任

甘露之变：难以夺回的皇帝权力

职，但在王守澄咄咄逼人的态势下，始终未获重用，只能担任闲散职任，不能触及核心要职。直到李训、郑注掌权，仇士良一跃担任左神策军中尉，自然感恩文宗的知遇和提拔。

但仇士良明白，自己今日的地位是如何而来。文宗大和年间宦官集团内部的权力斗争白热化，李训、郑注利用这种矛盾，借王守澄之手贬黜、赐死左神策军中尉韦元素一派。接着，虽然右神策军中尉王守澄一派势力暂时强大，但李训、郑注又借仇士良之手完成对王守澄的毒杀。元和时代的老臣到此几乎被诛杀殆尽，仇士良担心，自己是否就是下一个目标。此时，听到郑注上奏请求率领亲兵为王守澄护丧，仇士良打起了十二分精神，急忙开始筹划对策，防范郑注。为监视地方节度使，中央都会派遣宦官监军使驻扎地方，郑注所在的凤翔镇也不例外，此时担任凤翔监军使的是张仲清。仇士良秘密向他传递消息，让他密切监视郑注行踪。

魏逢回到凤翔，带回了京师的最新动向以及李训的新计划。李训提议，目前宦官都在警惕二十七日郑注为王守澄送葬的事情，如果还是按照原先的计划，可能出现难以预料的变数。现在已经到了对宦官的最后一击，既然一切已经准备妥当，不如提前行动，宦官集团肯定始料不及。时间提前七天，定在二十一日早晨，以甘露祥瑞为幌子，集合宦官，发动政变。

第三章 流血宫廷

为何没有在二十七号行动,而是提前六天在二十一号行动,学界有两种观点。一种观点是顺承新旧《唐书》及《资治通鉴》的说法,认为李训和郑注之间存在权力争夺,若按照二十七号的计划,功劳最大的是郑注,李训忌惮郑注功高,为了争功决定不通知郑注,提前贸然行动。另一种观点由岑仲勉与吕思勉二位先生提出,认为李训、郑注并无矛盾,二人共同谋划了二十一号的行动。笔者考察史料和前人研究,更倾向于第二种观点,下文继续就此展开叙述。

李训建议以甘露祥瑞的名义提前起事,并非临时起意。上文讲到,郑注到凤翔后,利用祥瑞进行舆论宣传,先上奏当地出现紫云,又向朝廷进献白雉。其实,在甘露之变三个月前即大和九年(835)八月,二人同文宗就已经在大明宫紫宸殿上演过一次天降祥瑞的戏码。

从肃宗朝起,大明宫成为中央政治活动的固定中心。布局上,大明宫同太极宫一致,遵循着前朝后寝与中轴对称的原则。大明宫自南向北,中轴线上依次是丹凤门——含元殿——宣政殿——紫宸殿。距离上,从大明宫正南门丹凤门进入,往北600米为含元殿,再往北300米为宣政殿,再往北100米为紫宸殿。以三座大殿外的宫墙为界,大明宫被划分出外朝、中朝、内朝三重不同的政治空间。紫宸殿是中晚唐时期大明宫的核心宫殿,原

甘露之变：难以夺回的皇帝权力

本为内朝议事的便殿，宪宗元和年间以后将紫宸殿改为常朝正殿，宰相、常参官均在此向皇帝奏事。

这天一早，群臣正在向文宗奏事。文宗接到奏报，说有甘露出现在紫宸殿前樱桃树的樱桃上。天降甘露是祥瑞之兆，而且恰好就出现在殿外，群臣们议论起来，都说这是皇帝圣德感动了上天。于是，在群臣的注视下，文宗亲自走出大殿来到树下采摘品尝甘露，百官纷纷向文宗道贺。这次祥瑞演练文宗表现自然，群臣很配合，一切进展顺利。

李训打算再次制造一场甘露祥瑞诓骗宦官，趁机将宦官们集合起来，利用郑注亲兵和在京武装，彻底铲除宦官集团。郑注听了魏逢从长安带来的消息，没有多想便同意了李训的计划。既然要提前起事，就要提前出发。此前郑注的朝觐已经获得了文宗准许，这时动身还需要再向文宗上奏。时间紧急，郑注急忙派遣魏逢到京师上奏第二表。十一月十八日，魏逢抵达京师，上奏入觐表。奏表中说，郑注将于十九日动身前往京师朝觐，并且再次明确提出王守澄是军国重臣、宦官领袖，身份贵重，希望神策军中尉以下的宦官们都到浐水为王守澄送葬。奏表中还是在强调二十七日的浐水送葬之事，为的是继续转移宦官集团的注意力。

仇士良等人听说郑注十九日便从凤翔出发，还明确要求宦官集体为王守澄送葬，更加确信郑注、李训将在二十七号对自己不

第三章 流血宫廷

利。于是，急忙秘密派人给凤翔监军使张仲清传递消息：密切监视郑注，随时报告行踪。

李训、郑注集团与宦官集团，这两派已经到了剑拔弩张的时刻，开弓没有回头箭，鹿死谁手即将见分晓。

为了能够及时赶上约定的政变时间，大和九年（835）十一月十九日清晨，郑注挑选平日里亲厚信任的500名将士，骑上骏马浩浩荡荡朝京师进发。凤翔位于长安以西310里，郑注计划在二十一日早朝前赶到，二十日中途在距凤翔100里、距长安210里的凤翔管辖地扶风稍事休整。

李训、郑注的计划是要出其不意，使宦官集团没有防备。郑注率领的500名亲兵是政变的关键力量，提前起事就需要郑注一行人疾驰赶到京师。唐代陆路一般30里一个驿站，驿站为往来官员提供马匹和食宿。快马每日可走180里，特殊情况每日可行300里，若是十万火急每日最快可行500里。若不出意外，郑注一行人顺利赶到京师并不是问题。

郑注十九日整装东进，从凤翔府治所雍县出发，途经横水驿、石猪驿、岐山县、龙尾驿，二十日顺利抵达扶风县，意想不到的麻烦出现了。郑注一行人风尘仆仆抵达扶风县，治所中却已经人去楼空，扶风县令韩辽竟然携带着官印率领吏卒，往东边70里外的武功县逃去。

县令韩辽作为郑注的下属，如此大胆，不仅没有为长官准备饮食，自己竟然带着手下全跑路了。郑注看到这个突发情况，内心一惊，仔细回想到底是哪里出了问题。韩辽这样胆大包天，应该是提前知道了什么消息。这几天李训和他谋划要提前起事，负责传递消息的是自己的亲信魏逢，消息又是如何泄露的？最大的可能是宦官集团早已在去往长安的沿途安排了亲信防备郑注，韩辽从宦官集团那里收到了什么消息，或许知道了郑注一行人的行动，才会弃城而逃？

郑注的内心突然慌乱起来。扶风县到长安还有210里，当前没有县令和吏卒提供饮食和更换马匹，500人队伍的后勤突然失去保障。即使勉强征集到足够的粮食和马匹，但这会消耗大量时间。从扶风县向长安进发，还需要经过武功县、望苑驿、马嵬驿、槐里驿、温泉驿等驿站。沿途的情况可能同扶风县一样，没有粮草供给，甚至可能遭到宦官率兵埋伏。如此这样，非但不能如期而至，恐怕自己和500人性命堪忧。前路不明，郑注一面安排属下抓紧补充物资，一面安排密探立刻到长安打探消息。

二、怯懦皇帝，临阵退缩

大和九年（835）十一月二十一日清晨，李训没有等到郑注

第三章 流血宫廷

抵达京师的消息,焦急的众人不知接下来该作何打算。京师的起事已经筹措妥当,左金吾卫大将军韩约、京兆少尹罗立言、河东节度使王璠、邠宁节度使郭行余等人也已经集结了手下的吏卒、亲兵等人员。郑注的亲兵没到,胜算大打折扣,但箭在弦上不得不发,政变已经不能暂停了。

若在这个关键时刻延后起事,恐怕会走漏风声,遭到宦官集团的报复,那么铲除宦官的行动也将功亏一篑,甚至这两年来的谋划和成果也会竹篮打水一场空。李训等人决定,不等郑注,按原计划发动政变。文宗如往常一样在紫宸殿召开朝会,接见百官。文武官员依次进入,按照既定班列站定。朝会即将开始,左金吾卫大将军韩约并没有像往常那样报告宫内平安,而是大声奏报:"臣官署左金吾大厅后面有棵石榴树,昨晚三更天降下甘露,我已经隔门向皇帝报告祝贺过了。臣认为甘露是最大的吉兆,甘露味道甘美、气味清香、晶莹闪亮,这是陛下圣德遍及天下,上天有感才降下的吉兆。我亲眼看到了这一吉庆的祥瑞,十分欢庆喜悦。"说完,向文宗行舞蹈礼,再次下拜称贺。

时隔三个月,宫禁内又降甘露?还从未听说过这等奇事,群臣小声地议论着。宰相王涯、贾𫗧、舒元舆都到香案前祝贺文宗,百官也依次向文宗祝贺。群臣祝贺毕,李训和舒元舆趁机说:"天降甘露,而且还是在宫禁中,陛下应该亲自去观看,以

甘露之变：难以夺回的皇帝权力

便承受上天的恩赐。"文宗此前已经得知了李训等人的计划，此时故作惊喜，同意当即前往。

左右金吾卫在大明宫城墙外，含元殿的东侧。为方便文宗和朝臣前往观看甘露，中断了紫宸殿的朝会。百官退下，走出阁门，前往离金吾仗院最近的大殿含元殿庭院中列班，等候文宗到来。

辰时，文宗乘坐轿子出紫宸门，两军中尉和两枢密使率领着一众宦官成羽翼状围绕着文宗。文宗进入大殿，从含元殿东阶升殿。宰相与两省供奉官分别站立在副阶上，南衙百官列班在大殿下渠北面。

文宗令宰相以及中书、门下两省官员先前往树下观看，于是宰相们带领两省官员离开含元殿，出东侧齐德门，到左金吾仗院办公的厅堂，一同观看甘露。左金吾卫大将军韩约已经在院内等候，负责导引。众人看到甘露，说："这不是真的甘露。"李训对两省官员说："请诸位仔细观察，陛下让我们辨别验证，不可疏忽大意。"

过了许久，宰相等人回来。李训向文宗奏报说："我和两省官员仔细观察了甘露的性状，恐怕不是真正的甘露，请不要匆忙向全国宣布甘露祥瑞的消息。若此时昭告天下，全国各地都会向陛下祝贺，我担心这未必是真的祥瑞，会成为一场闹剧。"文宗

第三章　流血宫廷

装作困惑不解的神情，问道："怎么会有这种事，难道韩约在撒谎吗？"说着便将目光转向了朝堂上的左右神策军中尉等宦官们，说："你们也前往查验一下吧。"于是，左右神策军中尉仇士良、鱼弘志率领众宦官围绕着文宗下拜后，前往察看。

此时，新任太原节度使王璠和邠宁节度使郭行余正在班列中。仇士良带领宦官们走后，李训打算利用王璠、郭行余招募的亲兵进入大殿保卫文宗。按照之前的计划，王璠、郭行余这几天招募了几百名亲兵，此时他们已经手执弓刀在丹凤门外等候，只等长官一声令下便进入大殿。

李训急忙召集身着戎装、等候多时的郭行余和王璠，说："二位快来接受皇帝的圣旨！"听到李训的呼叫，王璠却吓得两腿发抖，临阵退缩不敢上前，只有郭行余立即拜倒在殿下等候旨意。

紧急关头，李训望着文宗，恳请下旨，然而文宗却没有开口。郑注的500名亲兵没有按时到殿，政变成功与否充满变数，此时下旨引兵上殿就是彻底同宦官集团决裂。文宗思索着，若没有十足的把握，日后被宦官抓住把柄，恐怕自己性命堪忧。更何况，德宗朝以来，历代皇帝往往希望在宦官与朝官之间寻求制衡之术，将宦官赶尽杀绝或许对皇权来说并非最优解，反而可能会打破朝堂之上的均势，为权臣擅权埋下祸根。总之，在最后一刻，文宗迟疑了。

三、北风吹帐，功亏一篑

在仇士良奉命来到左金吾后院前，左金吾卫大将军韩约、左金吾卫将军李贞素已经按照既定计划，在庭院布置了帐幕，在帐幕里隐藏了众多手拿兵器的将士，打算就地将宦官们全部包围斩杀。埋伏圈布置完毕，仇士良来到院中查看甘露，韩约依旧负责引导。

随着时间的流逝，原本谈笑风生的韩约，逐渐汗流不止，脸色也越来越难看。因为他在等待大殿中文宗的敕令，却迟迟没有收到。清晨郑注的亲兵失期未到，此时王璠和郭行余的亲兵也没有了动静，眼下自己率领的这支金吾卫将士成了政变主力，只等文宗敕令，放手一搏。如今大殿之上为何没了消息，究竟发生了什么？韩约不禁分神盘算起来，面对宦官率领的神策军，依靠他的这点兵力，政变的胜算已然十分渺茫，自己全族以及帷幕后面的将士们恐怕已经在劫难逃。韩约越想越怕，不由得脸色惨白。

仇士良和鱼弘志看着眼前的韩约，奇怪他为何会脸色煞白抬不起头。二人问道："将军这是怎么了？"正在此时，一阵北风吹了起来。长安的冬月里很少有风，这阵风吹得人阵阵寒意，仇

第三章　流血宫廷

士良不禁打了个哆嗦，寒气也让他更加清醒。顺着这阵风，院中的帷幕被吹了起来。仇士良透过帷幕，发现后面全都是手执横刀的士卒。士卒们已经埋伏多时，也被这阵突如其来的北风吹得哆嗦，不知是寒风是紧张抑或拥挤，士卒手中的兵器互相碰撞，发出了刺耳的金属摩擦声。

仇士良等众宦官突然意识到他们遭遇了埋伏，急忙往院外跑。负责守门的士卒见此场景准备将唯一通往外界的大门锁起来，眼见宦官们一边大声责骂一边扑了过来，守门人竟然没能够紧闭大门。宦官们就这样顺利跑了出去。

仇士良等人穿过齐德门，往含元殿跑，有的人手中还拿着树枝或小瓷碗盛放着刚刚从树上接下来的甘露。仇士良到殿后，立刻向文宗报告了刚刚在左金吾院中发生的一切，说韩约要兵变谋反。文宗装作大受惊吓、手足无措的样子。李训见到仇士良等人又跑了回来，只能孤注一掷，急忙向已经在殿外集结的金吾卫士兵连声呼喊："速速上殿保护皇上，每人赏钱百贯！"

宦官们眼见事态非同寻常，对文宗说："事情紧急，请陛下回宫！"众人说着立即抬起文宗所坐的软轿，迎上前去搀扶文宗上轿，接着弄破大殿后面的丝网屏风，从含元殿北边下殿，一路向北往内廷奔去。宦官要将文宗带入禁中要地，那里官员无宣召不得进入，违者会被判处绞刑。为了拖住文宗，李训上

甘露之变：难以夺回的皇帝权力

前拉住软轿大声说道："我奏请朝政还没有完毕，陛下不可以回宫！"

这时，众金吾卫士兵已经登上含元殿，京兆少尹罗立言率领京兆府巡逻的士卒300多人从东边冲进来，御史中丞李孝本率领御史台随从200多人从西边冲进来，都登上含元殿猛烈攻击宦官。霎时间，含元殿里乱作一团，血光冲天。宦官们流着血大声呼叫喊冤，死伤十几个人。

李训还在拉着文宗的软轿，始终没有放手。软轿即将进入宣政门，李训拉着软轿呼喊得更加急迫。此时的文宗，如同四年前一样，再次倒向宦官。文宗相信虽然他在这场政变中配合了李训和郑注，但宦官那里没有自己下令杀宦官的铁证，自己的皇位尚且可以保住。文宗看着死死扒着轿子的李训，呵斥李训速速退下。

仇士良见状与李训展开肉搏，不巧跌倒。李训压在他身上，拿出事先备好藏在靴子里的刀打算手刃仇士良。正在这时，宦官郗志荣挥拳殴打李训的胸部，李训被重重地打倒在地。宦官们抬着文宗的软轿进入宣政门，再进入东上阁门，阁门随即关上，宦官们都大呼万岁。百官都惊骇不已，不知道该做什么。

李训眼见政变失败，知道已无回天之力，于是脱下身上的紫色官服，换上随从官吏的绿服，骑着马向城外逃去。王涯、贾𫗧、舒元舆则回到了中书省官署。为什么他们没有逃跑呢？王涯、贾𬣻认为这场突如其来的政变与自己无关，自己只是看客。他们还在相互商议说："出了这么大的事，皇上过一会儿必定会开延英殿，召集我们商议朝政。"中书、门下两省官员都来向宰相询问到底发生了什么事，王涯说："不知道怎么回事，诸位请自便吧。"惊魂未定的官员们四散而去，宰相们还在商议着一会儿延英殿面见文宗的事宜。然而，他们不知道的是，噩梦才刚刚开始。

四、血溅黄门，兵交青琐

宦官成功抢回文宗。在内廷安顿后，仇士良和鱼弘志开始复盘整个事件。他们确信文宗一定参与了李训的密谋，十分怨恨愤怒，在文宗面前出言不逊。仇士良认为自己勤勤恳恳侍奉几朝皇帝，劳苦功高，指责文宗忘恩负义、恩将仇报，文宗羞愧惧怕，不再作声。

混乱之中不容多想，仇士良等人迅速判断这是以宰相为首、众多南衙朝官参与的铲除宦官的计划，因此宦官们决定大肆屠杀朝官，进行血腥复仇。仇士良、鱼弘志命令左右神策军副使刘泰伦、魏仲卿等各率禁兵500人，拿着长刀从阁门冲出，讨伐那些

甘露之变：难以夺回的皇帝权力

与宦官为敌的乱贼。

还在中书省议事的宰相们，此刻刚安定下来，打算聚在一起吃工作餐。中书省的吏员慌慌张张地跑进来向宰相们报告："有士兵从内廷冲出来，遇到人就杀。"宰相们一听这话，都狼狈地向外跑去。中书、门下两省官吏和金吾卫士兵1000余人也都争着向门外跑。宰相等人刚跑出门，身后六七百名士兵没来得及逃出去，被关在门里面，全部被禁军杀死。

仇士良等人分兵把守、关闭各个宫门，搜查各官署衙门，发誓要对李训的同党斩尽杀绝。各官署的官吏士卒以及在里面卖酒做买卖的商贩都被无差别杀死，死亡者达到1000多人，尸体横陈，流血遍地，满地狼藉。弘文馆、集贤殿书院、史馆的图书，各官署的官印、地图、户籍、帷帐等档案资料和日常用品，东、西上阁门中的所有物品，全部被兵士剽掠损毁，荡然无存。

当时李训等人已经骑马逃出城，韩约等人则狼狈逃回家中，宦官集团为彻底清剿敌对分子，派1000多骑兵出城追击逃亡人员，又派兵在京城中大肆搜捕。

舒元舆作为政变的核心策划者，明白自己在劫难逃，在逃出宫禁后迅速换掉官服，一个人骑着马从安化门逃出，后来被右神策军骑兵追上抓获。禁军同时在京师搜捕了舒元舆的家，将他的家人、奴仆全部抓捕。

第三章　流血宫廷

　　舒元舆有一个本族侄子名叫舒守谦，既老实又勤勉，舒元舆十分喜欢他。舒守谦跟随舒元舆10年，有一天忽然被舒元舆无端怪罪，成天受到斥责，舒元舆的奴婢们也对他很冷淡。舒守谦内心不安，请求回江南，舒元舆也不挽留，舒守谦叹息着悲伤地离去。当天晚上舒守谦走到昭应县，听到了舒元舆全族被捕的消息，只有他一人幸免。

　　王涯已经70多岁，气喘吁吁地逃到永昌里茶楼，被左神策军抓捕，押送到军营。在军营中，王涯被戴上了手铐脚镣，遭受拷打逼问。王涯年事已高，难以忍受痛苦折磨，屈打成招，违心认罪，亲自写下认罪书，说自己同李训一起谋反，企图拥立郑注当皇帝。当天半夜，神策军搜捕了王涯的家，王涯的儿子工部郎中、集贤殿学士王孟坚和太常博士王仲翔，连同骨肉妻子、奴婢仆从都被捆绑着，送入左右神策军营。

　　王涯有一个同族兄弟名叫王沐，家住江南，年老而且贫穷。听说王涯担任了宰相，骑着毛驴来见王涯，想求得主簿或县尉一类的小官。王涯一直对他避而不见，王沐在长安待了两年多才见到王涯，但王涯依旧对他十分冷落。又过了很久，王沐终于通过王涯的亲信家奴转达了自己的请求，王涯口头答应授予他一个小官，从此以后王沐从早到晚拜访王涯家，等待正式的任命。直到王涯被抄家，他正好还在王涯的家中，便同王涯一起被抓捕,后被腰斩。

王璠跑回长兴里家中,闭门不出,用之前招募的亲兵防卫。神策军将领到他家门口大声喊道:"王涯等人谋反,朝廷打算任命您为宰相,鱼弘志护军派我们向您传达消息!"王璠大喜,庆幸自己此前虽然投靠李训,但最后时刻在朝堂上背叛李训,没有被宦官划为叛党。现在自己不仅安然无恙,竟然还有担任宰相的好事,兴高采烈地出来迎接军将。神策军将到他跟前再三祝贺他升迁,王璠发现情况异常,知道被骗了,只好流着泪跟随神策军将而去。王璠在左神策军营中见到了王涯,听说王涯已经招供,竟然指责王涯说:"你参与谋反,为什么要牵连我?"王涯反问道:"你过去担任京兆尹时,如果不把宋申锡铲除宦官的计划透露给王守澄,哪里会发生如今的事情!"王璠自知理亏,低头不语。

王璠的儿子王遐休那天刚刚到弘文馆就任,同在弘文馆任职的驾部郎中、充学士令狐定正带领五六位同僚为他庆贺,全都被兵士擒获。大盈库使宋守义自号斩斫使,第二天把王遐休擒送到神策军营杀了,其他人逃过一劫。

当天半夜,左神策军又在太平里罗立言家中抓捕了罗立言,关押在神策军营中。李训隔房堂弟户部员外郎李元皋平日里并没有得到李训的恩惠,但此时也被逮捕。

第三章　流血宫廷

全国各地的州府都在搜捕相关人员，连襁褓中的婴孩都不放过。贾𩛙更换官服偷偷藏在百姓家，暂时躲过了神策军的满城搜捕。神策军早前就听说修行坊故岭南节度使胡证家中非常富有，于是当天巳时、午时之间，神策军突然闯入胡证家中，借口说贾𩛙藏在他家需要搜捕，抢劫胡证的家财，同时将胡证的儿子胡溵抓捕进神策军营杀害。神策军又到左常侍罗让、詹事浑鐬、翰林学士黎埴等人家中，掠夺财产，将其一扫而空。甚至有人趁乱浑水摸鱼，假冒神策军将士抢劫官员百姓。长安城彻底失序，街市中的恶少年也乘乱报平日私仇，随意杀人，剽掠财物，甚至相互殴打，以致尘埃四起，遮天蔽日。

十一月二十二日，政变第二天清晨，临时举行早朝。百官走到建福门，宫门还关闭着，官员一起在建福门旁边郎官的待漏院等待。有宦官隔着门传话，一会早朝各官员只准许带一名随从进入。天快亮了，建福门才开，百官得以进入。

从建福门往里，沿路都是昨日政变被杀死的人，还没来得及处理。走到下马桥，依旧到处都是死人。光范门牢牢锁着，自下马桥以北都是严阵以待的士兵。两省官员进不去，经金吾右仗士兵的引导来到龙尾道，才被命令下马。左右都站着兵士，各个手拿长刀，队伍一直排到宣政殿。

百官走到宣政殿前，宣政门还没有开。由于没有宰相和御史

甘露之变：难以夺回的皇帝权力

大夫管理朝班，百官没有按照既定班列站立。不一会儿，阁门使马元贽半开着宣政殿大门走出来，高声呼喊："常侍张仲方为京兆尹。"之后门被打开，两边走廊下也都是士兵。没有了负责掌管朝班仪节的官吏，百官杂乱着走进大殿。

百官站定，有穿着绯服的宦官乘着马从东上阁门出来，呼唤仪仗。文宗已经在紫宸殿，两省官员和皇族子弟同时入阁，各自按照序列站定。文宗发现王涯等人不在，便问道："宰相们怎么没有来？"仇士良答道："王涯等人谋反，已经被逮捕入狱了。"接着把王涯的自白书呈递给文宗。

王涯反状上说，他与李训同谋，想要造反，共同册立郑注为帝。文宗看到这里又悲伤又气愤，几乎难以自持。文宗令通事舍人杜例宣召左右仆射令狐楚、郑覃来到殿前，拿王涯的供词给他们看，问令狐楚等人："这是王涯亲自写的吗？"令狐楚答："确实是王涯自己写的。"文宗道："果然是这样的话，王涯等人罪大恶极，杀了也抵不了所犯的罪恶。"

百官班退，文宗又召令狐楚、郑覃、王源中来到内殿对答，之后让他们留宿在中书省，参与决策朝廷的机要事务。文宗让令狐楚草拟制敕，将昨日之事宣告天下。令狐楚很快就写完，在制敕中书写了王涯、贾𬫉谋反的事，但出于同情，并未对王涯等人有明确的定罪，仇士良等人看后并不满意。当晚，文宗想任命他

第三章 流血宫廷

们都担任宰相,令狐楚因为制敕内容的问题,被宦官阻拦没能任相,转而担任盐铁转运使。第二天(二十三日),任命郑覃为宰相。第三天(二十四日),任命户部侍郎、判度支李石为同平章事,仍旧领判度支一职。甘露之变后,文宗几乎被软禁在内廷,这些官员的任命大多是由左右神策军中尉决定,文宗甚至在事前全然不知。

不仅是外朝官员的任免,神策军将的迁转也脱离了朝廷管理。军将升迁不遵循既有的制度,也不向文宗上奏获得批准,而是直接将任官文书传达到中书省,经中书省确认后当即就可获得升迁。于是,几乎每天都有军将及其下属获得迁升。

这时,在京城中的街坊恶少仍未停止剽掠,朝廷命左右神策军将领杨镇、靳遂良等人各率500人分别把守大道,敲鼓加以警告,杀了几十个聚众闹事的人,这才安定下来。

宰相贾𫗧在百姓家中潜藏了一夜,发现到处都是搜捕他的神策军,估计自己是无法逃脱了,便决定自首。他考虑到自己虽然是被李训提拔为宰相,但是并未参与李训等人的计划,内心对宦官集团还有一丝幻想。第二天,贾𫗧穿上白色的衣服骑驴来到大明宫西南的兴安门,对守门人说:"我是宰相贾𫗧,被奸人所污蔑,可以把我送到左右神策军去。"守门人就近押送他到右神策军中。

甘露之变：难以夺回的皇帝权力

御史中丞李孝本脱掉显眼的紫服，改穿绿色官服，匆忙之间仍旧系着金带，用帽子遮住脸，一个人骑着马逃出城直奔凤翔，想要投靠郑注。二十一日晚到咸阳县令武公绪那躲藏，第二天拿着武公绪给予的路粮钱继续往西跑，但在咸阳城西被右神策军抓获。

时间来到政变第三天（十一月二十三日）。李训骑马逃出城后，朝鄠县终南山下奔去，想到僧人宗密的寺院里避难。宗密与他关系亲密，见到他逃难至此，便想让他剃发为僧藏匿起来，却遭到了徒弟的阻拦。李训不得已离开寺院，下山向西前往凤翔投奔郑注，不料在途中被右神策军盩厔镇遏使宋楚擒获，被戴上手铐脚镣押送回京城。走到昆明池时，李训害怕进入神策军营后遭遇毒打侮辱，想要速速求死，就对押送的士兵说："你们已经抓获我，交出去就会获得富贵。听说禁军正在到处搜捕我，如果路上遇到他们，我肯定会被他们抢夺，不如直接拿着我的脑袋回去复命。"士兵听后觉得很有道理，斩下了李训的头颅，送到了京师。

李训离开宗密的寺院后，右神策军将宗密捆绑到军营中，想要杀掉他。宗密怡然地说："我认识李训很多年，也知道李训造反，但是我的师父曾教我说：'见苦即救，不爱身命。'此时死了也甘心。"宦官大多有佛教信仰，右神策军中尉鱼弘志听到宗密

第三章 流血宫廷

的话后释放了他。

政变第四天（二十四日）早朝，朝官进入时发现兵士稍有减少，光范门已经被打开。朝会上，宦官宣布了王涯等人的罪行，令神策军稍后监押他们游街斩首。朝廷发布了《讨凤翔郑注德音》，下诏撤销郑注的职务和爵位，命令邻近藩镇按兵不动观察动静，任命仇士良的手下左神策大将军陈君奕为凤翔节度使。

朝廷并不知道，此时郑注的首级正在送往京师的路上。郑注困于扶风后发生了什么呢？

二十一日政变当天，郑注在扶风等待密探回报，收到了政变失败、长安陷入混乱的消息。败局已定，郑注惊慌地率500名亲兵逃归凤翔。他考虑到李训应该会想方设法投奔自己，于是沿途多次派出使者想要接应李训。然而，使者或是被逮捕，或是投诚，自己前后的行踪也已被宦官全面掌握。二十三日，郑注终于回到凤翔，等待他的是一场突如其来的刺杀。

凤翔监军使张仲清此前已经收到了仇士良给他的密诏，密诏中命令他诛杀郑注。郑注即将回到凤翔，张仲清恐慌疑惧，不知道该怎么下手。他的亲信押牙李叔和劝说张仲清："等郑注回来后，我以您的名义邀请郑注过来，等他退下亲兵独自入席后，我趁机杀死他，事情即刻就可以成功。"张仲清对李叔和的计划很满意，设下伏兵等待郑注。

甘露之变：难以夺回的皇帝权力

郑注退回凤翔，部属魏弘节帮他分析局势，认为应当诛杀大将贾克中等10余人，加强对凤翔镇军将的控制，再以凤翔为根据地起兵勤王。李叔和听说郑注已经回到治所，即刻前往邀请郑注赴宴。一向精明的郑注，惊慌之余竟未多想，没有理会亲信的建议，反而带领亲兵跟随李叔和前往张仲清处。

到了监军使衙门外，李叔和指着早已备好的丰盛酒菜说道："诸位将领车马劳顿，可以先在门外稍作休息。"一路长途奔波，郑注亲兵早已饥肠辘辘，看到美酒佳肴已经挪不开步子。郑注叫上几位亲信随他进入，其他人便被留在了门外。

监军张仲清在大堂等候，见郑注进来，便起身迎接。张仲清招呼郑注就座，侍者随即端上茶水。郑注并非第一次面临这样的危机局面，他自信凭借过人的口才依旧可以化险为夷。郑注刚喝了口茶，准备开口，侧立在旁的李叔和瞬间抽出长刀斩杀了郑注。郑注尚未分辩，已经成了刀下亡魂。门内的亲信、门外的亲兵见到这突如其来的场景，还没反应，全都被埋伏在周围的兵卒斩杀。

张仲清前往节度使治所，向将士们出示密诏，宣布郑注已经伏法的消息。然后，以诛杀同党的名义，杀死了郑注全家，并且杀死了郑注招募的节度副使钱可复、节度判官卢简能、观察判官萧杰、掌书记卢弘茂等人，总共处死1000多人。

第三章 流血宫廷

郑注已死，张仲清命令李叔和等人带着郑注的首级前往京师复命。二十四日，李叔和等人快到中午时已经抵达京师。朝廷收到消息后，紧急追加了朝会。百官到后，被召入阁门内。文宗向群臣宣布凤翔告捷，已经收到凤翔监军使进献的郑注首级。百官夸赞其行动迅速，行拜舞礼后退下。宦官们听到这个消息感慨大仇得报，欢呼声震动天地。

李训、郑注相继被诛杀，宦官的屠杀行动已经接近尾声。原本郑注逃归凤翔，宦官担心他拥兵自重，起兵勤王，进攻长安，于是命令神策军分别守卫长安大门。此时郑注已死，宦官的心腹之患已除，尘埃落定。京城的人心逐渐安定，禁军兵士不再驻扎在宫禁内，都回到本军中。当时，两省官员很多人都疑惑惊惧，不敢到官署去办公，大多数人暂时在四方馆休息后回家。

朝会后，左神策军出兵300人，用李训的首级带领王涯、王璠、罗立言、郭行余，右神策军出兵300人，监押着贾𫗧、舒元舆、李孝本等人游街。百姓看到王涯时，有的在大街上责骂，有人甚至丢瓦石攻击他。为何众人之中，只有王涯遭受到谩骂攻击？这与唐朝的茶叶税改革有关。

中晚唐皇权不振，唐前期以来集中统一的征税方式难以维持，财政收入方式呈现分散、多样的特点。为了满足日常用度，朝廷创立很多新型税种，例如茶叶税。自德宗贞元九年（793）

甘露之变：难以夺回的皇帝权力

开始征收，每十税一，穆宗长庆年间增加税额。

文宗曾向郑注询问如何创收，郑注提议改税茶为榷茶，实行民产商销的局部专卖方式。具体是由茶户卖茶给官府，商人纳榷，加价后分销到四方，相对于直接征收茶叶税，局部专卖可以增加朝廷收入。王涯有理财经验，便被文宗任命为榷茶使。但在具体实施中，茶叶专卖苛刻而急切，将局部专卖变为官产官销的全部专卖，要求百姓将茶树移栽到官办茶园，摘茶叶后在官办茶厂制作。这样做导致政府与民争利，完全垄断了茶叶收益。如此激进的措施损害了百姓的利益，百姓都将怨气撒在了王涯身上。

游街完毕，众人被押送到子城西南隅独柳树下，腰斩示众。百官奉命观看了整个行刑过程。行刑结束后，又割下他们的头颅悬挂在兴安门外。此前抓捕了他们的亲属，不分亲疏远近、无论年龄大小，全部诛杀。一些没有被杀死的妇女，被没入掖庭，成为官家奴婢。除此之外，中书门下省吏员焦寓、焦璠，御史台驱使官李楚等数十人，因为参与了李训、郑注的政变，被左右神策军争相杀害，并且被屠家。

二十五日，朝廷发布了郑注"枭首讫"的诏书，将郑注的首级悬挂在光宅坊西北角，三天之后才撤去。郑注死后被抄家，度支上奏没收的郑注家产，总共得绢100万匹，其他财物与之相当。

第三章　流血宫廷

同样在二十五日，此前李训曾计划杀掉在外巡边的6名宦官权贵，赐死的诏书由翰林学士顾师邕撰写。李训失败后，六道方才接到了此前的赐死诏书，都废弃没有执行。6名宦官权贵得到仇士良的诏书，急忙赶回京师。顾师邕则以伪造诏书之罪，被送入御史台监狱。十二月初一，顾师邕被流放到儋州，走到商山时被赐死。

二十七日，原本是约定为王守澄送葬的日子，京师的搜捕、屠杀还在继续。当天，左神策军进攻崇义坊，抓获左金吾大将军韩约。二十八日，命令左神策军200多人，监押韩约到东市西北隅狗脊岭斩首示众。二十九日，命令京兆府杖杀咸阳县令武公绪，因为他曾给予李孝本3000路粮钱，被视为李训、郑注同党。万年县令姚中立、长安县令孟琯因为将两县下辖的捕盗吏卒交于罗立言，分别被贬为朗州长史和硖州长史，后又被贬为昭州司户参军和梧州司户参军。

宦官十分痛恨李训、郑注集团，凡是和李训他们稍有关系的亲友或者一时受到他们奖励提拔的人，都不断地被诛杀、贬逐，政治氛围异常严峻。例如，据《南部新书》记载，歙州巡官李纹早年曾受到王涯的恩遇，王涯被害后私下写诗悼念，诗中有"六合茫茫皆汉土，此身无处哭田横"，后来此诗无意流出，便有人想要凭这首诗告发他。

甘露之变：难以夺回的皇帝权力

甘露之变引发的血腥屠杀和全城骚乱，给当时身处其中的长安官员带来了难以名状的恐慌。百官亲眼看到了曾经的同僚或长官被斩首、屠家、首级示众，每次离开家上朝时，不知自己是否会遭遇不测，都要与家人诀别；一些与郑注等有来往的官员家人甚至出现了惊悸过度、疯癫发狂的情况，唐人《李德余墓志》中便有相关记载。

相反，当时任职于内廷的宦官群体，事后对这件事表现出异常的沉默。目前从出土碑刻中发现有60余位宦官在甘露之变发生时供职内廷，但仅有四五位在墓志文中提到了甘露之变，其中仅有仇士良、梁元翰等少数宦官的志文对这一事件有重点描写，即使是被文宗调出京师差点赐死，之后紧急返回长安的似先义逸仅在志文中称"京城有变"，与他同时回京师的刘英浏更是没有提及这件事。或许说明，这场被仇士良等手段残酷者肆意扩大的血腥报复，其他宦官也是不认同的。

当时京城官员们上班的心境恐怕是如赴刑场。可以说，经过甘露之变，南衙官僚集团在肉体和精神上都遭受到了重大的打击，留下了难以磨灭的集体记忆。

直到大和九年（835）十二月十六日，文宗下诏稳定人心，宣布除指名逮捕的亲信党羽外，其余一概不再问罪；被胁迫遭受牵连的一律赦免；已经逃亡的，不再追捕，其余官员三天之内回到自己的官署。这样，持续将近一个月的京城骚乱渐归平静。

《老子·道经》中有："天地相合，以降甘露，民莫之令而自均。"意思是天地间阴阳之气相合，就会降下甘露，人们不必指使它便会自然均匀。大和九年（835）李训、郑注先后导演了两场甘露祥瑞，人为的甘露不仅没能给大唐带来祥和安宁，猝然演变成2000余人被杀、10余家被灭门、震惊朝野亘古未有的惨案。

这场惨案留下了许多经验教训，学者黄楼总结了三点。首先，从实力对比上看，李训、郑注集团的武装力量多是临时招募拼凑而来，与宦官集团的实力相差悬殊。其次，文宗生性懦弱，关键时刻临阵退缩，背叛了李训。最后，李训、郑注集团成员多是锐意进取的孤寒文人，在品行上有一些缺陷，李训、郑注均有劣迹，王璠更是首鼠两端的投机政客，影响了政变的成败。

甘露之变对唐朝政局产生了深远的影响。先是顺宗朝的永贞革新，再是文宗朝的甘露之变，孤寒文人依靠皇帝试图向宦官夺权的两次行动均告失败，唐朝公开的反宦官行动至此终结。唐朝即将迎来一个新的阶段，即内外大臣共治天下时期。

五、宦官跋扈，皇帝颓唐

李训、郑注集团被彻底剿灭后，宦官与禁军获得不同程度的优赏。此前,朝廷赐死了杨承和等4位宦官,现在朝廷下诏恢复了他们的官爵,同时提升了仇士良等宦官的官阶和爵位,又对所有参与讨伐的将士或加官晋爵或赏赐财物。

左神策军中尉仇士良加特进,自左骁卫将军迁左骁卫上将军,后又迁骠骑大将军。仇士良的女婿李好古,此前曾帮助仇士良毒死政敌王守澄,虽然在他的墓志铭中没有记录甘露之变,但相信他在甘露之变时一定也追随在仇士良左右,甘露之变后年仅29岁便升任内侍省长官从四品上内侍。

不仅高层宦官得到赏赐,基层宦官也得到了升迁。据刘德训墓志,当时他参与了甘露之变,事后自从七品下内寺伯迁为从五品下内给事。同样,当时杨居实担任内养,恰好在甘露之变当天侍奉在文宗身边,事后因功授从九品下将仕郎、宫教博士。

除了当天参加甘露之变的宦官,之前被派出巡边的6位宦官,被紧急召回长安后,相继被授予关键职位。刘英浰此前为牛羊使,据志文记载,他回朝后职事官由从五品下内给事迁为正五品上内常侍,开成元年(836)正月担任右辟仗使,第二年又加供奉官。似先义逸归朝后,先是加供奉官,开成元年(836)担任左辟仗使。

他们二人担任的辟仗使起初是用来监视除神策军外的中央禁军,宪宗元和年间逐渐总揽六军禁军大权。供奉官就更为特殊,

第三章　流血宫廷

这类宦官侍奉在皇帝身边，原本只有皇帝亲信腹心才可以担任。似先义逸与刘英浏原本是文宗赐死之人，甘露之变后重回长安，充任文宗身边的供奉官并且掌握禁军大权。显然这是宦官集团有意安排，让他们二人监视文宗的一举一动。除了宦官集团，扶风县令韩辽此前擅自携带官印逃跑，导致郑注一行人困于扶风，事后因功被提拔为咸阳令。

自德宗朝将神策军权交予宦官以来，虽然出现过宦官刺杀皇帝这样突发的极端事件，但从长时段看宦官集团仍然是听命于皇帝的腹心爪牙，是皇权的重要工具。甘露之变时，宦官集团成功实现反杀，没有危及文宗性命，却呈现更强的独立性和自主性。宦官集团不仅获得了荣誉和物质赏赐，更进一步谋求对唐代军事、政治领域的深度掌控。

首先是军事领域。鉴于李训、郑注等人是依靠京城武装发动政变，动乱平息后宦官集团着力缩减京城内除神策军以外的其他武装力量，加强对京师的军事控制，首当其冲的是金吾卫。

一是清除金吾卫中的异己力量。金吾卫中除了大将军韩约、将军李孝本外，当天参与政变的左金吾卫将士全部被杀害。此后，神策军满城搜捕左金吾卫将士，无论是否参与李训、韩约的计划，统统被赶尽杀绝。例如，据唐人《张惟则墓志》记载，事变第二天（二十二日），当时担任左金吾引驾仗正将都知的张惟

甘露之变：难以夺回的皇帝权力

则被神策军抓捕屠杀，但所幸并未殃及家人。

二是尝试取代金吾卫的职能。甘露之变一个多月后，文宗改元开成。开成元年（836）元月，仇士良上奏请求由北门神策军负责仗卫殿门，撤换掉南衙左右金吾卫。宦官掌管的神策军替换南衙卫军，这就将朝官置于宦官的监视和控制中，这一要求冲破了中晚唐以来南衙北司的界限，遭到外朝官员抵制，经谏议大夫冯定上书反对而作罢。

没能取代金吾卫的仗卫职责，宦官集团转而谋求削弱金吾卫的军事力量。以往左右金吾卫下设左右街使，负责在京城巡警以及修桥、种树等。宪宗元和十年（815）六月，令左右街使保卫宰相入朝安全，武装护送宰相直至大明宫建福门，还专门从内库拨出弓箭、陌刀赐予左右街使。甘露之变后，取消了护卫制度，将赐予左右街使的武器全部收归宦官所管的弓箭库。

除了收缴左右街使的武器，对南衙卫军还有一项致命的打压措施：改换仪刀。开成元年（836）三月，逢迎宦官的皇城留守郭皎上奏说，京城内南衙诸司的仪仗使用羽仪法物，其中有陌刀等锋利武器，为皇城留守管理。由于皇城留守的办公地靠近宫城，事务繁多，人员较少，难以妥善保管。为了防止祸乱发生，请将南衙诸卫的锋利武器全部交由宦官军器使保管。如果南衙诸司需要使用仪仗，可另外给予木制的仪刀。

第三章　流血宫廷

皇城留守管辖的皇城将士，为中晚唐时期一支独立的武装力量，主掌大内宫殿门禁、大型礼仪活动的仪仗，管理南衙诸司法驾羽仪的配发和存储。唐前期便有皇城留守，中晚唐一般由武将充任。这支部队在发展中逐渐沦为宦官集团的附庸，正因为如此，皇城留守郭皎才会秉承宦官的旨意，上奏解除南衙诸卫的武器。原有的武器统统交给宦官军器使，从此南衙卫军完全失去军事力量，成为毫无威胁的仪仗部队。

从军事领域看，甘露之变后，宦官不断打压、削弱左右金吾卫等南衙诸卫力量，宦官掌管的神策军在京城的军事力量更加强大。

其次是政治领域。经过甘露之变，百官噤若寒蝉，史书称"自是天下事皆决于北司，宰相行文书而已"，朝廷大事都由北司宦官决定，宰相只能处理公文。仇士良、鱼弘志等人嚣张跋扈，内则逼迫威胁文宗，外则鄙视宰相、凌辱百官。面对盛气凌人的宦官，朝官屡屡接招，多次挫败宦官的嚣张气焰，解决了棘手难题。

一次，文宗召宰臣在延英殿商议朝政，仇士良以李训、郑注的例子折辱宰相。郑覃、李石问道："李训、郑注的确是罪魁祸首，但不知李训、郑注是由谁提拔的？"仇士良自知理亏，不再说话。的确，这场灾难虽由李训、郑注而起，但他们二人也正是

甘露之变：难以夺回的皇帝权力

因宦官才被任用。宰相郑覃和李石正直敢言，仇士良等人的气焰稍有收敛。

李石，祖籍陇西，为襄邑恭王李神符五世孙，唐朝宗室。进士及第后在李听幕府担任节度从事，文宗大和三年（829）入朝任工部郎中，历任刑部郎中、太原节度副使、给事中、京兆尹、户部侍郎、判度支。甘露之变后，李石拜相，授中书侍郎、同平章事。他极力稳定政局，与宦官斡旋，引起仇士良的不满。

除了宰相的挺身而出，这次宰相和中尉对话背后的记录制度，可能也是文官集团限制跋扈权宦的对策。甘露之变发生后不到10天，谏议大夫冯定上奏，建议恢复起居注制度。唐承隋制，贞观初年开始便有起居注制度，武周时期废止，宪宗元和年间恢复不久又中断，文宗在开成年间曾经两次要求看起居注，可见这段时间制度施行较好。

每当文宗召集宰臣入阁延英殿议事，起居郎、起居舍人便拿着笔站立在螭头下，将论奏全部都记录下来，其中也包括中尉的发言。宦官群体与外朝文官一样，注重自己身后的名节，例如权宦往往会寻求名士为自己撰写碑文，因此起居注制度的恢复可以抑制权宦对延英对奏的干涉。

或许读者会有疑问，如果仇士良忌惮起居注，为什么还会在甘露之变中肆意扩大报复范围，滥杀无辜？前文说过，在这场突

第三章　流血宫廷

发事件中，宦官集团难以在第一时间分辨敌友，于是首先展开了无差别屠杀；接着，宦官集团有目标地抓捕王涯、贾𫗧等人，再强行屈打成招，拿到他们谋反的证据，就是在为自己滥杀的行为找寻法理性。

大半个月过去了，中央宦官集团虽有收敛，但6名宦官权贵进城时还是引发了又一波骚乱。六道巡边的宦官田全操在回京师的路上听说了李训、郑注曾企图诛杀自己，恨得咬牙切齿，扬言说："等我进长安后，凡是穿读书人衣服的，不管贵贱全部杀死。"十二月十二日，田全操等宦官乘驿马急驰入金光门，声势浩大，以致京城内谣言说是盗贼攻进了城中。

士民百姓听到谣言都惊慌喧哗、到处逃奔，长安城中一时尘埃四起。中书、门下两省官员听说后，也都如惊弓之鸟一般四散逃奔，有人骑马逃跑时甚至没来得及系上袜带。郑覃、李石正在中书省办公，看到手下官吏和士卒纷纷逃走，郑覃建议李石暂时躲避，李石认为宰相位尊望重，人心所属，不可轻举妄动。现在不清楚虚实，应该坚持镇守，稳定政局。如果真的发生灾祸，逃避也无济于事，说着便神情自若地审阅起了公文。

宰相李石在甘露之变后，总能泰然自处，堪称朝廷的定海神针。此前，甘露之变刚结束不久，中书省只剩下空房破屋，缺乏各种物资和人员。江西、湖南两道进献120份衣粮，供宰相招募随从，希望加强对宰相的护卫。十一月三十日，李石上奏认为按照惯例，仅用金吾士卒导从即可，请求停止了两道进献的衣粮，取消了宰相的特殊待遇。李石努力推进政务常态化运行，并与宦官集团斡旋。

除了宰相李石，京兆尹薛元赏也敢于同宦官斗争。神策军早已同宦官集团深度绑定，当时朝廷纲纪不存，不仅宦官，军将也是目中无人、飞扬跋扈，甚至公然对宰相李石无礼。甘露之变后原本任命了牛党张仲方为京兆尹，但张仲方本人软弱无能，不敢诘责、纠正禁军的横行，于是被派出担任华州刺史，由司农卿李党薛元赏接替京兆尹一职。刚正不阿的薛元赏顶住压力，杖杀了对李石无礼的神策军将，震慑了宦官和禁军。

薛元赏并非莽夫，他明白此时宦官集团的权势地位。事后，他身穿白色囚衣，亲自到仇士良那里请罪。仇士良责问薛元赏："傻书生，怎么敢杖杀禁军大将？"薛元赏说道："神策军中尉是大臣，宰相也是大臣。宰相的下属对您无礼，中尉必然不会轻饶；反过来，中尉的手下对宰相无礼，怎么可以宽恕呢？您和国家同为一体，应当为国家珍惜法令。我已经穿着罪犯的囚衣而来，生死由您来决定。"仇士良得知军将已死，没有办法，于是叫人端酒，和薛元赏一起高高兴兴地对饮了结了此事。

薛元赏将中尉和宰相并举同称大臣，并且称中尉与国同体，

第三章 流血宫廷

并非恭维奉承之词，而是中晚唐以来宦官集团发展的真实写照。可以说，此时宦官角色已经深深嵌入唐朝的政务运行中，高层宦官的角色已由唐前期的皇帝内侍逐渐转变为国家官僚。

关于这一变化趋势，可以从唐人保留下来的多种文献中观察到，比如在唐前后期的朝廷诏敕、任官文书、宦官墓志碑文等中，对宦官角色的认知和评价均有鲜明的差异。甘露之变后，宦官作为国家官僚的角色地位日益成为外朝官员不得不接受的现实，宦官同朝官的合作在今后也会更加密切。

但是当下，面对软弱退让的文宗，面对被血腥屠杀吓破胆的百官，宦官力量在短时间出现了无序扩张的苗头。文宗皇帝被宦官软禁要挟，甚至民间传言说仇士良和鱼弘志想要废除文宗另立新帝。但最终，宦官集团还是没有彻底颠覆南衙北司对峙抗衡的格局。当然，这并非仅凭朝廷上几位宰相就能够力挽狂澜，昭义镇的介入也至关重要。

开成元年（836）二月，昭义节度使刘从谏上书问宰相王涯等人被杀的罪名，为王涯、李训等人鸣冤。刘从谏认为，王涯等读书人享受国家荣华恩宠，并不会铤而走险选择谋反。李训等人想诛杀左右神策军中尉，也是为自身性命考虑。他们都是无辜的，不应被安上谋反的罪名。更何况，如果宰相谋反，也应当交予有关部门依据法典治罪，怎么能够任由宦官擅自率领兵马，恣意抢劫，伤及无辜的士大夫和百姓，引发朝廷内外的恐惧？最后，他在奏表中说，如果奸臣难以控制，他将誓死清除文宗身边的坏人。

刘从谏作为李训、郑注集团的藩镇外援力量，甘露之变后所处的形势十分严峻。他此时上书，是想要凭借着强大的军力，为自己同李训的来往辩白，同时震慑跋扈的宦官集团。仇士良等宦官看到上表，嚣张气焰得以收敛。二月二十六，下诏为刘从谏加官，任命他为检校司徒。宦官试图以这样的方式安抚刘从谏，缓和二者之间的紧张关系。

刘从谏没有接受加官，派遣亲信牙将焦楚长到京师上表辞让，继续在奏表中为王涯等人鸣冤，并且四处传扬仇士良等人做的坏事。三月二十二日，文宗召见焦楚长，好言安抚，命他返回昭义镇。刘从谏上表之后，原本放纵专横的宦官被迫妥协，有所收敛，宰相郑覃、李石稍微能够主持朝政，文宗依靠他们略微能够自主。

刘从谏还收留了一批因甘露之变避难到昭义镇的朝臣和他们的亲族，包括李训兄长李仲京、郭行余儿子郭台、王涯从孙王羽、韩约儿子韩茂章与韩茂实、王璠儿子王渥、贾𬤇儿子贾庠等人。刘从谏主动参与中央事务，通过上表和庇护李训集团成员收获了一波政治威望，但也为后来的昭义之乱埋下了伏笔，此是后

第三章 流血宫廷

话。

有了刘从谏的声援,三月,左仆射令狐楚私下向文宗上奏,请求朝廷派人收殓埋葬王涯等人的遗骸。文宗悲伤很久,命京兆府派人收殓了王涯等11人的尸体埋葬在京城的西郊,每人各赐葬服一套。仇士良视他们为死敌,听说后没有公开阻止,但私下派人又发掘了王涯等人的坟墓,把他们的尸骨都丢到渭河里泄愤。开成初年,朝廷就是这样在朝官与宦官的拉锯战中艰难地、缓慢地恢复统治秩序。

甘露之变前李训、郑注将反对他们的官员以及牛李党人贬黜出朝堂,甘露之变时在京部分官员又遭到了肉体消灭,开成初年朝廷开始着手改善被贬官员的政治待遇,逐步召回曾经的高层官员,让他们重新参与朝政。

开成元年(836)三月,任命袁州长史李德裕为滁州长史,四月任命潮州司户李宗闵为衡州司马。四月,山南西道节度使牛党李固言入朝为相,左仆射令狐楚代为节度。牛党李固言入相,将党争又带回了朝堂。牛党李固言与李党郑覃、中立的李石之间因为用人问题偶有争执,但宦官集团的危机尚未解除,两党之间还无暇争斗。

甘露之变的余波仍未结束。五月二十一日,文宗同宰相在紫宸殿议事,宰相奏事完毕后向文宗下拜谢恩。之后,京城有人造

甘露之变：难以夺回的皇帝权力

谣说文宗要让宰相统辖禁军，宰相已经领命谢恩了。谣言四起，朝官与宦官又有了猜忌和隔阂，朝廷内外人心不安，士大夫和百姓惧怕甘露之变重演，一连多天精神紧张、睡觉都不敢脱衣。直到二十七日，宰相李石奏请文宗召见仇士良等人，文宗、李石一同向仇士良等人解释说明，当面消除了他们之间的疑忌，这场风波才得以平息。此后，南衙北司关系逐渐缓和，宦官与朝臣、牛李两党间开始了新的合作和斗争，政局日渐稳定。

甘露之变后，官僚士大夫也在不断反思，进行了一些制度上的修补。例如，郑注在甘露之变前恢复了节度使戎服参拜的礼仪，开成年间令狐楚上书请求取消戎服櫜鞬服，节度使改穿普通公服，避免今后出现极端情况。

开成初年的文宗，状态如何呢？文宗即位以来，耻为凡主，锐意改革。经过多年的运筹帷幄、苦心经营，大和九年（835）终于迎来外除朋党、内抑宦官的大好局面。但仅仅昙花一现，甘露之变后顷刻间化为乌有，宦官集团更加跋扈难治，朝廷不得不重新起用牛李党人，历史的发展似乎循环了一个圈，重新回到了起点。曾经那个意气风发的少年皇帝，日益消极颓唐，并且持续遭到精神打击。

首先，文宗对宋申锡、李训、郑注等曾经的盟友们心存愧疚。开成元年（836）九月，李石上书文宗为宋申锡鸣冤，郑覃、

第三章　流血宫廷

李固言也抛弃平日里的党派斗争加入其中,希望能够为宋申锡平反昭雪。文宗低头不语,泪流满面,十分痛心,追悔前事,脸上满是羞愧。文宗下诏恢复了宋申锡的官爵,又给宋申锡的儿子加官,希望自己能稍获心安。

对李训、郑注集团成员,文宗更是难掩愧疚。御史中丞李孝本被杀后,两个女儿被籍没配给右神策军。文宗知道后,可怜二人孤苦无依,便将她们收养在宫中,后在右拾遗魏谟上书谏阻下才放出宫。魏谟是魏征五世孙,他继承了先祖敢于直言进谏的品质。

文宗有一次在内殿观赏牡丹,忽然吟诵起"俯者如愁,仰者如语,合者如咽",吟诵完才意识到这是舒元舆的《牡丹赋》。舒元舆写这首赋在大和九年(835),那时他正同文宗在内苑观赏牡丹。赋中舒元舆将自己与牡丹类比,将文宗与武则天类比,感激文宗对自己的赏识提拔,自信将要有一番大作为,不料转眼竟命丧黄泉。文宗睹物思人,触景生情,不禁叹息良久,眼泪弄湿了衣服。

其次,内廷宦官与外朝宰相二元格局已经确立,像李训等孤寒文人依靠皇帝骤然位极人臣的现象已经难以再现,文宗一边满怀愧疚悼念宋申锡和李训等人,一边也清楚自己当下难以再寻找到新的力量为己所用。

甘露之变：难以夺回的皇帝权力

能够与文宗实现密切沟通与合作的重要职位是地处内廷的翰林学士，宋申锡、李训便是相继担任这个职任。开成年间翰林学士人数大为减少，任职人员有的是曾经与李训、郑注关系不好的官员，有的甚至选择了依附、投靠宦官，文宗很难再从中培养出的知己和心腹。

开成元年（836）九月，文宗在延英殿对宰相说："朕每次和你们商议天下大事，就不免发愁。"宰相们说："治理天下不可能速成。"文宗说："朕每次读书，都以做碌碌无为的平凡君主为耻。"李石明白文宗的心思，便说："现今在南衙北司的官员中，有些小人对陛下还有很多的疑惑、隔阂，希望陛下能够用更宽厚的态度对待他们，宦官中有人能够像刘弘逸、薛季稜那样正直清廉、奉公守法的，陛下也应当适时表彰赏赐，鼓励善行。"

在这次对话中，宰相希望文宗能够沉下心气，采用以宦治宦的方法循序渐进地解决宦官问题。宦官集团也并非如后世史书记载的那样全员恶人，刘弘逸、薛季稜就是其中的恭顺之辈。史书对刘弘逸与薛季稜记载不多，目前只知道刘弘逸曾在敬宗朝担任宣徽副使，薛季稜在文宗大和七年（833）为五坊使，因为出使有功被赐予通天带，二人在宦官集团中有一定地位。文宗开成年间，二人相继担任枢密使，成为文宗腹心亲信。由此，宦官集团初步形成中尉与枢密使两个政治派别，中尉仇士良、鱼弘志手段

第三章 流血宫廷

残酷，敌视文宗和朝官；枢密使刘弘逸、薛季稜温良恭顺，支持文宗，愿意同朝官合作。

宦官集团的派系发展也影响了外朝官员的党争。开成初年，牛李党人相继开始回朝任职，朋党之争硝烟再起。开成元年（836），位列宰相的是李党的郑覃、牛党的李固言、中立的李石；开成二年（837），宰相为李党的郑覃和陈夷行、牛党的李固言、中立的李石，其中李固言任相半年后便又被外放。这段时间，朝堂主要由李党主政。

开成三年（838）正月发生的两件事情激化了党争。正月初五，李石在上朝途中两次遭遇盗贼刺杀，这是仇士良的秘密安排。这两年来，李石身为宰相，致力于恢复朝廷秩序，被仇士良痛恨，引来了杀身之祸。李石侥幸逃过一劫，没有大碍，但他明白京师已不可久留，于是以身体原因向文宗请辞，文宗也无可奈何。

李石辞职，由谁继任宰相呢？牛党善于交结内廷，与两位枢密使关系友好，因此枢密使便向文宗推荐了牛党的杨嗣复和李珏。正月初九，杨嗣复、李珏同时拜相，牛李二党在宰相人数上势均力敌，改变了此前主要由一党主政的局面。正月十七，李石以宰相头衔出任荆南节度使。失去了李石的居中调和，牛李二党宰相在用人和国事等大小事务上更加争吵不休，一言不合就扬言要辞职。文宗夹在两党中间,不论是非对错,一概折中处理,这种"和稀泥"的处理方式导致原本弱势的朝臣力量越发难以团结,也导致君臣之间难以实现紧密合作。

朝堂之上,朋党之争日渐激烈;内廷之中,中尉大权在握,枢密使虽能与之对抗,但实力不济,文宗仍然难逃两军中尉的压制。上次君臣对话两天后,文宗便对宰相说:"我与你们商议天下事后,有些因形势所迫而无法实行的,退朝后只能借酒消愁了。"文宗因为难以有所作为,始终活在压抑之中,曾作这样一首诗:"辇路生春草,上林花发时。凭高何限意,无复侍臣知。"他既不愿如父兄那样荒淫享乐,又没有能力解决当下的问题,终日闷闷不乐,对蹴鞠、宴会都失去了兴趣,闲暇时或徘徊眺望、或自言自语叹息。

怀着对故去知己的愧疚,感叹政治抱负不能施展,只是开成年间文宗消极颓唐的一方面原因,嗣子问题不能顺其心意,对文宗的精神给予了最后一击,成为压死骆驼的最后一根稻草。

六、安、陈相争,颖王得立

立储事关国本,新帝即位两三年内便会确立。然而,文宗的立储过程十分不顺,一波三折,充满变数,最终引发了开成末年

第三章 流血宫廷

的政治动荡。在立储过程中，特别是开成末年，后宫嫔妃、牛李党人、宦官中尉与枢密使各方势力踊跃入局，拼命为自己捞取政治资本，明争暗斗异常激烈。终于，在文宗弥留之际，两中尉依靠神策军权对抗宰相和枢密使，矫诏改立穆宗之子颖王李瀍为皇太弟，夺得了拥立新君的功劳。

这场后甘露之变时代的皇位争夺战就这样戏剧性地结束，其结果意想不到又在意料之中。其中，宦官集团在册立太子问题上出现了新的变化。当皇帝薨逝，皇权不能再平衡、制约、协调各方势力，掌握军权的神策军中尉便脱颖而出，取得了更多的话语权，成为影响历史走向的关键人物。

文宗立储的时间跨度很长，几乎涵盖了其在位的14年，可以分为三个阶段。第一阶段是文宗即位初年，立敬宗子嗣时期。中国古代传位奉行嫡长子继承制，文宗为什么愿意传给敬宗之子？上一章我们聊过文宗得位不正，考虑到自己的皇位来自哥哥敬宗，或为了拉拢人心，或真心想要回馈兄长，文宗起初的想法是百年后还政兄长一脉。敬宗长子晋王李普谨慎诚实，很受文宗喜爱，文宗打算册立他为太子。然而天不遂人愿，大和二年（828）六月，年仅5岁的晋王李普夭折，文宗痛惜不已，册赠他为悼怀太子，此后多年没有考虑立储的事情。

第二阶段是立亲子时期。文宗子嗣单薄，只有两个儿子，长

甘露之变：难以夺回的皇帝权力

子鲁王李永，母为王德妃；次子蒋王李宗俭，生母不详（蒋王在开成二年前后生，且早夭）。大和四年（830），李永封为鲁王，大和六年（832）十月，下诏立鲁王李永为太子，一年后大和七年（833）完成正式册立。

鲁王李永被立为太子后，文宗先后任命王起、陈夷行等贤良大臣为太子侍读，负责太子的学习，用心培养这位接班人，但李永的太子之位并不稳固。开成二年（837）七月，给事中兼任太子侍读韦温劝谏太子要早起向文宗问安，说明可能这个时候太子和文宗关系已经不和睦。一个月后，文宗册封昭仪王氏为德妃，昭容杨氏为贤妃。王氏已经失宠，因为太子生母的缘故加封德妃，而杨氏没有孩子，凭借文宗的宠爱晋升贤妃，这个杨贤妃便是太子最大的威胁。

杨妃利用文宗对自己的宠爱，总是在文宗耳边说王德妃的坏话，导致原本失宠的王德妃更难以在后宫立足。最终，王德妃郁郁寡欢，忧郁而死。杨妃间接害死太子生母，自己又没有子嗣，如果太子继位肯定要找她秋后算账。为了往后的太平荣华，杨妃想要文宗废掉李永另立他人。杨妃确实厉害，不知到底吹了什么枕边风，文宗竟然被说动了。

开成三年（838）九月初七，文宗在延英殿召集群臣，商议废除太子。文宗说，太子渐渐大了，却不遵循法度，喜好游猎，

第三章　流血宫廷

亲近小人，不适合成为将来的天子。文宗的提议让群臣大吃一惊，大臣们都说太子还小，请容许他改正过错，不可轻易更换太子。御史中丞狄兼谟言辞恳切，激动到哭泣。连此前惧祸避事、辞去太子侍读的韦温也站出来对文宗说："陛下只有这一个儿子，平时不教导，才会成为今天的样子，难道这只是太子自己的过错吗？"第二天，6位翰林学士和16位神策军、六军军使再次上表陈述论奏，表达对太子的支持。

两军中尉敌视文宗，为何神策军将会上书支持太子？因为太子李永是嫡长子继承制下名正言顺的继承人，若李永继位，两军中尉自然成为辅佐元勋，权力地位不受影响。因此，神策军将们的举动正是遵从两军中尉的意思。

文宗口中太子的那些过错并非是什么大问题，太子也获得了内外廷的联名支持。在这种情况下，文宗不得不暂时打消废除太子的想法。当晚，太子回到少阳院的居所，但危机并未解除。

文宗安排宦官张克己、柏常心担任少阳院使，监视太子的日常活动。如京使王少华与判官袁载和，其他品官、白身、内园小儿、宫人等太子身边的数十个仆从，都遭到了不同程度的处罚，或死刑、或剥夺官职和服色、或流放远地。敬宗的5个儿子，文宗即位后视如己出养在大明宫，这时同普通宗室一样，回到了十六王宅居住。那么，文宗为何会如此大动肝火，将太子身边的人或杀或贬，清除殆尽，甚至迁怒到敬宗诸子？

更加离奇的是，仅仅一个月后，开成三年（838）十月，太子李永突然去世，谥号庄恪。一年后，确立新太子后第二天，文宗在会宁殿上宴饮，看到一个小孩在表演爬竿，他的父亲紧张地来回奔跑保护，文宗触景生情，想到逝去的太子李永，流着泪说："朕贵为天子，却不能保全自己的一个儿子！"立即召见了教坊乐官刘楚材和宫人张十十等人指责他们陷害太子，两天之后将他们全部杀死。这样看来，李永的去世十分蹊跷，应当是非正常死亡。文宗十分自责当初听信了杨妃和乐官的谗言，任由他们害死了太子。因为此事，文宗精神大受刺激，已经时日无多。

复盘文宗议废太子到太子李永去世的过程，结合大和五年（831）宋申锡案中被冤枉的漳王李凑，可以大胆猜测，杨妃正是戳中了文宗的心结。文宗指责太子亲近小人，又杀掉与太子来往密切的宦官如京使和其他宦官、宫女，是因为文宗担心太子与宦官势力勾结，威胁自己的皇位。

文宗从即位以来就深受其扰，宋申锡、漳王冤案就是前例。但凡涉及皇位问题，便会碰到文宗的雷区。甘露之变后，文宗遭到两军中尉仇士良和鱼弘志的仇视，疑心病就更重了。杨妃等人天天在文宗耳边说太子跟宦官来往过密，不断挑拨文宗的神经。

第三章 流血宫廷

当文宗决定议论废除太子时，没想到太子在朝廷内外颇有人望，甚至两军中尉的手下神策军将们也联名支持太子，这就更加刺激了文宗虚弱的内心，激起文宗的猜忌。在父子亲情与自己的皇位、身家性命面前，文宗不得不做出选择。

长子薨逝，次子早夭，谁来继任大统又成了难题。当时除了文宗的孩子，有资格继承大统的还包括敬宗其他四子：梁王李休复、襄王李执中、纪王李言扬、陈王李成美，他们在开成二年（837）八月同时封王，此时都已经是十四五岁的少年。穆宗诸子中，除敬宗、文宗、已经薨逝的漳王李凑，还有安王李溶和颍王李瀍。若按照兄终弟及，安王李溶年龄最大，最有可能；若还政敬宗血脉，梁王李休复是敬宗诸子中年龄最大的，也有可能。现在的问题是，到底将皇位传给弟弟还是侄子？

后宫杨妃支持穆宗第八子、文宗的弟弟安王李溶。因为李溶的母亲杨太妃与自己是同族，而外朝宰相杨嗣复因与杨妃同姓，也站在了安王这边。内廷枢密使刘弘逸是文宗的亲信，被杨妃收买支持安王。安王的支持者有宠妃、有权臣、有权宦，实力最强，继位呼声最高。

开成四年（839）十月，杨妃请求文宗立安王李溶为太子。文宗从议废太子到太子最终被杨妃害死，已经感受到了杨妃背后的庞大势力，对自己没能保住亲生儿子后悔莫及，所以没有

甘露之变：难以夺回的皇帝权力

公开让群臣讨论立嗣问题，避开宰相杨嗣复，单独与宰相李珏商议。

李珏听说文宗正在为立嗣问题头疼，为文宗分析利弊，反对立安王李溶，认为陈王李成美被文宗喜爱，是敬宗诸子中年龄最小的，对文宗皇位威胁不大，建议改立陈王李成美。文宗其实单独找寻李珏议事，已经表明自己对杨妃集团的不信任，听了李珏的分析，更坚定了自己的主张。十八日，下诏宣布立敬宗幼子陈王李成美为皇太子。

储位确立一个月后，开成四年（839）十一月，饱受精神摧残的文宗与翰林学士之间进行了一场有关宦官的著名对话。

据《唐阙史》，那天文宗病情稍有好转，早朝后坐在思政殿，拱手沉默了许久，询问宦官学士院使今天是哪位翰林学士值班，听说是中书舍人周墀，便召他前来。周墀到后，文宗给他赐酒，趁机问道："朕可以和前代哪些帝王相比？"周墀降阶再拜，恭维道："臣下卑微，不足以了解君主的德行，天下百姓都说陛下是尧、舜、禹、汤那样的圣明君主。"文宗心底泛起苦楚，难过地说："朕怎么敢自比尧、舜，之所以问你，是想知道我能否跟周赧王和汉献帝相比。"周墀惊慌恐惧，再拜后说道："他们都是亡国之君，怎么可以与您的圣德相比！"文宗悲伤地说："周赧王、汉献帝受制于强大的诸侯，现在朕受制于家奴，这样说来，

第三章　流血宫廷

我大概还不如他们。"说着掩面而泣，眼泪已打湿衣襟。周墀见状不再说什么，只能拜伏在地流泪，再拜后退下。这是文宗留在历史上的最后一段对话，此后文宗病重不再上朝听政，生命也走到了最后的时刻。

周赧王是东周最后一位君主，在任时诸侯争霸、王室衰微，周王室的影响力仅限于洛阳王畿；汉献帝是东汉最后一任皇帝，被董卓所立，又被李傕劫走，后又被曹操迎归，始终是诸侯手中的傀儡玩物。文宗将自己比作亡国之君，给后世留下了深刻的印象。

文宗说自己受制于宦官，甚至不如亡国之君，后人应该怎么看待呢？实际上，文宗最后的叹息，是他在宦官权势压制下无力施展政治抱负的牢骚。客观来说，唐朝宦官随意废立皇帝的事情，仅仅发生在唐朝。宪宗、敬宗虽然都是被宦官杀死，但他们并非死于握有军权的中尉之手，二人之死都是身边小宦官制造的突发意外事件。宦官身为皇帝家奴，不能登上皇位，只能依附于皇权，同皇帝合作。无论宦官权势多么强大，李唐江山才是他们权势的根基。即使如仇士良、鱼弘志这样宦官集团中残酷又强权的人物也要受制于皇权，下一章笔者会讲到这两个人的结局，那时相信读者会更加了解晚唐宦官身份角色的特殊性。

文宗下诏宣布陈王李成美为太子后，很快病重卧床不起，导

甘露之变：难以夺回的皇帝权力

致之后储君人选又生变数。秦汉以来，储位的确立都需要一套烦琐的程序，首先是下诏公布储君人选，接着挑选吉日举行隆重的典礼。典礼上天子亲自册命，太子当众受册，典礼结束后大赦天下，普天同庆。文宗病重，一直没能举行陈王的册封典礼，陈王的太子身份还没有完全确立，陈王依旧如普通藩王一样居住在十六王宅。

开成五年（840）正月初一，文宗病情急速加重，没有如往年那样接受百官朝贺。第二天，文宗自感时日无多，下密诏令枢密使刘弘逸、薛季稜带领宰相李珏、杨嗣复入宫，想要让宰相辅佐皇太子李成美监国。此前一直在暗中观察、并未直接表态的两军中尉仇士良、鱼弘志，听说了这个消息，立刻提出了反对意见，建议改立颍王李瀍。

为什么两军中尉会反对陈王李成美？中尉给出的表面理由是陈王年幼且有病，当然背后还有更复杂的原因。敬宗当初是被宦官所杀，陈王李成美作为敬宗之子，与宦官有杀父之仇，如果敬宗的儿子即位，与宦官集团的关系还未可知。更何况，若陈王李成美继位，拥立新帝的功劳便是宰相和枢密使的，两军中尉没有拥立之功，权力地位很可能受到挑战。

至于选择颍王李瀍，是两军中尉不得已而为之。宦官集团不敢选择敬宗之子，那么只能选择穆宗之子，当时只有安王李溶和

第三章 流血宫廷

颍王李瀍。此前，太子李永被杨妃诬陷杀害，已经引得两军中尉和禁军的不快，而杨妃集团支持安王李溶，两军中尉只有选择颍王李瀍。

两军中尉主意已定，文宗已经在弥留之际不省人事，无力干预。宰相李珏想要阻止中尉，便说："太子已经确立，怎么能再改变？"仇士良、鱼弘志没有理睬，依靠手中的禁军之权发动兵变，假传圣旨，下诏令颍王李瀍为皇太弟，国家大事全由他暂代掌管；诏书还说，陈王李成美先立为皇太子，但尚且年幼，没有经过培育教导，再重新封为陈王。当晚，两军中尉率领禁军到十六王宅迎接颍王李瀍到太子的居所少阳院，令百官在东宫思贤殿拜见李瀍。开成末年的夺位大戏就这样落下帷幕。

两天后，即开成五年（840）正月初四，文宗崩于大明宫太和殿，葬于章陵，享年33岁。两军中尉怨恨文宗，不遵循礼仪，将文宗的大殓定在十一日之后。这段时间，皇太弟李瀍还没有继位，仇士良先是逼迫李瀍赐死杨贤妃、安王李溶、陈王李成美，接着趁机对文宗的亲信大肆报复。凡是文宗曾经宠爱的教坊乐官和宦官，接连不断地遭到诛杀或贬逐。乐官尉迟璋精通古乐，担任仙韶院副使，受到文宗宠信，引来仇士良的憎恨。正月初二仇士良刚刚矫诏拥立皇太弟，第二天正月初三，文宗尚未离世，就急不可耐地诛杀了尉迟璋，屠杀了他的全家。

甘露之变：难以夺回的皇帝权力

对于仇士良的暴行，满朝文武只有谏议大夫裴夷直上书切谏，认为这样做会使天下百姓惊恐，更会伤害先帝神灵，但是武宗并没有出面阻止，恐怕武宗本人对此也是无可奈何。

文宗在位时厚待安王、颖王，专门在十六王宅西边单独为他们俩建了别院，经常到他们家中如家人一样喝酒。大和八年（834），下诏任命二人检校尚书，开成初年开始逐月给予他们薪俸，因此武宗并没有理由对文宗身边人痛下杀手。仇士良、鱼弘志这样手段残酷之人，在武宗还未继位时便已经展示了他们的心狠手辣。直到正月十四日，举行文宗入棺大殓仪式，武宗正式即皇帝位。

文宗在位多年，曾经立志成为一代明君，两次尝试依靠少数亲信官员的力量从宦官集团手中夺取权力，第二次计划虽然取得过短暂的成效，但形势急转直下，不仅没能化解危机，反而恶化了局势，最终文宗在惆怅苦闷之中辞世。继位的武宗，身形魁梧，喜爱射猎，个性上"沉毅有断，喜愠不形于色"，与文宗完全不同。面对文宗多年没有解决的难题，武宗将用什么智慧解决呢？请在下章拭目以待。

第四章

政治清算余波

一、枢密伏诛，中尉治罪

开成五年（840）正月初四，文宗在大明宫太和殿驾崩，根据遗诏皇太弟李瀍即皇帝位，宰相杨嗣复摄冢宰。正月十四日，武宗受册礼，正式即位。武宗李炎，本名李瀍，是穆宗第五子，母亲是穆宗韦妃。李炎元和九年（814）六月生于东宫，长庆元年（821）三月封为颖王，开成年间加开府仪同三司、检校吏部尚书。武宗李炎原本在开成末年的夺位大战中并不占优势，却戏

甘露之变：难以夺回的皇帝权力

剧性地获得了皇位，这一年武宗 27 岁。

一朝天子一朝臣，武宗即位后很快便开始了对内外大臣的政治清算。开成五年（840）二月，武宗对拥立他上位的两军中尉加官晋爵，封开府仪同三司、右军中尉仇士良为楚国公，左军中尉鱼弘志为韩国公。宰相杨嗣复、李珏在储位之争中，分别支持安王李溶和陈王李成美，武宗继位后便罢免了他们二人的宰相之位，杨嗣复罢为吏部尚书，李珏罢为太常卿。中书侍郎崔郸继续留在了相位，户部尚书判度支崔珙新拜宰相。

同为文宗的托孤大臣，与宰相结成联盟的枢密使刘弘逸、薛季稜，此时惴惴不安。他们二人作为文宗的心腹，早已与仇士良水火不容。仇士良在文宗去世后一直在残暴地清除异己分子。武宗即位，二人没有拥立之功，政敌仇士良反而凭借功劳更加有恃无恐，他们二人知道迟早会大难临头。

坐以待毙还是放手一搏？两位枢密使明白政治斗争的残酷，决定铤而走险，先发制人，发动政变。开成五年（840）八月十七日，文宗葬于章陵。枢密使刘弘逸、薛季稜率领禁军护灵驾到章陵，他们想利用这次带兵的机会，聚集禁军，诛杀中尉仇士良、鱼弘志。卤簿使兵部尚书王起、山陵使崔郸发觉了他们二人的计谋，先晓谕卤簿的将士，再将刘弘逸、薛季稜抓获诛杀。

两位枢密使伏诛后，谁来接任枢密使？仇士良与武宗在用人

第四章 政治清算余波

上存在分歧，最终由杨钦义和刘行深担任枢密使。

杨钦义来自显赫的宦官家族，祖父杨延祚曾任内侍省内常侍、飞龙使判官、右监门卫大将军，父亲杨志廉在德宗贞元年间任开府仪同三司、左监门卫大将军、左军中尉。杨钦义为杨志廉第六子，开成末年担任淮南监军使。当时朝廷正在确定枢密使人选，都说杨钦义这次肯定会接任枢密使，果然朝廷下旨召杨钦义回朝任职，但走到汴州又让杨钦义返回淮南。之后又下旨让他回京，最终让他担任枢密使。

开成五年（840）的枢密使人选更替一波三折，不仅杨钦义的任命过程曲折，刘行深的入选或许更能从中看到宦官与武宗在人事安排中的博弈。刘行深是元和年间枢密使刘弘规之子。被诛杀的枢密使为刘弘逸，从姓名上看与刘弘规连名。这并非巧合，而是存在于宦官家族中典型的命名习惯，刘弘规与刘弘逸二人应当出自同一家族。

这里需要介绍一下唐代宦官家族以及家族成员的命名特点。前文说过，从德宗时代开始，内廷宦官主要依靠养子方式延续家族。这个家族中，以家庭为生活单位，有夫妻，有子女，如同普通家族一样实现了代代传承，大型家族甚至还有家族墓地。宦官集中居住在长安宫城两侧的坊中，各家族之间通过互相联姻，形成了一个庞大的社群网络。

甘露之变：难以夺回的皇帝权力

唐人起名多为单字，但宦官家族多用双字，且有行辈的连名。刘弘规有五个养子以"行"字连名，分别是刘行立、刘行深、刘行方、刘行元、刘行宣。刘行立与刘行深的几个儿子以"礼"字连名，刘行立的儿子为刘复礼、刘全礼、刘伸礼，刘行深的儿子为刘中礼、刘遵礼等。或许通过这样行辈的连名方式，原本没有血缘关系的宦官家族可以增强内部成员的凝聚力和认同感。这样看来，刘弘逸应该与刘弘规同辈，出自同一家族。

刘弘逸是仇士良的政敌，他兵败被杀后，武宗仍旧挑选同出刘氏家族、刘弘逸子侄辈的刘行深担任枢密使意图非常明显，自然是想要制衡仇士良。因此，很可能刘行深的任命过程比杨钦义的更为曲折。

刘行深、杨钦义为新任枢密使，根基不稳，内廷宦官中仇士良依然是最强实力派。特别是他拥立武宗即位，之后获得的赏赐源源不断，风光无限，地位更加难以撼动。武宗刚即位便封仇士良为楚国公，会昌元年（841）二月，武宗赐仇士良纪功碑，命右仆射李程为他撰文。会昌元年（841）八月，加仇士良观军容使、兼统左右三军。观军容使此前讲过，李训、郑注为了架空王守澄，夺走他的右军中尉职任，采用明升暗降的方式，任命为毫无兵权的观军容使。但此时仇士良与王守澄不同，仇士良担任左军中尉同时加观军容使，手中仍然握有实权。

第四章　政治清算余波

内廷的人事变动，又推进了外朝局势的变化。武宗即位后，首先将没有支持自己的牛党宰相杨嗣复、李珏罢相，命李党崔郸、崔珙拜相接替二人。武宗吸取文宗开成年间牛李二党均任宰相的混乱情况，之后迅速提拔李党成员委以政务，形成了以李德裕为中心的新班子。

开成五年（840）九月，淮南节度使李德裕被召入京师，任吏部尚书、同平章事，后又兼门下侍郎；宣武节度使李绅代替李德裕任淮南节度使。会昌元年（841）三月，御史大夫陈夷行为门下侍郎、同平章事。会昌二年（842）二月，淮南节度使李绅任中书侍郎、同平章事。会昌二年（842）七月，尚书右丞李让夷为中书侍郎、同平章事。会昌初年，前后共有6位李党成员相继成为宰相。

李德裕能够顺利拜相，在会昌初年总揽大权，有武宗的信任赏识，也离不开宦官集团特别是枢密使的支持。首先，刘行深的父亲刘弘规与李德裕的父亲李吉甫相熟，刘弘规去世时李德裕为他撰写了神道碑。其次，杨钦义入为枢密使之前担任淮南监军使，李德裕当时正是淮南节度使，二人共事过一段时间，那期间李德裕与杨钦义建立了良好的关系。

另一边，武宗对牛党成员的贬黜还在继续。新皇帝即位，中书门下两省官员都要署名，但武宗即位的时候谏议大夫裴夷直没

甘露之变：难以夺回的皇帝权力

有签字，因此开成五年（840）十一月，被贬黜为杭州刺史。同月，给事中牛党李中敏被贬为婺州刺史。会昌元年（841）三月二十四日，武宗再次追究前事，又贬杨嗣复为湖南观察使，李珏为桂管观察使，同时派遣宦官中使到潭州、桂州赐死二人。听到这个消息，户部尚书杜惊急忙骑马来见李德裕，说："皇上年轻，刚刚即位，不应在这件事情上失误。"希望他能劝谏武宗收回成命。

第二天，李德裕和宰相崔珙、崔郸、陈夷行多次联名上奏，又邀请枢密使到中书省商议这件事，拜托他们上奏，希望武宗能够收回成命。奏疏中以德宗杀刘晏和文宗贬宋申锡为例，指出德宗、文宗无端猜疑臣子，后来都为自己的行为感到后悔，但为时已晚。如果杨嗣复、李珏等人真有罪，就加重贬黜；如果要处以死刑，应当先进行审讯，再杀也不晚，现在没有商议便匆忙诛杀，只会让天下人惊惧，希望武宗能够开延英殿让他们当面奏对。

傍晚，武宗开延英殿，召见了李德裕等人，说出了他之所以诛杀杨嗣复、李珏的原因。原来开成年间，杨妃曾经生病，文宗宠爱杨妃，于是允许杨妃的弟弟杨玄思到后宫中伺候了一个多月。在这期间，杨妃通过弟弟与宰相杨嗣复联络，共同谋划拥立安王李溶为太子。其间，杨嗣复写信给杨妃，甚至劝她

第四章 政治清算余波

效法武则天临朝称帝。武宗仔细询问宫中宦官，得知此事，非常生气，才会要杀了杨嗣复和李珏。在李德裕等人的极力营救下，武宗派人追回了执行赐死任务的使者。虽然免除了二人的死罪，但将杨嗣复贬为潮州刺史，李珏为昭州刺史，裴夷直为驩州司户。

武宗曾经只是普通亲王，没有政治经验，在即位之初的一些做法不成熟，但在用人上相较于文宗值得肯定。文宗不信任外朝宰相，在两党之间摇摆不定，犹豫不决。先是牛李党人轮流执政；之后弃而不用，专用孤寒文人；最后，又同时任命牛李党人为相，导致宰相之间争斗不断，君臣之间始终难以协力。武宗改变思路，即位后贬黜牛党成员，专任李党官员，而且始终信任宰相李德裕，委政于下，君臣关系融洽，《旧唐书》称"君臣之分，千载一时"。

李德裕此前一直受到牛党排挤，武宗朝获得君主信任，终于可以放开手脚实现政治抱负，同时利用自己的权势，干预朝堂的人事任免。

首先，李德裕虽然营救了李党成员，但李德裕并没有完全跳脱党派争斗，接连贬黜牛党领袖牛僧孺和李宗闵。

会昌元年（841）八月，汉水上涨毁坏了襄州百姓的房屋，李德裕便以这个借口将山南东道节度使牛僧孺罢免为太子太师的虚职。会昌三年（843）四月，刘从谏病卒，刘稹叛乱，李德裕提出太子宾客分司东都李宗闵与刘从谏有来往，不应当在东都任职，因此贬李宗闵为湖州刺史。会昌四年（844）九月平定昭义后，李德裕对武宗说："刘从谏占据上党10年，文宗大和年间入京朝见，当时牛僧孺、李宗闵执掌朝政，没有趁机把他留在京师，反而给他加官为宰相，并放他回去，才会酿成今天的祸患，竭尽了天下的力量才攻取他，这都是他们二人的罪过。"武宗很愤怒，贬牛僧孺为太子少保、分司东都，李宗闵为漳州刺史。不久，再贬牛僧孺为汀州刺史，李宗闵为漳州长史。

其次，李德裕也排挤其他牛党成员，甚至贬斥同一阵营中的李党成员，但同时也提拔了个别牛党成员。总之，在人事任免上，李德裕被批评为自专自用。在李德裕提拔任用的官员中，白敏中成为构陷李德裕的最得力干将，此事稍后再展开讲述。

武宗即位初年，不得不对外表示尊重宠信仇士良，但内心很厌恶他。为了抑制内廷宦官权势的发展，武宗的策略是倚重外朝宰相，进而强化皇权，实现内廷、外朝的均势。这样的做法必然会引发宰相同中尉之间的矛盾。会昌初年，李德裕和仇士良便有几次过招。

会昌元年（841）二月，敕令左右神策军正员官请求授官的，需要依据官员资历迁转，不是正员官的，需要上奏功绩，审核后

第四章 政治清算余波

授官。李德裕这样做约束了神策军官员自开成年间以来的无序升迁，但也激化了他与仇士良的矛盾。

会昌二年（842）四月，武宗即将由百官上尊号，并且将登临丹凤楼宣赦天下。李德裕的政敌告诉仇士良，宰相和度支在商议起草赦书，想趁此机会宣布减少禁军的衣粮待遇和军马的草料谷子。仇士良在众人面前扬言说："果真如此，到了上尊号那天，禁军将士一定要到丹凤楼前喧哗闹事。"李德裕听说了此事，心生畏惧，四月二十一日，请求武宗开延英殿允许自己当面申诉，解除误会。武宗听后大怒，立即派宦官转告左右神策军："赦书中原本就没有这种事。况且赦书的内容都出自朕的本意，不是出自宰相的意思，你们怎么能这样说！"仇士良于是惶恐羞愧，连连谢罪。

此后两人还在人事任免上起过冲突，比如李党王茂元担任河阳节度使之事、仇士良势力李膠求官之事，都是李德裕占了上风。仇士良逐渐发觉武宗与李德裕君臣一心，对自己日益厌恶，因而越发恐惧，内心不安。于是，以年老多病为由请求辞去中尉，担任闲散之职。武宗顺势下诏，解除了仇士良的中尉之职，任命他为左卫上将军兼内侍监、知省事。六月十六日，仇士良退休，杨钦义接替他成为左军中尉。

仇士良退休那天，他的党羽送他返回家中，仇士良结合自己

甘露之变：难以夺回的皇帝权力

多年来的经历传授他们如何巩固权力和恩宠。仇士良说："诸位都在天子身边侍奉，请听我一言。不要让天子闲下来，应当让他沉浸在奢靡享受与游戏玩乐之中，天天如此，让他没有时间顾及其他事情，这样我们才可以为所欲为。一定不要让他读书，不要亲近读书人，一旦天子了解到前朝的兴亡更替，心里感到了忧虑恐惧，减少玩乐和游幸，就会排斥疏远我们。为了获得恩宠和权力，每天用声色犬马蛊惑天子的心，天子就会排斥经术，不闻外事，将重要政务交由我们处理，恩泽权力还往哪里跑？"仇士良的党羽听后如获至宝，都下拜感谢他后方才离去。

仇士良刚退休没几天，六月二十三日便在广化里的家中病逝，终年63岁。武宗为他罢朝两日，追赠为扬州大都督。仇士良生前杀二王（安王李溶、陈王李成美）、一妃（杨妃）、四宰相（李训、王涯、贾𫗧、舒元舆），此外还有2000余冤魂葬在他的手中，武宗并没有轻易放过他。

武宗表面上给了仇士良死后的荣耀，实际上已开始打击清算仇士良同党。仇士良死后第三天，二十五日，武宗诛杀了仇士良的属下孔目官郑中丞、张端公等四人以及家中的奴婢。到第二年六月，仇家揭发仇士良的罪恶，朝廷顺藤摸瓜，在仇士良家中搜到数千件兵器。仇士良已经去世，为什么在家中藏匿大量武器已经不得而知，但私藏兵器属于重罪，于是武宗下诏削夺了仇士良

第四章　政治清算余波

的官爵，没收了家产。

到九月份，据圆仁《入唐求法巡礼行记》载，仇士良的儿子醉酒激怒武宗，对武宗说："天子确实尊贵，但也是我父亲册立的。"武宗大怒，当即下令处死仇士良之子，令他的妻女削发守陵，命宦官收缴其家中财物。这次抄家又发现数之不尽的奇珍异宝，武宗都不曾见过。仇氏家族最少五代在内侍省任职，叱咤风云多年，累积的权势、财富、人脉都是难以想象的。

除掉仇士良后，宦官集团内部盘踞多年的元和系老臣基本被清除干净，新任枢密使刘行深与杨钦义都朴实谨慎，不敢像之前的枢密使那样干预政务。会昌三年（843），武宗想要任命翰林学士崔铉为中书侍郎、同平章事，于是夜晚独自召见了翰林学士韦琮，让他起草任命制书，外朝宰相和内廷枢密使都不知道这件事情。中晚唐以来枢密主政、中尉典军，枢密使参与中央政务决策，在任命宰相、节度使等高级官员上有重要影响力，很多宰相都是通过枢密使的推荐才能拜相。但在武宗的强势控制之下，枢密使主动退让，减少了对政务的参与。

在制度上垄断宦官的服色授予，也是武宗加强对宦官集团控制的重要措施。唐初以来，宦官的很多管理制度都参照外朝官员，服色的授予也是一样。依据本品的品阶高低，三品以上服紫，四品五品以上服绯，六品七品以绿，八品九品以青。中晚唐

甘露之变：难以夺回的皇帝权力

主要是三级服色，即三品以上服紫，五品以上服绯，九品以上服绿。服色一般通过两种形式获得，一种是依靠官阶迁转达到本品要求即可，一种是来自皇帝超越品阶的恩赐。

德宗朝以来，为了强化宦官个人对皇帝的依附关系，宦官群体的服色大部分都来自皇帝的单独恩赐。但同时，仍有一部分服色是通过品阶迁转自动获得。武宗会昌四年（844）规定，宦官的本品不能超越自身获得的服色，这就彻底改变了唐初以来宦官的品阶与服色的关系，形成了服色对本品的反向限制，彻底堵住了宦官依据本品获得服色的途径。服色决定宦官的品阶，而赐服权掌握在皇帝手中，皇帝通过赐服的方式决定每位宦官身份地位的高低。也就是说，即使有宦官在内廷任职较久、年资较高，但没有皇帝赐服就不能穿着绯服、紫服，进而不能获得相应品阶的迁升。

为什么皇帝一定要垄断对宦官的服色授予？中晚唐宦官主要是在内诸司系统工作，比如书中提到过的五坊使、牛羊使、飞龙使、枢密使、神策军中尉这些使职，具有明确的职务属性。每一个使职代表一个部门，在他们下面还有副使、小使、小儿等不同使职。谁可以担任什么样的使职并不是由品阶决定的，使职主要依靠服色决定任职的高下。绿服宦官只能担任内诸司使中的基层办事职员，如内养、承旨、小儿等，绯服宦官可以担任中层管理

第四章 政治清算余波

干部或者一些普通使职的长官，紫服宦官才能担任关键使职的长官。

宦官服色不仅彰显着皇帝的恩宠，更直接决定着宦官们能够担任的使职。武宗通过在制度上垄断服色授予，事实上加强了皇帝本人对宦官使职的控制，也就是加强了对宦官集团的掌控。

除了对枢密使的压制、对宦官使职的掌控，武宗也在尝试收回宦官手中的军权。上一章讲到，文宗君臣对宦官集团的终极目标就是夺回神策军权，甘露之变失败后不敢再触及这点，当开成年间民间出现宰相夺宦官军权的谣言时，君臣只能匆忙与中尉面对面解释，消除误会。武宗没有采取激进措施，而是想要通过收回军印的方式实现收权这一目的。

军印是神策军权的象征，每次任命的新中尉上任时，都会用神策军兵马迎接军印。会昌五年（845）四月，武宗命令左右神策军交出军印，敕文中说把军印交给中书门下，让宰相保管，两军事务一切均由宰相管理。

前一年仇士良刚被除爵抄家，左神策军不敢违反命令，交出了军印。右军中尉鱼弘志不肯交出军印，朝廷再三下令也拒不配合。鱼弘志上奏说："迎接军印那天，用的是神策军兵马；交还军印，也必须用神策军兵马交还。"鱼弘志的言下之意是，如果朝廷想要强行要回军印，他便会发动神策军兵马，起兵反抗。武宗看到鱼弘志如此强硬的态度，为防不测，没有强行要回。

这样一位跋扈甚至敢威胁君主的宦官，他的结局如何呢？目前没有发现相关史料，据唐人《何少直墓志》，鱼弘志最终被武宗治罪处死，身边的亲信为他上奏鸣冤，也遭到贬黜且终身不得再起用。鱼弘志被除掉后，右军中尉由刘行深接替。即使肉体消灭了一个神策军中尉，武宗依然没能从制度上收回宦官手中的军权。

总之，在军事领域，仇士良、鱼弘志这样的实权派相继下台，由恭顺的刘行深、杨钦义暂代中尉之职；在政治领域，武宗压制枢密使参与政务决策，颁布了约束宦官内诸司使的制度。整体而言，武宗在会昌初年对宦官势力的抑制比较成功。

二、平叛昭义，废佛抑宦

武宗对内抑制宦官，对外则信任宰相李德裕。李德裕是武宗朝的权相，在位期间主张"政出中书，强化相权"，武宗朝大小政务几乎都出自他手。在他的主政下，武宗朝发生两件大事即平叛昭义和会昌灭佛，这两件事又与宦官集团关系密切，下文逐一

第四章 政治清算余波

展开。

会昌年间昭义镇叛乱,起因是昭义节度使刘从谏病逝,其侄子刘稹想要世袭节度使之职。面对刘稹的挑衅,宰相李德裕毫不姑息、坚持讨伐,在武宗的充分信任和内廷宦官的配合下,通过调度地方兵力,最终平定了叛乱。

在讲述昭义镇叛乱前,我们先回顾一下刘氏父子在昭义镇的活动。前文说过,刘氏父子控制下的昭义镇呈现河朔化倾向,轻慢朝廷,日益骄横。节度使刘从谏得位不正,为了巩固自身统治,希望通过参与李训等人铲除宦官的计划,为自己赢得更多的政治筹码。政变失败后,为了自保先发制人,刘从谏多次上表为王涯等人鸣冤,并且收留了一批为躲避政治迫害逃难到昭义镇的官员及其亲族成员。

武宗即位,刘从谏知道武宗喜好骑射游猎,为了向新帝示好,便特意将一匹高九尺的良马进献给武宗。《周礼》中记载六尺以上为马,七尺以上为骒,八尺以上为龙。九尺的高头大马在当时非常稀有珍贵,但武宗并没有接受进献。刘从谏认为武宗之所以拒绝是仇士良从中作梗,于是愤怒地杀掉了这匹马,和朝廷之间相互猜忌怨恨。

会昌初年回鹘政权瓦解,余众南下侵扰边境。会昌二年(842)十一月,刘从谏上书请求出步兵5000征讨回鹘。昭义镇地近中原，调兵路途遥远，加之李德裕措施得当，边境形势尚可，朝廷并没有这样的用兵需求；更重要的是，李德裕已经在防范刘从谏，不希望他通过这次出兵获得军功，已有除掉刘从谏的打算，于是朝廷下诏刘从谏不许出兵。

不受献马、不许出兵，朝廷的意图越来越明显。刘从谏加紧招收亡命之徒，修缮兵器，拥兵 10 万，迅速积累抗衡朝廷的资本。看到刘从谏如此行为，与昭义镇邻接的地域都在暗中防备他。为了增强经济实力，刘从谏对养马和商业实行专卖，每年收入 5 万贯；此外冶铁和煮盐收入也有几万贯。大商人都被他授予牙职，派到各道往来通好，顺便进行交易买卖。然而商人依仗刘从谏的权势，每到一个地方往往欺凌将士官吏，引起各道的厌恶。

刘从谏对妻子裴氏说："我以忠诚正直对待朝廷，朝廷却不明白我的心意，各道都不跟我交好。我死了，别人掌管这个军镇，那我们家的香火从此也就断绝了！"从对话的后半段可以看到，此时刘从谏已经有了不听诏令、独霸昭义的打算。刘悟任职期间对朝廷出言不逊，刘从谏即位以来倚仗着兵强马壮，轻视朝廷、日益跋扈，如今他已经决定向河朔藩镇看齐，企图实现对昭义镇的割据统治。

会昌三年（843）四月，刘从谏和幕僚张谷、陈扬庭密谋，

第四章 政治清算余波

任命他的弟弟右骁卫将军刘从素的儿子刘稹为牙内都知兵马使,侄子刘匡周为中军兵马使,孔目官王协为押牙亲事兵马使,家奴李士贵为使宅十将兵马使,命令刘守义、刘守忠、董可武、崔玄度分别统辖亲兵。刘从谏虽有异心,但尚未反叛就突然患了急病,一病不起,很快就去世了。侄子刘稹想要接替刘从谏的职位,对外隐瞒了刘从谏的死讯。

王协为刘稹谋划,认为应当按照宝历年间刘悟去世时刘从谏继任节度使那样做,郑重地侍奉监军使,优厚地款待、贿赂那些来藩镇查看情况的宦官使者,不向四方出兵,在城中秘密防备。王协认为,这样做,不出一百天,朝廷便会任命刘稹为新任节度使。刘稹听从了王协的建议,命令押牙姜崟前往京师,向朝廷上奏,请求派御医前来为刘从谏诊治。接着,逼迫监军使崔士康上奏,说刘从谏病重,请求朝廷任命他的侄子刘稹为留后。

朝廷接到刘稹请求御医的奏文,当即派遣宦官使者解朝政带领御医前往昭义为刘从谏诊治疾病,并且打探消息。实际上,自德宗朝始至宪宗朝,朝廷已经基本形成了一套对地方藩镇特殊变动的应对流程:先派遣宦官出使地方,及时观察地方的实时动态,再将信息反馈给中央,便于中央作出决策。

至于监军使崔士康奏文所说任命刘稹为节度使留后的事,武宗宣召宰相们进行商议,讨论如何处理泽潞(昭义镇)的事情。

甘露之变：难以夺回的皇帝权力

宰相们大都认为回鹘的残余力量还未消灭，边境仍然需要警戒防备，昭义镇兵强马壮，如果同时再征讨泽潞，国家的财政难以支持，建议顺应刘稹的请求，授予他节度使旌节。其他谏官、朝臣的上书大抵也都这样认为。

李德裕却表示反对，他指出泽潞的情况与河朔三镇不同，不应继续任命刘氏家族世袭节度使。河朔叛乱已经有很长时间了，人心难以再教化，所以历朝皇帝都只能维持现状，放任他们自治。但是泽潞地处国家腹心，将士向来是以忠义而闻名，曾经击退过朱滔，擒拿过卢从史，没有割据的人心基础。以前朝廷大多任用文官担任主帅，如李抱真最初成立此军，德宗就不许他的儿子李缄世袭，命令李缄护送他父亲的灵柩回归东都洛阳。

李德裕又指出，此后刘氏家族之所以能够实现世袭，是因为敬宗不顾惜朝政，当时的宰相也缺乏远见卓识，才导致刘悟去世后顺利地把节度使之位传给了刘从谏。刘从谏跋扈难制，曾多次上表逼迫、威胁朝廷，如今临死之际，又擅自把兵权传给自己的侄子。朝廷如果又延续过去的惯例将节度使授予刘稹，那么全国各地的藩镇谁不想效仿他们的做法呢？皇上的军令和政令就不能再贯彻执行了。

武宗认真听着李德裕的分析，觉得很有道理，便问他有什么办法能够制服刘稹。李德裕指出，刘稹之所以敢请求世袭，依赖

第四章 政治清算余波

的是河朔三镇，朝廷需要得到河朔三镇的支持。一旦成德和魏博不与刘稹同心，那么刘稹就无能为力。朝廷可以派遣在朝中担任要职的大臣前往这两镇，向两镇的节度使王元逵、何弘敬转达皇上的旨意，说明自从安史之乱以后，历代皇上许可他们世袭节度使，已经成为惯例，这与泽潞不一样。现在朝廷准备出兵讨伐泽潞，不打算派禁军攻打太行山以东，山东三州中隶属于昭义的地区就由他们两镇负责攻讨。同时让他们向这两个藩镇的将士转达皇上的旨意，平定叛贼后，朝廷将给予他们优厚的官爵和赏赐。如果这两镇听从朝廷命令，不从旁阻挠官军的行动，那么刘稹肯定会被官军擒获。武宗听后大喜，说："我和德裕意见一致，绝不后悔。"于是，武宗决心讨伐刘稹，即使百官中有人进言阻拦也不再听从。

武宗命李德裕起草诏书给成德节度使王元逵、魏博节度使何弘敬，诏书中说："泽潞这一藩镇，和你们两镇的情况不一样，你们不必出于为子孙考虑就想与刘稹结成相互依存的态势。只要在讨伐刘稹时立下战功，自然会福泽你们的后辈。"会昌三年（843）四月初九，武宗在上朝时称赞李德裕起草的诏令切中要害，说："就应当这样直截了当地告诉他们。"王元逵、何弘敬接到朝廷诏令后，都恐惧、惊慌，表示服从朝廷安排。武宗又命李德裕起草诏令给卢龙节度使张仲武，稳定边境作战部队的军心，

甘露之变：难以夺回的皇帝权力

诏书中说："回鹘的残余力量还没有消灭干净，边境多忧患，专门委任你抵抗外侮。"

此前派出的宦官使者解朝政到达了上党，刘稹会见解朝政，说："父亲刘从谏病重，无法出来迎接诏书。"解朝政想趁其不备突然闯进去，发现昭义兵马使刘武德、董可武放轻脚步靠着门帘站着，解朝政怕有什么变故，急忙走出。刘稹依照此前王协的主意，赠送解朝政价值几千贯的财物，又派牙将梁叔文同解朝政回京，向朝廷拜谢。

没有探听到消息，武宗已经与李德裕决定对昭义镇用兵，于是再派遣宦官供奉官薛士幹出使昭义，传达武宗的旨意。诏书中说："恐怕刘从谏的病没好，应让他暂且到东都洛阳医治。等到病情逐渐好转，再另外委用。刘稹回京城，朝廷必定授予优厚的官爵。"

前文提到过宦官薛士幹，他在文宗大和年间曾同似先义逸和刘英浉等人被文宗派出巡边。按照李训的计划原本要杀掉他们，但后来政变失败，他们六人重新被召回朝廷。显然薛士幹在文宗朝时，在宦官集团中已经有一定地位，到了武宗朝他担任皇帝身边的供奉官，依然受到皇帝重用，执行高等级的出使任务。

薛士幹的身份地位高于解朝政，都押牙郭谊等人出动大批人马到龙泉驿迎接薛士幹一行人，当面请求按照河朔藩镇的做法，

第四章 政治清算余波

让刘稹世袭节度使。大批兵马又来到监军使崔士康那里，表达了同样的请求。崔士康懦弱胆怯，不敢违背将士们的意思，答应了他们的请求。于是，刘稹身边的将士与官员扶刘稹出来与将士见面，为刘从谏发丧。薛士幹到达昭义镇后，没有问起过刘从谏的病情，应该已经知道了刘从谏的死讯。他始终未能进入昭义节度使衙门。薛士幹宣读了朝廷对刘稹的敕命，被刘稹拒绝。刘稹选择公然与朝廷作对，走向了反叛的道路。

解朝政与薛士幹相继回朝复命，带回了昭义镇的最新消息。武宗听说刘稹反叛后大怒，用刑杖责打了他们后将他们发配守陵，同时囚禁了姜釜和梁叔文。会昌三年（843）四月二十三日，武宗为刘从谏的去世休朝致哀，追封他为太傅。武宗对刘稹发出了最后通牒，命刘稹护送刘从谏的灵柩回东都洛阳。刘稹的父亲刘从素当时在长安担任右骁卫将军，武宗召见了他，并命他写信告诫刘稹，但刘稹并没有听从父亲的劝告。

二十九日，武宗任命忠武节度使王茂元为河阳节度使，邠宁节度使王宰为忠武节度使。会昌三年（843）五月，河阳节度使王茂元以3000名步兵和骑兵防守万善镇，河东节度使刘沔以2000名步兵和骑兵防守芒车关，以1500名步兵驻扎榆社县；成德节度使王元逵以3000名步兵和骑兵防守临洺，夺取尧山；河中节度使陈夷行以1000名步兵骑兵屯守翼城，500名步兵增援冀氏县。十三日，下制书剥夺刘从谏和他的侄子刘稹的官爵，任命王元逵为昭义北面招讨使，何弘敬为南面招讨使，与陈夷行、刘沔、王茂元共同出兵讨伐刘稹。

如果按照之前的惯例，在河北各个藩镇中，凡是被军中推立为主帅的，朝廷必定先派遣吊祭使，之后派遣册赠使、宣慰使相继前往了解军中情况。如果是肯定不能授予节度使旌节的人选，就另外授予其他官职，等到后面出现军中不从命的情况，才开始发兵征讨。这个过程往往需要半年之久，反叛的军镇能抓紧时间做好防守的准备。这次朝廷讨伐刘稹，宰相同样想先派遣使者劝说，武宗则当机立断立即命令下诏讨伐。

眼见朝廷迅速起兵，自己即将陷入包围，刘稹急忙向朝廷上表，为自己不奉敕命的行为寻找开脱的理由。他说："亡父刘从谏曾为李训申冤，指责仇士良的罪恶，因此遭到朝廷中得宠当权者的憎恨，认为伯父在暗地里心怀异志，所以我不敢按照朝廷诏令要求带全族人归顺朝廷。乞请陛下稍稍了解以上情况，给我全族人一条活路。"武宗此时心意已决，收到刘稹的上表后没有给予答复。

会昌四年（844）八月，昭义镇内乱。大将郭谊、董可武等人杀刘稹和他的宗族，并且处死了甘露之变后逃难到昭义的官员和他们的亲族。这些人曾受到了刘从谏、刘稹的善待，此时

第四章 政治清算余波

被屠杀殆尽,包括李训兄长李仲京、郭行余儿子郭台、王涯从孙王羽、韩约儿子韩茂章和韩茂实、王璠儿子王渥、贾悚儿子贾痒等人。

起先,郭谊等人为刘稹出主意抗拒朝廷,现在看到形势危急,便想通过出卖刘稹换取朝廷的赏赐。朝廷听说了消息,派遣宦官张仲清到昭义传达诏令,顺便设计抓捕了郭谊等人,全部送到京师斩首。至此,持续近一年之久的平叛终告结束,朝廷取得了彻底的胜利。

平叛历时一年,其间的用兵多次遭到百官反对,之所以能够取得成功,除了武宗能够力排众议,坚持听从李德裕的排兵布阵外,内廷宦官的积极配合也是顺利平叛的原因之一。

为什么宦官集团如此配合呢?一方面,这时宦官集团中主政的枢密使刘行深、杨钦义与李德裕个人关系良好,双方愿意合作;另一方面,刘从谏曾经参与李训铲除宦官的密谋,甘露之变后又收留众多避难者,昭义镇刘氏家族遭到宦官群体的憎恨。例如,枢密使刘行深、监军使似先逸义都是文宗大和年间被李训派出巡边差点被赐死之人,他们对刘氏家族自然也是恨之入骨。

宦官集团的配合,首先是遵守李德裕对监军使的约束。此前,李德裕分析了自德宗朝韩全义奉命讨伐吴少诚失败以来,官

甘露之变：难以夺回的皇帝权力

军将帅出征屡遭失败的几个原因：第一，皇帝的诏令下达于军队之前有三四天时间，宰相大多不能参与其事并得知内情；第二，监军用自己的意见指挥军事，领军将帅不能独自决定军队进退；第三，每个军队都各有宦官为监军使，他们都选择军队中骁勇精壮的士兵数百人组成自己的卫队，在战场上战斗的士兵却都是一些怯懦体弱的人。监军使有自己指挥进退的信号旗，每次作战，监军使乘马登高处观察，用百人卫队自卫，见前方军队稍有退却，就带着旗帜先逃走，导致前方战阵随即溃散。

前文谈到，德宗为加强对地方的控制，在地方藩镇广泛设置监军使，由宦官担任。宦官监军使的职责多样，最重要的一项是充当皇帝的耳目，监视地方的一举一动。地方军队外出作战，也会安排监军使。这些监军使在军队中可以替皇帝监视将帅作战，但监军使也会凭借皇帝使者的身份干扰军队的正常作战，正如李德裕指出的那样，导致前方作战不利。李德裕总结了德宗朝以来官军出征的三点弊病，有两点直指宦官监军使问题。他没有直接批评宦官擅权，而是点出监军直接影响作战成败，进而希望能够限制宦官监军的活动。

李德裕将监军使的问题跟枢密使杨钦义、刘行深商议，约束戒饬监军使不得干预军政，限制监军使卫队的人数，每1000名士兵听任监军选取10人自卫。作为经验老到的政治家，李德裕

第四章 政治清算余波

明白,仅是单纯的限制约束,宦官们不一定会愿意配合,于是同时约定,只要监军使严守纪律,军队取得军功时监军也可得到相应的奖赏。两位枢密使都认可李德裕的建议,奏告武宗下诏执行。

除了约束监军使,在具体的作战过程中,李德裕懂得适时提高监军使地位。比如,在起草诏敕文书时,把将帅同监军使的名字并列书写,这样从官方层面提高了宦官监军使的地位,也能够获得监军使的好感和支持。

除了成功约束监军使,李德裕能够正视宦官的角色,在平叛中充分发挥宦官使者的作用。李德裕文集中保留着他主持平叛期间给武宗的奏文,可知在这期间他四次上奏武宗,请求派遣宦官供奉官出使地方,负责督促将帅进军、给将帅传递密旨、兼领地方军队等任务。

至于为什么是宦官供奉官,李德裕认为普通宦官例如内养这样的使者出使,地方将帅不会予以高度重视。无论是传达诏令、激励军队许诺奖赏,还是临时监视军队,供奉官具有更高威望,更能获取地方的信任。供奉官的威望来自皇权的支持,另外能够担任供奉官这样的高级宦官的人往往老成持重,已经在内廷摸爬滚打半生,经历了漫长的成长和磨炼,累积了更多处理地方事务的经验,执行任务时也能够游刃有余。总之,在李德裕的运筹帷幄下,对宦官群体做到了既约束又任用,最大程度地发挥了宦官的作用,助力了叛乱的成功平定。

平定昭义叛乱后,武宗赐李德裕为太尉,封赵国公。三公为太尉、司徒、司空,三师为太师、太傅、太保。三公三师在唐代的官阶中是最高的正一品,没有具体职务,一般是对宰相、节度使等位极人臣者的加衔。唐朝迄今为止,只有7人加太尉衔,往往是去世后才获赠。李德裕受宠若惊,多次上表推辞,武宗对他说道:"只恨没有官赏你罢了!如果你不应该得到,朕也不会给你。"此时,权相李德裕走到了人生的顶峰。

在解决了边境和地方问题后,李德裕将目光转向朝廷,为加强中央集权进行了一系列改革,其中有抑制、打击宦官力量的措施。例如,分割一部分宦官内库财源,抑制宦官的经济力量;推动会昌灭佛,打击宦官的政治力量;限制神策军官员人数,严格控制官员的迁转,加强中书门下对神策军的干预。

首先,创建备边库。会昌年间朝廷多次用兵,原本就不充盈的国库此时已经捉襟见肘,难以为继。巧妇难为无米之炊,为筹集军费,武宗动用了宦官掌管的内库财物,同时将应进入宦官内库的来自地方的进奉财物也用作军费。这样就用明争暗夺的方式,减少了内库的供给。

到会昌五年(845)九月,在李德裕的请求下,设置备边库,

第四章 政治清算余波

隶属于度支,由度支郎中掌管,用来筹集收复河陇失地的军费。每年令户部输入钱帛12万缗匹,度支、盐铁输入钱帛12万缗匹,凡诸道进献的助军财货也都进入备边库。总之,备边库中既有来自三司的财物,也有原本进入内库的地方进献物。内库是宦官掌握的重要财源,备边库的设置,削减了原本应该进入内库的财物,也就削弱了宦官集团的经济力量和财权。

其次,推动会昌灭佛。武宗灭佛,有政治、经济、宗教等多方面原因。信仰上,武宗在即位之前就崇信道教,即位后在内廷宠信道士刘玄静、赵归真等人,对佛教没有认同感。经济上,武宗厌恶佛教僧尼耗费天下财力,特别是晚唐时期国家财力不足,佛教寺院集团却积累了巨额的财富,吸纳了众多人口,因此整顿佛教可以增加国家的赋税人口,提升经济实力。政治上,佛教寺院为刘稹属下提供了庇护。在讨伐昭义刘稹叛乱时,朝廷对位于长安平康坊的昭义镇驻京办进奏院进行搜查,抓捕刘稹属下。传闻刘稹的亲信、昭义节度使押衙为了躲避抓捕,削发为僧藏在长安寺院之中。以上这些都推动着会昌灭佛的展开。

会昌二年(842)三月三日,李德裕奏《僧尼条流》,朝廷下敕将保外无名的僧人全部发遣,不得留在寺院,禁止收容童子、沙弥。会昌二年(842)十月初九,颁布《条流僧尼敕》,勒令不符合修行要求的僧尼还俗,负担国家赋税和徭役。许多假冒和不

甘露之变：难以夺回的皇帝权力

合格的僧尼不愿还俗，纷纷躲到两街功德使管理下的寺院中，寻求宦官的庇护。

当时日本留学僧圆仁正在大唐寻师求法，他将会昌灭佛期间的见闻记录在了自己的日记《入唐求法巡礼行记》中。书中记载，朝廷要求条流僧尼，两街功德使却通知各寺院，不放出僧尼，常闭寺门，与朝廷对抗。两个多月后，到会昌三年（843）正月十七，仇士良掌管的左街寺院，一共条流僧尼1232人，鱼弘志掌管的右街寺院共条流2259人。二者相比可以看到，仇士良暗中保护了很多僧尼。

仇士良不仅公开保护辖区内的僧尼，据《入唐求法巡礼行记》，他还在正月二十八日公开在左神策军中尉衙门内召见了长安寺院中的外国僧人，包括来自南天竺、北天竺、狮子国、日本国、新罗国、龟兹国等各国僧人21人，对他们进行安抚。上文已经说过，仇士良逐渐感受到来自武宗的压力，自己被日渐疏远，加之在佛教事务上力不从心，很快仇士良多次请求辞官退休，到六月份正式退休回家。

会昌法难还在继续，到会昌五年（845）四月，命令祠部检括裁汰天下寺院和僧尼的人数。七月开始，运动更加激烈。朝廷下达敕文，并省天下佛寺。长安与洛阳两街各保留两座寺院，每座寺院仅保留僧人30人；地方节度观察使治所和同州、华州、

第四章　政治清算余波

商州、汝州各保留一所寺院，上等寺院保留僧尼20人，中等寺院保留僧尼10人，下等寺院保留僧尼5人。其余寺院一概拆毁，其余僧尼一律还俗。销毁佛寺中的金属佛像，其中铜像、钟磬交予盐铁使铸造铜钱，铁像交予当地州府铸造为农具，金、银、鍮石等佛像销毁后交予度支。官员百姓家中有金、银、铜、铁佛像的，限令在朝廷敕文公布后一个月内交给官府，否则由盐铁使依据禁铜法处分。至于其他土、木、石等佛像可以继续留存在寺院中。僧尼的名籍不再隶属祠部，交由鸿胪寺管理。

会昌五年（845）八月，朝廷颁布《拆寺制》，强调佛教蠹耗国风，"劳人力于土木之功，夺人利于金宝之饰，遗君亲于师资之际，违配偶于戒律之间"。制文总结了目前的灭佛成果，据统计，全国拆毁政府许可的寺院4600余所，拆毁未获许可的兰若4万余所；僧尼还俗26.05万人，成为缴纳国家赋税的人口；没收原属寺院的良田数千万顷；原属寺院的奴婢15万人成为缴纳国家赋税的人口。最后，将僧尼名籍划归主客管理，凸显佛教作为外国宗教的身份。

会昌灭佛是对佛教的重大打击，同时也抑制了宦官集团的力量。前面说过，宦官家族大部分都有佛教信仰，包括其妻子儿女基本都是虔诚的佛教徒。宦官参与捐资建造寺院和佛像、开凿石窟、写经等佛教活动。打击佛教，会冲击宦官的宗教信仰。更重

甘露之变：难以夺回的皇帝权力

要的是，会昌灭佛不仅包括拆毁寺院和条流僧尼，还包括僧尼管理权的变换。

前文说过，唐代僧尼管理权不断更改。自从德宗朝开始，宦官功德使掌管宗教事务，包括僧尼的名籍、考试审查、宗教活动、寺院管理等。功德使全称为勾当京城诸寺观修功德使，德宗贞元年间后均由左右神策军中尉兼任。宦官担任的功德使，是宦官与佛教二者之间利益连接的关键纽带。

政治上，宦官群体与佛教教团之间互相依靠；经济上，僧侣自身不服徭役，拥有的寺院土地不需要缴纳赋税。当时很多百姓为逃避赋税徭役选择剃度出家，导致私度僧尼盛行；富户为了避税，将田地、资产寄托在寺院，民众为了积攒功德，向寺院施舍大量财物，这就导致寺院积聚了大量财富。功德使可以通过私自买卖僧尼的度牒，插手佛教事务，从中牟利，获取丰厚的收入。然而武宗会昌灭佛，剥夺了宦官功德使拥有的僧尼管理权，从而抑制宦官力量的发展。

最后，重新限定神策军官员名额，裁汰不合格的官员。会昌五年（845）七月，朝廷下敕规定，左右神策军定额官各十员，包括：判官三员，勾覆官、支计官、表奏官各一员，孔目官二员，驱使官二员。神策军官员若改转，最高只能外派担任中下州司马，不可以担任京师朝官。如果十名官员出现缺员，由中书门下依据官员资历任命填补。如果官员年老体弱难以胜任，或者因罪贬官的，此后终身不允许再参选。德宗朝以来，宦官担任神策军中尉，宦官集团与神策军逐渐形成利益结合体。武宗会昌年间重定员额的举动，加强了中书门下对神策军官员的控制。

李德裕强化中书门下权力的措施还有很多，以上三项则主要涉及宦官集团。整体来看，宰相与宦官虽然地处内外，所在的政治空间不同，角色和分工有差异，但他们都围绕着皇帝获取权力，彼此之前的权力边界并非完全清晰，这就导致二者之间存在权力的争夺，此消彼长、此进彼退。李德裕深受武宗信任，成为一时的权相，提出了一系列加强皇权的政治、经济措施，这导致宦官力量受到了抑制，遭到了削弱，这是宦官集团不愿意看到的。武宗会昌年间一度出现君臣和谐、藩镇臣服的复兴气象，但很快由于宰相与宦官之间的矛盾冲突，短暂的治世景象即将结束。

三、不立储君，阴夺帝位

武宗英明豁达，与李德裕君臣相知，可惜在位仅短短6年，年仅33岁便驾崩。之后皇位传承再次出现变数，传位没有依据

甘露之变：难以夺回的皇帝权力

嫡长子制，也不是兄终弟及，而是叔承侄位，武宗的叔叔光王李怡在宦官的拥立下继承皇位。武宗为何英年早逝，驾崩前后发生了什么，宦官为什么选择拥立光王？让我们走入武宗会昌末年的历史现场。

武宗的早逝与服用丹药密切相关。武宗即位以来，打击佛教，崇信道教。由于向往长生不老，武宗服用了道士的金丹，这在唐朝皇帝中并不少见。

自从会昌五年（845）秋冬以来，武宗感到身体有疾病，咨询道士们的意见，道士们却恭喜武宗，说这是在脱胎换骨，即从肉体凡胎蜕变为长生不老的仙体，因此会有些痛苦。武宗对此深信不疑，就将自己身体的问题隐瞒下来。外人只是奇怪一向喜欢骑马打猎的武宗最近很少出游，宰相向武宗汇报事情也不敢多待，害怕他的身体支撑不住。再后来，武宗身体问题越来越严重，不得不下诏宣布，取消每年盛大的元旦集会。

会昌六年（846）二月，武宗的身体依旧没有好转，甚至想到了厌胜之术。武宗认为根据各朝代五德终始说，汉朝是火德，唐朝是土德，自己的名字是瀍，水字旁，土胜水，与唐朝土德的王气相克。于是改名为炎，炎从火，火能够生土，希望通过改名为炎，可以增长王气。愿望很美好，现实很骨感，会昌六年（846）以来武宗再也没有上朝接见大臣，即使宰相李德裕请求面

第四章　政治清算余波

见也被拒绝，内外联系中断，臣民都忧心忡忡。

上文说过，李德裕能够成为权相，既有武宗的信任支持，也有内廷宦官的配合，那么为什么此时，曾经与宦官交好的李德裕会被宦官抛弃，被强行中断了他同武宗的联系？其实，到武宗会昌年间后期，李德裕的处境危机四伏，他与宦官群体的关系正在逐渐变坏之中。

前文谈到，李德裕在会昌年间坐镇京师，运筹帷幄，先后取得了多次军事胜利，这背后离不开宦官集团的配合。平定昭义叛乱期间并非所有的宦官都能够尽忠职守，也有宦官因为同李德裕的个人恩怨，接受地方将帅贿赂，有意编造虚假信息，企图干扰李德裕的决策。

在征讨昭义期间，原本被安排出征讨伐刘稹的太原士兵，在都将杨弁的唆使下发生兵变。杨弁驱逐了原河东节度使李石，控制太原，与刘稹互相支援，一起对抗朝廷。太原军乱，李德裕督促部队进逼太原，武宗派遣宦官马元实出使太原，向乱兵讲明利害关系，窥探杨弁兵力的强弱。马元实到达后，受到杨弁盛情招待，与之畅饮三天，并且接受了杨弁的重金贿赂。

会昌四年（844）正月二十四日，马元实回到朝廷，武宗命他到宰相那里商议太原的事情。马元实对李德裕说："您最好早点给杨弁节度使符节！"李德裕问为什么，马元实说："从河

甘露之变：难以夺回的皇帝权力

东节度使衙门到柳子列，十五里路遍地都是光明甲，怎么攻取他？"意思是说杨弁兵强马壮，武器完备，朝廷无法取胜。

李德裕问道："原节度使李石当时正是因为太原无兵可发，才会命横水栅的戍兵赴榆社增援。库房中的兵器都已经被带到行营，杨弁怎么能突然有这么多士兵？"马元实说："太原人强悍有力，都可以当兵，这些兵士是杨弁后来招募的。"李德裕又问道："招募士兵需要财物，这次太原军乱起因是李石欠了士兵一匹丝绢没地方筹集，杨弁又是从哪里得到的财物？"在李德裕有理有据的提问中，马元实理屈词穷。

马元实之所以敢胡编乱造，企图扰乱人心，除了他接受了杨弁的贿赂，还有一个重要原因是他同李德裕的关系恶劣。马元实来自晚唐宦官马氏家族，敬宗朝左军中尉马存亮也出自这个家族，此时左军中尉马元贽是马元实的兄弟。马氏与仇士良家族世代掌管左神策军，两个家族之间还有联姻关系。李德裕与仇士良关系不好，在会昌年间有过几次冲突。仇士良死后被削夺官爵、没收家产，同党也被处死，虽然是武宗的命令，但背后也有李德裕的支持。马氏、仇氏同气连枝，自然将李德裕视为死敌。

除了马氏、仇氏这些宦官家族同李德裕交恶，其他宦官领袖同李德裕也出现了分歧。会昌五年（845），昭义兵乱，昭义监军

第四章　政治清算余波

使王惟直亲自出面敦劝,被乱兵所伤,很快病逝。李德裕建议等新节度使上任再处理乱兵,神策军中尉和枢密使却激怒武宗,对昭义兵士大开杀戒。会昌六年(846),党项侵扰边境,李德裕主张先派使者宣慰安抚,再进行镇压,但宦官主张直接用兵,后来因武宗薨逝才作罢。

此外,李德裕在朝廷推行"政出中书"的改革,设立备边库、推进灭佛运动、限制神策军官员名额,目的都在削弱宦官的政治、经济力量,这也引起了曾与自己交好的杨钦义、刘行深的不满,因此李德裕难以再获得宦官集团的支持。宦官抛弃李德裕,转而寻求同牛党的合作。

李德裕不能面见武宗,在外朝心急如焚,却无可奈何。另一边,在内廷的武宗,身体恶化得很快,已经十多天没有说话,到了弥留之际。此时,宦官们急忙在内廷商讨继承人,最终选定由宪宗之子光王李怡继承大统。于是,宦官矫诏称:"皇子年龄还小,必须选择贤德之人,立光王李怡为皇太叔,更名为李忱,掌管军国政事。"宦官抛弃武宗的子嗣和穆宗的血脉,转而拥立宪宗之子武宗的叔父成为新帝。

光王李怡,宪宗元和五年(810)六月二十二日出生于大明宫,是宪宗第十三子,穆宗李恒的异母兄弟。幼年时候开窍晚,宫中的人都认为他天资愚钝。穆宗驾崩后,穆宗长子敬宗即位,

甘露之变：难以夺回的皇帝权力

长庆元年（821）三月封李怡为光王。敬宗驾崩后，穆宗次子文宗即位。文宗虽是光王李怡的侄子，但二人年龄相仿，文宗比光王李怡年长一岁。

光王李怡深知宫廷斗争的残酷，成年后举止更加谨慎小心，懂得韬光养晦，继续装疯卖傻，在众人面前从来不说话。文宗到十六王宅召集宗亲宴饮，喜欢逗弄光王说话取乐，称呼他为光叔。文宗驾崩，穆宗第五子武宗即位。武宗比光王李怡年轻4岁，性情豪迈，对光王李怡更加无礼。

正史中记载因为光王愚笨痴傻，宦官认为若他即位便可以为所欲为，才会被他的外表蒙骗，拥立他为帝。似乎光王的皇位是通过诓骗宦官得来的，但历史的真相可能并非如此简单。光王李怡从小生活在刀光剑影的宫廷中，心机十分深重，他能够装疯卖傻、忍辱负重30多年，并非一般人能够做到。这样一位人物，自然也不会被动等待命运的安排。

那么，光王是否参与皇位的争夺，是如何夺得皇位的？因为这些涉及宫廷隐秘，传世文献中只有零星记载。不过，近年来新出土的墓志碑刻提供了一些线索，两相结合，会昌末年一场处心积虑的深宫阴谋得以被缓缓揭开。

相较于文宗朝因为确立皇储引发的一系列血雨腥风，会昌末年的皇位传承非常顺利，人选也更为独特。传位顺利是因为皇位

第四章　政治清算余波

继承人再次由宦官集团独立确定，其他势力没有染指；独特的是，光王李怡以叔父身份继承皇位，打破了传统的继承顺序，造成这一结果的原因除了光王李怡团队的暗箱操作，又与武宗朝创立的不立皇储有关。

按照唐朝的惯例，新帝即位两三年便要确定太子。自唐高祖到唐文宗，都有过立储的行动。在这期间，唯一例外的是唐敬宗，他在位时间不足3年，长子仅3岁，自己是被宦官仓促杀死，各种原因叠加才导致没有立储。武宗在位6年，去世时33岁，膝下有五位皇子：杞王李峻、益王李岘、兖王李岐、德王李峄、昌王李嵯。杞王李峻早夭，到会昌末年武宗只余下四子，其中益王李岘、兖王李岐都已经成年。此外，武宗还有很多侄子。但是，武宗在位期间却没有立储，朝廷也没有出现过相关讨论。武宗应该是吸取了文宗朝的教训，为了消除皇储对自身皇位的威胁，加强中央集权，决定不册立皇位继承人。武宗之后的皇帝也都沿袭了这种做法，没有在生前确定皇储人选，直到北宋初年宋太宗时才恢复立储。

武宗没有立储的打算却想要立后，这位皇后候选人是后来帮助光王继位的重要人物。会昌五年（845）九月，武宗想将最宠爱的王才人立为皇后。王才人为河北人，原本是一名歌伎，出身不详，应该来自穷苦之家。王才人因为歌舞技艺超群，13岁被

甘露之变：难以夺回的皇帝权力

选入内廷，穆宗又将她赐予当时还是颍王的武宗。王才人机敏颖悟，在开成末年的皇位争夺战中，为武宗出谋划策，同内廷宦官仇士良有过联络。

王才人与仇士良合作的具体过程是宫廷秘事，早已不得而知，但《唐阙史》记载了一段荒诞不经的故事：文宗驾崩后，左右神策军到十六王宅原本是要迎安王李溶为帝。中尉仇士良在远处呼喊："迎大者！"穆宗五子之中，安王是第四子，颍王是第五子，中尉呼喊的大者就是年长者安王。兵士们没有见过安王，到安王李溶和颍王李瀍的宅院门口迟疑不前，面面相觑，不知道谁才是中尉口中的"大者"。王才人一直在旁偷听，此时整理好妆发走上前去，向兵士们说道："大者是颍王李瀍，皇帝身边属颍王身材魁梧修长，被呼为大王，并且和中尉仇士良交情深厚，你们如果搞错了，必定会被灭族。"众人被她的话语迷惑，就扶着颍王上马，护送到了少阳院。中尉仇士良等人发现搞错了，但木已成舟，也不敢多说什么，就在颍王的马前叩拜，连声呼喊万岁，改立颍王为帝。

上一章讲到，在文宗末年的皇位争夺战中，杨妃和宰相杨嗣复支持安王李溶，而文宗则确定敬宗幼子陈王李成美为皇储，但在最后时刻，两军中尉拥立了颍王李瀍为帝。宦官反对陈王拥立颍王是不得已的选择，并非如上文故事中那样是因为一场误会才

第四章 政治清算余波

拥立武宗。但是，之所以会流传这样的故事，可以肯定武宗能够登上帝位，王氏应当是出过力的。武宗即位后，晋封她为才人，宠爱有加。

王才人身材修长，同武宗身形相似。每当武宗在禁苑狩猎，王才人也会一同前往。王才人身穿锦袍，骑着骏马，同武宗的着装基本相同。两人驰骋在禁苑中，外人甚至难以区分谁才是武宗。武宗越发宠爱王才人，便有了立她为皇后的心思。

不立皇后是代宗以来的传统，主要为了打击后宫势力，防范后宫干政。武宗知道这一点，王才人自然也明白。王才人能够从一名歌伎逆袭成为武宗的宠妃，获得专房之宠，歌舞才艺只是基础，能够长期陪伴在有暴躁癫狂倾向的皇帝身边，说明王才人双商在线，具有政治头脑和野心。武宗想要立她为后，也有王才人在背后的推动。

武宗同李德裕商量立后的事情，李德裕指出王才人本是歌伎，出身门第不高，又没有孩子，不符合天下的期望。在李德裕的劝谏下，武宗明白中晚唐以来没有立后传统，王才人自身的资历和条件非常欠缺，若强行立后会遭遇重重阻力，于是放弃了这个打算。

王才人没有子嗣，成为皇后的愿望也落空了。更让她害怕的是，武宗不听劝阻天天亲近道士，服食丹药，导致皮肤枯槁、喜

甘露之变：难以夺回的皇帝权力

怒无常，眼看着已经病入膏肓。武宗是王才人唯一的依靠，若武宗驾崩，王才人好不容易到手的荣华富贵不知还能享受多久。更何况，王才人因为专房之宠，遭到了其他皇子和嫔妃的忌恨，可以想象，失去武宗这个靠山，恐怕往后的日子只会凄凉无比甚至险象环生。王才人不甘心坐以待毙，想再次逆天改命。谁是下一个靠山，王才人想到了与自己境遇类似的文宗杨妃。杨妃同样得到皇帝的宠爱，同样没有儿子，杨妃选择支持文宗的弟弟安王李溶。王才人思虑良久，决定支持武宗的叔叔光王李怡。

武宗喜好游猎，经常带着王才人，光王李怡也常常陪伴在侧。王才人能歌善舞，尤其擅长吟唱雅乐，光王李怡同样精通音律，喜爱吹奏芦管，二人情趣相投。王才人同武宗诸子关系不好，加之与光王李怡有过接触，二人又是音律上的知音，促使王才人将目光转向光王。但仅仅这些还不足以让王才人最终决定投靠光王，另一位女性或许是推动她倒向光王的关键人物，那就是光王母亲郑氏。

郑氏是润州人，本姓是鲜卑的尔朱氏，后来才改姓世家大族的郑氏。郑氏祖父辈没有官爵，只是普通甚至是穷苦家庭出身。因为郑氏容貌姣好，擅长歌舞，被当时的润州刺史、浙西观察使李锜纳为侍妾。宪宗元和二年（807），镇海节度使李锜起兵反叛，失败后被擒获，最终被送到京师腰斩。郑氏因为是叛臣家

第四章 政治清算余波

眷,被没入掖庭,成为当时宪宗贵妃、后来的穆宗生母郭氏的侍女。郭贵妃是郭子仪孙女、代宗李豫的外孙女、顺宗的表妹,家世显赫,是宪宗的正妃,宠冠六宫。郑氏不甘心背负着叛臣家眷的身份,终身当一名默默无闻的宫女,于是瞅准机会接近宪宗,终于被宪宗临幸,生下宪宗第十三子李怡。郑氏不仅逆转了自己的人生,也改变了大唐王朝的历史走向。

宪宗驾崩后,郭贵妃之子遂王李恒登基为穆宗,之后又历经敬宗、文宗、武宗三朝,太妃郑氏在后宫已经度过了20余年。在这期间,郑氏过着养尊处优的生活,但不曾放弃对权力的执念。会昌末年,武宗身体迅速恶化,又没有确定储位。30多年来始终蛰伏在暗处的光王李怡和太妃郑氏,终于看到了梦寐以求的机会。

光王李怡虽是宪宗之子,但当时宪宗有20多个儿子,加之自己的母亲是罪臣家眷,在众多皇子之中出身卑微,并不占优势。郑氏心机深重,为了突出光王李怡的不同,另辟蹊径,在会昌末年积极编造传播一系列谣言,为李怡真龙天子的身份大肆制造舆论。这些谣言传播广泛,一部分保留在了当时文人的笔记小说中。

有关于郑氏自己的谣言。据裴庭裕《东观奏记》载,有看相的人说尔朱氏有奇相,将来会生下天子,因此李锜才会纳她为妾室。这则流言是为了宣扬郑氏自有天命,所生的光王就是未来的天子。

有洗白郑氏身份的谣言。在李肇《国史补》中记载,宪宗元和年间,李锜并非造反,而是被下属张子良出卖,属于蒙冤而死。李锜伏法后,京师连着三天浓雾不散,其间有人还听到了鬼魂哭泣的声音。然而根据历史事实,当时李锜叛乱,派遣张子良攻打宣州,张子良倒戈朝廷擒获李锜送往京师。李锜被送到京师后,宪宗亲自到兴安门责问他的罪状,李锜自知理亏,无言以对,说明李锜造反属实,其中并无冤情。这段故事显然属于彻头彻尾的谎言,是为了洗白郑氏罪臣家眷的身份。

有李怡的谣言。据苏鹗《杜阳杂编》记载,光王李怡在十六王宅时,突然有一天身体不舒服,全身亮起神异的灵光,面朝南独自说话,好像面对着百官。郑太妃惶恐不安,担心被左右服侍的人告发,就上奏给文宗,说李怡有精神病。文宗召见李怡,仔细端详其面貌,用玉精如意抚摸着李怡的后背说:"李怡真的是我们李家日后的英明君主,怎么说是精神病?"当即面赐李怡御马、金带,为他挑选出身良家的女子为妃。这段故事想要塑造李怡真龙天子的身份,先是编造李怡身上的灵异现象,为了使故事更真实,又特意添加了文宗的话语和行动进行佐证。

郑氏弟弟郑光也有相应的谣言。据《旧唐书》,会昌六年

第四章 政治清算余波

（846），武宗驾崩前一个月，郑氏的弟弟郑光说他梦见一辆车载着太阳和月亮，光芒照耀到天下，占卜的人说是吉兆，将来一定会突然显贵。

郑太妃和她的弟弟郑光煞费苦心地编造了众多谣言，在京城内外广泛传播，效果显著，吸引了内廷之中的宦官集团和王才人的注意。王才人此前在拥立武宗时就同仇士良有过接触，这个时候仇士良虽然已经去世，但神策军中尉马元贽出身马氏家族，同仇氏家族来往密切，因此王才人、宦官仇氏和马氏家族、光王李怡势力选择了合作。

会昌末年光王李怡与宦官集团有过接触，正史中虽然没有记载，但文人笔记小说中对此有描写。南唐尉迟偓《中朝故事》中记载了这样一个故事：武宗即位后，忌惮叔父光王李怡。有一次，武宗在禁苑蹴鞠，召光王李怡参加，想要趁机迫害李怡。仇士良假装说李怡坠马，已经不行了，实际上掩护他逃出宫廷，成为云游僧人。直到会昌末年，他被宦官请回京师，登上帝位。

关于李怡同宦官的来往，唐末韦昭度、杨涉所撰《续皇王宝运录》又是这么说的：武宗即位后，担心光王李怡密谋夺位，就命令宦官中常侍四人将李怡抓到永巷，幽禁了几天，又关在宫厕中。宦官仇公武同情李怡的遭遇，就上奏武宗说："李怡是宪宗的儿子，不应该被一直关在厕所里，太过显眼，容易惹人

甘露之变：难以夺回的皇帝权力

非议,还是悄悄杀了吧。"武宗批准后,仇公武将光王李怡藏在车中,又在车上覆盖了粪土杂物,偷偷将李怡运出皇宫。出宫后,仇公武推着车子从岔路回到自己家,将李怡秘密养在家中。三年之后,武宗驾崩,李怡被立为帝。李怡为了感谢仇公武,提拔他为观军容使。

这两个故事具体内容虽不同,但有两个共同点,即武宗即位后有过迫害光王李怡的行动,宦官仇氏家族秘密保护光王,最终扶持光王登上帝位。无风不起浪,宦官仇氏家族在会昌年间应该同光王李怡有过接触。下文我们还会讲到光王李怡即位后的一系列报恩活动,例如他亲自为仇氏家族进献的仇才人撰写墓志铭,又为已经去世两年多的仇士良撰写功德碑等,稍后再详细展开。

王才人、光王李怡、宦官仇氏家族三者之间的联络非常顺利。然而,令王才人没想到的是,武宗在病重期间竟然得知了她交通宦官和光王李怡的事情。这段故事也是扑朔迷离,根据李德裕《文武两朝献替记》、张祜《孟才人叹》和蔡京《王贵妃传》,结合新出土的唐代宦官《孟秀荣墓志》来看,事情大概是这样的:

会昌五年(845)九月七日,武宗在病榻上得知,王才人与内廷宦官孟秀荣悄悄联络。孟秀荣在宪宗元和三年(808)任凤翔监军使仇士良的小判官,文宗开成三年(838)任湖南监军使、

第四章 政治清算余波

赐绯鱼袋,武宗会昌三年(843)担任左神策军护军中尉仇士良的判官,会昌四年(844)迁左神策军护军中尉马元贽的都判官,后转任武德副使。孟秀荣曾先后在仇士良、马元贽手下任职,是他们的心腹。

武宗已经命人审问了孟秀荣,虽然没有从孟秀荣口中获得更确切的信息,但坐实了王才人背叛自己与宦官集团偷偷来往的事实。于是,武宗剥夺了孟秀荣的官服,发配他到东都守陵,又传旨召见王才人。

王才人在来的路上已经听说孟秀荣被贬到洛阳守陵,明白武宗知道了自己的事情,惊恐万分,冷汗直流。王才人来到病重的武宗身边,小心伺候。武宗严肃地注视着她,问道:"我死之后,你该怎么办?"王才人答道:"陛下洪福齐天,怎么说这些不吉利的话?"武宗没有理会她的话,怒声道:"若真如我所言,你要怎么办,是否就要背叛我?"

王才人低头不语,默默哭泣。看到王才人默认,武宗更加怒不可遏,便命人端上毒酒、白绫赐给王才人。王才人哀求武宗让她再唱一首歌,希望这首歌曲能够平息武宗的愤怒。武宗看她言辞恳切,就允许了。王才人流着泪唱了一首《何满子》。

《何满子》据说是玄宗开元年间,由一位河北沧州的乐人创作。这位乐人叫何满子,犯了死罪,行刑前完成了这首歌曲,曲

甘露之变：难以夺回的皇帝权力

调凄凉婉转、悲伤至极。何满子希望能够用这首歌感动玄宗，免除自己的死罪，但是希望落空了。王才人选择唱这首歌，是联想到了自己此刻正如当年的何满子，希望通过唱《何满子》博得武宗的同情怜悯，为自己争取一条生路。

王才人流着泪唱完，武宗却不为所动，王才人不得不接下了那条夺命的白绫。王才人回到自己宫中，将自己平日里收藏的宝物悉数取出，统统散给各宫嫔妃、宫女，再庄重地为自己梳洗打扮一番。王才人重新回到武宗的病榻前，用那根武宗亲赐的白绫，自缢身亡，香消玉殒。张祜根据这件事情作了几首诗，《宫词》中有"故国三千里，深宫二十年，一声何满子，双泪落君前"。《孟才人叹》有"偶因歌态咏娇嚬，传唱宫中十二春。却为一声何满子，下泉须吊旧才人"。诗词中王才人是因为同武宗之间忠贞的爱情，自愿殉情而死，极具浪漫悲情色彩。然而，现实中王才人是因为宫廷密谋被识破，遭到武宗无情赐死，折射出了真实宫廷政治的冷血与残酷。

一个月后，武宗召见李德裕询问外朝的动向。李德裕这个时候听说了王才人被赐死的事情，虽然不知道内情，但还是趁机劝谏道："陛下的决断难以推测，臣民都很惊惧不安。从前贼寇横行，确实应该用威严制服他们；现在天下太平，希望陛下能够宽厚待人。"李德裕不了解武宗为何会突然赐死宠爱的王才人，以为只是武宗性情暴躁才作出的决定，希望武宗能够宽以待下。李德裕还不知道的是，武宗虽然赐死了王才人，但宫廷密谋并未停止，自己的政治生涯将遭遇彻底终结。

四、党争终结，内外一体

会昌六年（846）三月二十日，武宗处于弥留之际，神策军中尉马元贽矫诏，宣布立宪宗第十三子光王李怡为皇太叔，改名为李忱，掌管军国政事，李忱时年37岁。第二天，李忱面见百官，虽然满脸的悲痛伤感，但裁决事务果断合理。二十三日，武宗驾崩，令李德裕摄冢宰。三天后，李忱在武宗灵柩前即位，即唐宣宗。

唐宣宗在位14年，对内终结牛李党争，抑制宦官势力膨胀；对外击败吐蕃、回鹘、党项，收复大片失地。宣宗在位期间颇有一番作为，但后人对宣宗以及大中政局的评价却呈现严重的两极化。

《旧唐书》称"大中之政有贞观之风"，《资治通鉴》认为"大中之政，讫于唐亡，人思咏之，谓之小太宗"，都肯定了宣宗的政绩，将他同唐太宗李世民相提并论。与之相反，范祖禹《唐鉴》却认为宣宗只是"特一县令之才"。还有人对宣宗提出激烈的批评，明末思想家王夫之提出"唐之亡，宣宗亡之"，大中年间所谓的治世景象"皆亡国之符也"。学者胡如雷指出"宣宗朝是农民起义的前夜，整个社会已经变成了一个大火药库，只待点燃导火线，阶级斗争的熊熊烈火顿时就会燃烧起来"。学者黄楼更是全面批评宣宗，认为宣宗"政识庸下、刚愎自用、嫉贤害能、文过饰非、心理阴暗"，指出这样的皇帝在乱世不能力挽狂澜，在盛世难以当守成之主。

那么，宣宗的统治到底如何呢？整体而言，大中年间政策的基本特点是"务反会昌之政"，在任用朝官、对待宦官、科举取士、宗教政策等方面都推翻了武宗朝以来的主张。其中，最具代表性的是宗教政策的改变，从武宗朝的灭佛毁佛改为兴佛复佛。

宦官群体大力支持恢复佛教，积极参与了复佛活动。例如，根据李敬实墓志记载，宣宗即位后，护军中尉提议建造迎銮寺，纪念宦官拥立宣宗的功劳，李敬实奉命修建两年才最终完成寺院建设。

宦官集团参与的佛教活动非常广泛，范围并非仅限于京师一地。山西省五台山是中国四大佛教圣地之首，其中佛光寺正殿东大殿是现存珍稀唐代木构建筑遗存，由于其规模最大、保存最完整，知名度非常高。佛光寺创建于北魏孝文帝时期，武宗会昌五

第四章　政治清算余波

年（845）灭佛时，寺内建筑几乎全部损毁。宣宗大中年间，下令重建佛光寺东大殿，修建大殿的出资人主要是宦官家族。从东大殿北次间木梁上题记"功德主故右军中尉王"可知，右军中尉王元宥是重建东大殿的主要功德主。大中三年（861），枢密使杨钦义迁任左军中尉后，由王元宥接任枢密使，到大中六年（864），王元宥升任右军中尉，到重修大殿时王元宥已经去世。根据题记"佛殿主上都送供女弟子宁公遇"可知，王元宥去世后，他的遗孀宁公遇将巨额财产捐出，并且长途跋涉亲自将物资送上山用以修建寺院。大中十一年（869）十一月，大殿完成后，宁公遇留在寺中担任殿主。

关于宣宗大中兴佛的原因，学者们提出了很多解释。有的认为宣宗复兴佛教是信仰佛教的宦官集团在背后的推动；有的认为这是宣宗忌惮武宗和李德裕，为了强调自己的正统地位，完全否定武宗朝政策，将之全部推翻，其中就包括了佛教政策；也有的认为武宗朝的灭佛政策导致大量僧尼失业还俗，引发了社会动荡，兴佛是为了稳定政局；还有的认为宣宗朝阶级矛盾尖锐，复兴佛教可以麻痹百姓，缓解社会矛盾。

以大中兴佛为例，可以看到宣宗朝诸多政策背后的原因与动机十分复杂，但究其根本还是为了巩固自身的皇位和维持政局稳定。宣宗即位后，在朝堂内外采取的政治策略，也是出于同样的

甘露之变：难以夺回的皇帝权力

目的。为了充分认识宣宗对宦官的态度和策略，需要先了解宣宗朝的政治环境。

宣宗即位时，李德裕奉册。册礼结束后，宣宗对身边的人说："刚才在我跟前的就是李德裕吗？每次他看着我，我都感到毛发直立，不由得寒颤。"宣宗为什么会怕李德裕呢？李德裕是四朝元老，特别是在武宗朝成为权相，统领政务。武宗病重之后，宦官断绝了皇帝同外朝的联系，李德裕也不能见到武宗。当时的宣宗，背着武宗和李德裕，秘密联络内廷宦官和妃嫔，才能够以叔父的身份夺得皇位。宣宗明白自己得位不正，刚即位的时候底气不足，对李德裕还心存畏惧，担心李德裕联合武宗诸子再生事端。当宣宗坐稳皇位后，第一项工作就是清除朝廷中李德裕为首的李党成员。

会昌六年（846）四月初一，宣宗正式听政。第二天，宣宗迫不及待地将李德裕赶出长安，任命李德裕以同平章事、充任荆南节度使。李德裕自武宗即位以来便任宰相，掌权多年，屡次立功，众人没想到宣宗毫无缘由地就突然将李德裕罢相，听到这个消息都很惊骇。李德裕罢相两天后，又贬工部尚书、判盐铁转运使薛元赏为忠州刺史，薛元赏的弟弟京兆少尹、权知府事薛元龟为崖州司户，他们都因是李党成员而被贬官。此后，武宗朝宰相李让夷、李回、郑肃相继被罢相。

第四章　政治清算余波

李党成员被贬黜，宣宗转而开始重用牛党。五月五日，任命翰林学士、兵部郎中白敏中为宰相。八月，武宗朝曾被贬黜的牛党成员牛僧孺、李宗闵、崔珙、杨嗣复、李珏等人，在同一天被酌情调迁到距离长安较近的地方任职。柳仲郢原本是牛僧孺幕府从事，为牛党成员，武宗朝李德裕执政后，欣赏他的才能，于会昌五年（845）任命他为京兆尹。宣宗即位后，得势的牛党宰相认为柳仲郢与李德裕友善，就将此时担任吏部尚书的柳仲郢外任为郑州刺史，从中也能看到牛党挟朋党私见，一味地排斥异己，格局狭小。

对李德裕的贬黜还在继续。会昌六年（849）九月，罢免李德裕荆南节度使，改任东都留守。构陷李德裕最卖力的是曾经被他亲手提拔，又与他结怨的白敏中。武宗曾想重用白居易，但因为白居易年过70，加上有风湿性关节炎，于是李德裕便推荐了白居易的弟弟白敏中担任翰林承旨学士。白敏中属于牛党成员，曾经在文宗开成末年联合其他牛党成员上奏，批评李德裕排挤牛僧孺，但此时李德裕没有囿于朋党之见和个人恩怨，反而出于对白敏中才学的赏识，依旧推荐提拔他。

白敏中得到李德裕提拔，之后一直在翰林院任职，没能继续迁转，就对李德裕心存怨恨。会昌五年（845）十月，宦官对李德裕不满，在武宗身边经常批评他专权，同时白敏中在宦官的支

甘露之变：难以夺回的皇帝权力

持下，授意给事中韦弘质，批评宰相权力太重，煽动舆论。李德裕针对牛党的攻击，巧妙回应，平息了舆论，却进一步加深了白敏中对自己的怨恨。

宣宗即位后，任用白敏中为相，白敏中又引荐令狐绹、崔铉为宰相。这些人都是李德裕的政敌，他们捏造李德裕在武宗朝有不可告人的秘密，大概就是表达李德裕曾经违背武宗的意思，草拟诏书要让武宗之子益王李岘继承皇位，企图强行干预皇位继承。

编造这类涉及皇位敏感问题的谎言正是牛党的惯用伎俩。上文曾讲过，文宗大和九年（835），牛党同郑注等人就是编造了李德裕同漳王乳母杜仲阳有来往的谎言，用来打击李德裕。这次几位牛党成员已经成为宰相，不便于直接出面，他们就让牛党的李咸向宣宗举报这件事情。宣宗听后自然又顺理成章地将李德裕贬黜，大中元年（847）二月，李德裕从东都留守再贬为太子少保。

大中元年（847）九月，白敏中又称武宗朝吴湘被下狱处死是李德裕等人制造的冤案。吴湘是扬州江都县尉，在任时贪污腐败、强娶民女。李德裕当时革新吏治，严惩贪赃枉法的官员，于是会昌五年（845）吴湘因罪被处死。吴湘的兄长吴汝纳因自身官职一直没有升迁，加之吴湘被处死，就怨恨李德裕，结交李宗闵、杨嗣复等人伺机报复。宣宗即位后，牛党一直处心积虑寻找李德裕的黑料，可惜没有拿得出手的材料，白敏中便利用此前的吴湘狱，

第四章　政治清算余波

以翻案为借口，对李德裕和李党相关人员进行政治迫害。

大中元年（847）十二月，吴湘狱还没有结案，白敏中等人就编造理由，将李德裕自太子少保、分司东都贬为潮州司马。年过60的李德裕携带妻子儿女，由洛阳坐船，踏上南贬之路。其他被牵连的众多李党官员也相继被贬，右补阙丁柔立并未参与党争，只因直言上谏为李德裕鸣冤，也无辜贬官。大中二年（848）九月，潮州司马李德裕再被贬为离京师7460里的崖州任司户参军。大中三年（849）正月，李德裕一家抵达崖州。十二月十日，63岁的李德裕在贫病交困中去世，到大中六年（852）归葬洛阳。

参与吴湘狱审讯的牛党官员得到了普遍升迁，李德裕不曾任用的官员在白敏中执政期间都被相继提拔。吴湘狱的尘埃落定标志着牛李党争的终结，党争的结果是李党最终失败，牛党获得全面胜利。

宣宗在位期间任命了18位宰相，其中大权在握的首辅之相分别是牛党的白敏中、令狐绹、崔铉。白敏中担任宰相以来，最主要的工作就是贬黜李德裕和其他李党成员，提拔牛党成员，实现政权的交接和过渡。当政权逐渐稳定后，白敏中的宰相也做到了头。大中五年（851），宣宗将白敏中放出京师，担任西川节度使，排除到核心权力圈之外。

此后掌权的是牛党崔铉。与白敏中一样，他也与宦官往来密

甘露之变：难以夺回的皇帝权力

切。崔铉曾经在会昌年间获得宦官帮助，短暂地担任过宰相，这次大中年间担任宰相也得到了宦官的帮助。他在担任宰相期间，在外朝，大行朋党政治，起用牛党官员控制朝堂的人事任免；在内廷，买通宣宗身边的宦官，探听宣宗的想法，甚至连宣宗在卧室屏风上题写的诗句都一清二楚。对此有所察觉的宣宗，大中九年（855）任命崔铉为淮南节度使，将他调出权力核心。

此后继任者为令狐绹。宣宗即位后，大量提拔任用宪宗朝功臣子弟，令狐绹被重用因为他是宪宗朝宰相令狐楚的儿子。大中元年（847）六月，令狐绹自湖州刺史，回朝担任考功郎中、知制诰。大中二年（848）二月，充任翰林学士，很快就成功拜相。令狐绹任相期间，结党营私、收受贿赂、卖官鬻爵，丝毫没有他父亲当年的风骨。

虽然宣宗朝是牛党执政，但是牛党同宣宗难以出现武宗会昌时期君臣一体的和谐局面。这是因为，一方面牛党成员政治才能有限，大多醉心于党同伐异的权力斗争，难以为宣宗出谋划策、分忧解愁；另一方面，相比于武宗放权，宣宗权力欲望极强，性格多疑猜忌，喜欢大权独揽，难以同宰相合作。宣宗不信任牛党宰相，转而提拔重用身边近臣翰林学士，这又同牛党重用党人之间出现了人事任免的矛盾。

宣宗如何解决同宰相的矛盾呢？朝臣中都是牛党势力，如果

第四章 政治清算余波

直接罢黜牛党宰相,就会引来牛党成员沆瀣一气上奏论救。既然不能正面处理宰相,只能用帝王权术进行威慑和防范。

比如,宣宗控制延英召对时的张弛节奏,强调召对期间皇帝的肃穆威严,给宰相制造紧张压迫的感受。令狐绹曾说过:"担任宰相十年,每次延英奏对的时候,即使是寒冬腊月,同样是汗流浃背。"

又比如,牛党历来重视结交内廷宦官,宣宗尤其注意防范他们之间的往来。马植同左军中尉马元贽同姓,二人关系友善,来往密切。宣宗即位后,为褒奖马元贽拥立之功,从内库中挑选出一条最精美的通天犀带赐予他,后来马元贽又将宝带赠与马植。大中二年(848)正月,马植担任宰相。大中三年(849)四月,马植进宫奏对时戴着那条精美的宝带,被宣宗发现,于是宣宗就质问他宝带的来历。马植吓得变了脸色,一五一十交代清楚,被宣宗以交通宦官的罪名外贬为常州刺史。因为此事,马元贽被罢去左军中尉,由枢密使杨钦义接任中尉之职。

又例如,宣宗经常独自决定宰相人选,不与宰相商量。大中十年(856),宣宗想任命兵部侍郎、判度支萧邺为宰相,命枢密院传旨翰林学士草拟任命文书,枢密使王归长、马公儒不知道萧邺任相后是否继续判度支,于是上奏询问,宣宗怀疑他们之间有来往,临时改变主意,改由户部侍郎、判户部事崔慎由担任宰相。

甘露之变：难以夺回的皇帝权力

宣宗城府极深，对待外朝官员，虽任用牛党但又威慑防范，那么对内廷宦官的态度怎么样呢？首先，宣宗提拔奖赏拥立他登上帝位的宦官，这是中晚唐以来的惯例。前文已经说过仇氏宦官同宣宗的关系，宣宗即位后便采用多种方式对仇氏家族投桃报李。

一是重用仇氏宦官家族成员。武宗曾经清算仇士良同党，削夺仇士良官爵和家产，处死仇士良儿子。但宣宗即位后，仇士良的其他几位养子受到了重用，或在内廷担任宣徽使，或到地方担任邠宁监军使，非宦官的养子则外任曹州刺史，仇氏家族势力得到了全面复兴。

二是仇氏家族进献养女入宫侍奉。仇氏之女进宫后，先后为宣宗生下一女一子，被封为南安郡夫人。到大中五年（851），仇氏生下皇子康王李汶后不久，年仅24岁便病逝。宣宗赠予她才人身份，亲自为她撰写墓志铭即《故南安郡夫人赠才人仇氏墓志铭》。这是目前已知唯一一篇唐代皇帝为后妃撰写的墓志铭，志文中宣宗自称吾而不用朕，字里行间流露出对仇氏的宠爱和对仇氏逝去的哀伤。

三是仇才人病逝后同年，宣宗令翰林学士郑薰撰写《内侍省监楚国公仇士良神道碑》，为仇士良立碑纪念，歌功颂德，彻底洗白这位杀二王、一妃、四宰相，跋扈内廷20多年的权宦。

不仅是仇氏家族获得封赏，曾经被贬黜的仇士良下属也受到

第四章 政治清算余波

提拔。孟秀荣在武宗会昌末年，因为王才人的事情，被剥夺服色，贬到东都守陵。宣宗即位后，孟秀荣重新获赐绿服，回到京师内廷任职。先是担任宣宗身边的内养，一年之后获赐绯服，继续担任皇帝身边的随从。此后，担任营幕使、振武监军使、麟胜监军使等职务。

除了褒奖有功宦官，那些在武宗朝获得重用的宦官，因为没有投靠宣宗，没有参与拥戴宣宗的宫廷密谋，在宣宗朝遭到了贬斥。例如，师全介在武宗朝得到重用，获赐绯鱼，进封开国男，会昌四年（844）外任陕府监军使。三年后到大中元年（847）回朝，之后不再担任职务，64岁时被强制提前退休。

宣宗获得皇位依靠的是同内廷势力的宫廷阴谋，因此即位后不得不继续奖赏重用一些有功劳的宦官家族，从而巩固自身的皇位。但重用宦官只是一时权宜之计，其内心并不情愿。宣宗对宦官的真实态度，随着皇位的日渐巩固，逐渐显露出来。正如他对牛党不得不任用却又威慑、提防那样，对于宦官，宣宗同样也是不得不任用却又想方设法地抑制、防范。

宣宗即位8年以来，对曾经杀害宪宗的逆党，包括宦官、外戚和东宫官属，或诛杀或流放。到大中八年（854）正月，为了安抚人心、稳定局势，朝廷颁布《洗涤长庆乱臣支党德音》。《德音》中宣布，对乱臣贼子的搜捕治罪已经结束，其他与逆党关系

263

甘露之变：难以夺回的皇帝权力

疏远的亲族一概不再追究。说明到这个时候，宣宗以"元和逆党"的名义对内廷异己力量的清洗已经差不多了。

正是从这个时候开始，宣宗开始着手解决宦官问题。宦官问题由来已久，困扰了几代君主。此前的几位君主采取的措施或温和或激进，但结果都不尽如人意。宣宗在抑制宦官之前，私下里与亲信朝臣商议过此事，寻求解决的良策。

大中八年（854）十月，宣宗以讨论诗歌的名义，召见了翰林学士韦澳。考虑到谈话会涉及处置宦官这样的敏感话题，为了以防不测，宣宗将身边的宦官全都找借口支开。韦澳到后，宣宗拿出一篇新写成的诗，慎重地问道："最近外朝的人说宦官权势如何？"韦澳并没有直接回答这个问题，只是说道："陛下做事很有决断，不是前朝能够相比的。"宣宗闭着眼睛摇着头说："并非如此，还是畏惧他们的。你有什么好办法？"韦澳没想到宣宗会有这样的问题，就随性答道："如果同外朝官员讨论这件事，恐怕会出现如甘露之变那样的惨祸，不如在宦官中选择有才识的人，同他们谋划解决。"宣宗说："这是下策。那些宦官从穿着黄衣到穿着绿服，再升迁到穿着绯服，都对我心怀感恩，但是一旦穿上紫服就结为一体了。"

面对宣宗的求助，韦澳不敢主动参与制约宦官的行动，只得提出"以宦治宦"的办法。可以看到，甘露之变的惨烈结局给士

第四章 政治清算余波

大夫留下了刻骨铭心的集体记忆,以致20年后同样是君主就宦官问题寻求翰林学士的支持,已经难以获得主动回应,也不敢再提出激进的策略。韦澳的策略是否有效呢?宣宗已经用亲身经历验证了这个办法的效果不再显著。

"以宦治宦"的立足点是宦官内部的矛盾。通过利用宦官之间的权力斗争,培养亲信力量为己所用。文宗在甘露之变后,培养提拔了薛季稜、刘弘逸担任枢密使,让他们同两军中尉仇士良、鱼弘志相抗衡。枢密使难以对抗两军中尉,最终没能完成文宗的托孤使命,还葬送了自己的性命。

武宗在会昌四年(844)全面垄断了宦官赐服,从制度上加强宦官个人对君主的依附,致力于在宦官群体内部培养亲信力量。然而此后一系列抑制宦官的举措以及会昌灭佛,促使宦官与武宗貌合神离,加之宦官群体内部没有了激烈的矛盾冲突,宦官集团逐渐团结对外。

宣宗的即位,是皇帝与权宦的宫廷密谋。这些宦官权贵家族在皇位人选问题上没有出现分歧,没有利益纠纷,也就没有出现武宗即位时中尉与枢密使之间的激烈冲突。武宗朝的枢密使刘行深和杨钦义在宣宗朝继续受到重用,宣宗即位后刘行深由枢密使晋升为右军中尉,杨钦义在大中三年(849)接替马元贽为左军中尉,宦官权贵们地位稳固,掌握大权,形成了利益共同体。

甘露之变：难以夺回的皇帝权力

即使宣宗有意培养任用一些亲信宦官，当这些宦官获得紫服跻身高层后，他们的权位和家族发展并不能由皇帝一人决定，那些盘踞在高位、掌握宦官集团内部话语权的权宦也能够影响这些新崛起宦官特别是他们其他家族成员的发展。曾经那些对宣宗事事俯首听命的中基层官员，一旦升迁高位后，为了自己的既得利益，就会选择同宦官权贵们妥协合作。

"以宦治宦"这招已经不好用了，宣宗只得再寻找其他办法。温和的办法既然失效，那就采用强硬的措施，宣宗想将这些宦官权贵全部杀掉，收回权力。他召见了宰相令狐绹，商议诛杀宦官的事情，令狐绹听后急忙否定了宣宗的过激想法，敷衍宣宗说："宦官中有罪的就处罚，有缺额的不要补充，让宦官自然消耗，慢慢就没有了。"牛党令狐绹提出了自然损耗的办法，寄希望于宦官集团自行消亡，这个策略可行吗？宣宗朝的宦官集团权势更加膨胀，内部日渐团结，宦官集团会更注重掌控和延续群体获得的权势，所谓让宦官自然损耗的办法根本行不通。

上文说过，牛党成员喜好党同伐异，缺乏政治才能，对藩镇、宦官问题态度保守，特别是为了维持自身权势，常常与宦官群体过从甚密。此前的马植、马元贽、崔铉与宣宗身边宦官都有过密切的往来。令狐绹的建议不过是为了维持现状，避免与宦官关系激化，敷衍宣宗的说辞而已。

第四章　政治清算余波

温和的不行，强硬的更不行，没有从朝臣那里得到良策，宦官权势终归需要抑制。于是宣宗尝试了多种方式，制约宦官势力。例如，在内廷设置内杖，宦官犯错了大多都要被处以杖刑，从而达到威慑宦官的目的。牛党宰相听说了这件事，没有支持宣宗，反而趁着延英议事时，主动为宦官求情，请宣宗停止对宦官的杖刑。宣宗却说："这是我的家臣，为什么不能用棍子打？就如同你们家中的奴仆犯了错，不可不惩罚。"

又例如，对那些犯严重过错的宦官进行严惩，贬黜跋扈宦官不再任用。大中八年（854），出使在外的宦官嫌弃驿站提供的饼颜色发黑，就鞭打驿站吏员，宣宗听闻后剥夺了宦官的官职发配守陵。大中九年（855），浙东观察使李讷被乱军驱逐，宣宗召回监军使，杖责40后发配守陵。再例如，为了防止宦官家族权势的过度增长，对权贵家族成员采取内廷任职与外任监军的轮换之法，如杨钦义之子杨玄略、杨玄价，李敬实，王宗实、王宗景等都有轮换任职的经历。

抑制宦官没能得到翰林学士和宰相这些朝臣的支持，宣宗就褒奖鼓励那些在地方上敢于同宦官作斗争的官员。河南县令杨牢将一批受到宦官庇护、通过假冒军人身份逃避差役的百姓重新补入户籍，宣宗赐予他绯鱼袋以作激励；泾阳县令李行言捕杀了有宦官庇护的数名强盗，宣宗破格提拔李行言为海州刺史并且赐予

甘露之变：难以夺回的皇帝权力

紫服。宣宗即位以来十分珍惜服色的赐予，有时甚至半年没有赐予一件，当时人们都以获得绯服、紫服为荣。宣宗对那些不畏宦官权势、敢于同宦官斗争的地方官员赐服，就是希望通过鼓励这些官员，加强对宦官的抑制。

为了限制宦官权势，宣宗改革了延英召对的环节，限制枢密使的活动。宪宗元和年间以来，宰相延英奏对时，两军中尉、枢密使也一同在场议政。宣宗则规定，宰相奏事时枢密使不得参与，只能在殿西等待，宰相奏事完毕后才可以到案前处理事务，这样可以避免枢密使干扰中枢决策。

宣宗注重集中皇权，在位期间擅长运用权术，对内外官员进行了有效的威慑和防范，但既不能破坏南衙北司的既定格局，也不能改变外朝内廷的大趋势，即内外大臣共治天下的局面。外朝，牛党全胜，党争终结；内廷，宦官权贵垄断权位，团结一致；牛党又同宦官集团多有合作往来。牛党和宦官集团各自把持着内外廷的经济、政治大权，结成利益共同体。二者作为保守力量，又共同排斥朝廷中的改革派。在二者的内外共治中，朝政日益腐败，李唐王朝即将走入风雨飘摇的晚唐时期。

第五章

跋扈宦官的灭亡之路

一、宦官擅立，任性妄为

会昌六年（846）三月，宣宗即位，立即诛杀武宗宠信的道士赵归真等数人，将罗浮山人轩辕集流放到岭南。五月，开始增添佛寺，恢复佛教。宣宗虽然惩罚了武宗身边的道士，推动佛教的兴盛，但其本人同武宗一样，走上了痴迷长生不老术的不归之路。

会昌五年（845），武宗宠信的道士刘玄静返回衡山，会昌六

甘露之变：难以夺回的皇帝权力

年（846）十月，宣宗便又重新召回刘玄静，并在他的主持下接受了道家三洞法箓。到了大中十年（856），宣宗更加沉迷神仙之术，命宦官将会昌六年（846）远贬的道士轩辕集重新迎回京师。轩辕集到京师后，宣宗将他召入禁中，询问能否学习长生之术，轩辕集答道："君主只要摒除个人私欲，推崇高尚的品德，自然会获得广大而长远的福祉，还要到何处寻求长生。"轩辕集鉴于武宗朝的教训，不想陷于是非之地，不愿再谈及长生之术。但宣宗还是将轩辕集留在禁中数月，之后轩辕集坚决请求回归山林，宣宗这才不得已将他放归。

在位日久的宣宗，逐渐失去了忧患意识，开始贪于享乐，沉浸在寻求长生之术中，对内廷宦官防范松弛，导致宦官势力再度复苏。宣宗大中末年，宦官频繁主导钱权交易，操纵朝臣人事任免。大中八年（854），荆南节度使杨汉公通过重金贿赂宦官，得到了同州刺史的官职。此后，南方多地节度使相继贿赂宦官，希望通过宦官举荐，换取更好的官职。羊毛出在羊身上，地方官员加速了对当地百姓和军队的克扣和盘剥，进而引起了地方政局的动荡。

宦官势力不仅干预官员任免，而且再次成为决定李唐王朝命运走向的关键角色。大中十三年（859）八月，宣宗服用丹药中毒身亡。宣宗即位以来始终没有确立储位，给宦官干预皇位继承

第五章　跋扈宦官的灭亡之路

人选留下了机会。

宰相对宣宗不立储位的做法多有劝谏。大中十年（856）正月，宣宗命宰相裴休竭力畅言时事，裴休请宣宗早点确立太子，宣宗很不满意，说道："如果确立了太子，那朕就成为了闲人。"裴休听闻后不敢再谈及这件事。宰相的劝谏并没有因为宣宗的不满而停止。大中十二年（858）二月，南方多地出现叛乱，地方政局形势恶化，而宣宗感到身体每况愈下，想要登上丹凤门楼大赦天下，希望通过广施恩惠为自己祈福。令狐绹考虑到这样的活动需要赏赐六军十二卫，费用高昂，同时又想趁机劝宣宗立嗣，于是说道："御楼肆赦的花费很大，需要师出有名。"宣宗听后很不高兴，说道："让我到哪找事由！"崔慎由趁机说道："陛下尚未立储，天下人都在盼望着这件事，如果册立了太子，即使是到郊外祭祀天地也是可以的，更何况登楼大赦天下了。"当时宣宗刚刚秘密服用了方士的丹药，感到烦躁口渴，听了崔慎由的话，内心十分不满，低头没有说话。宣宗的猜疑心很重，没过几天就将崔慎由罢相。

登楼大赦天下被宰相劝阻，宣宗并不甘心，于是找到了另一个为自己祈福的办法。同年，宣宗下令全国的寺院修建佛祖塔，利用佛教活动为自己祈福延寿。崔慎由虽然被罢相，但宣宗终于还是听从了宰相的建议，开始考虑储位人选。

甘露之变：难以夺回的皇帝权力

宣宗子嗣众多，有11个儿子，即长子郓王李温，次子雅王李泾，第三子夔王李滋，第四子庆王李沂，第五子濮王李泽，第六子鄂王李润，第七子怀王李洽，第八子昭王李汭，第九子康王李汶，第十子卫王李灌，第十一子广王李澭。

众多儿子之中，宣宗首先考虑立长子郓王李温为太子。宣宗明白立长子为太子，最符合皇位继承的礼法传统，也不会给宦官留下擅自改动储位的后门。更何况，作为长子的郓王获得了郑太后的支持。相较于宣宗精明强干，郓王本人能力平庸，宦官也乐得这样的人担任皇帝。可以说，选择确立长子郓王李温为太子，是避免政局动荡的理性之选。于是，大中十二年（856），宣宗任命左谏议大夫郑漳、兵部郎中李邺为长子郓王李温的侍读，将郓王李温作为接班人培养。

然而没几天，宣宗却又改变了主意，令郑漳和李邺改任三子夔王李滋的侍读，每五天进入乾符门辅导教育。在短短几天时间中，将侍读对象从长子换为三子。一向精明强干、心机深重的宣宗，在储位问题上没能够跨越自己的私爱，也为宦官再次干涉皇位继承埋下了祸根。

宣宗对长子的不满由来已久。李温作为宣宗长子，母亲晁氏是宣宗藩邸旧人。晁氏在宣宗即位后为美人，生有长子郓王李温和万寿公主，大中中期逝世，追赠为昭容。晁氏去世后，李温同

第五章 跋扈宦官的灭亡之路

父亲宣宗之间产生了嫌隙，二人关系越来越差。

一方面，前几章曾说过中晚唐君主与太子人选之间很容易出现猜忌、忌惮的紧张关系，因此出现文宗弃长立幼，武宗不立储位等情况。宣宗一直不愿意立储，宰相劝谏时，宣宗说出了如果立了太子，自己就是闲人，可见其实他也有这样的顾虑。另一方面，相对于长子李温，宣宗更喜爱三子夔王李滋，更想要他成为皇位继承人，长子李温反而成了立储的障碍。

李温虽然从位次上具有成为太子的合理性，但是由于宣宗的忌惮，本人又不受宣宗喜爱，大中年间从大明宫中迁出，被单独安置在十六宅中监视起来，其他皇子则始终居住在大明宫内。母亲早逝，自己被单独囚禁且遭受父亲监视，身为长子却不能名正言顺成为太子，此时的李温愤懑不甘，又如惊弓之鸟，日夜担惊受怕。

大中十三年（859）六月，宣宗服用医官李玄伯、道士虞紫芝、山人王乐进献的丹药，后背发出了恶疮。到了八月份，恶疮越来越严重，已经到了弥留之际。宣宗此时头脑尚且清醒，外朝的官员被隔绝在外，于是宣宗秘密地将三子夔王李滋托付给了枢密使王归长、马公儒与宣徽南院使王居方，让他们拥立夔王李滋继任为帝。

王归长、马公儒、王居方和右军中尉王茂玄平时都受到宣宗

甘露之变：难以夺回的皇帝权力

厚待，愿意遵从宣宗的意愿，但左军中尉王宗实平日里却与他们不和。三人担心王宗实扰乱皇位的继立，为了防止意外，就将王宗实贬出京师，外任为淮南监军使。王宗实已经在宣化门外接受了敕书，即将从银台门出去，左军中尉副使亓元实对王宗实说："圣人身体不适已经一个多月了，中尉您只是隔着门拜见，今天的任命敕书不知真假，为何不见了圣人之后再离开？"王宗实无罪被贬，听到亓元实的分析，不甘心就这样平白无故让出手中的军权，于是决定带兵发动宫廷政变。

王宗实集结心腹禁军再次进入内廷，此前同王归长等人合作的右军中尉王茂玄看到形势骤变，倒戈王宗实。虽然王归长等人已经加强了宫门的防卫，但在两军中尉率领的神策军面前丝毫没有还手之力。亓元实在前引导，王宗实直接冲进了宣宗的寝殿。

此时，宣宗已经驾崩，头朝着东方，人们正围成一圈哭泣。王宗实看到这样的场景，大声斥骂王归长等人，指责他们擅自修改传位诏书。王归长等人看到王宗实、王茂玄率领着禁军杀到，在绝对的实力差距面前，只能束手就擒，簇拥在王宗实的脚下乞求宽恕。王宗实不为所动，迅速处死了三人，控制了内廷的局势，派遣宣徽北院使齐元简迎接郓王李温入宫。

王宗实没有遵循宣宗的意愿，擅自拥立新君。不过为了名正言顺，还需要宰相的署名认可。由于事发突然，宰相中有人提出

第五章 跋扈宦官的灭亡之路

了异议,夏侯孜说:"三十年前宰相作为外大臣可以参与禁中的事情,这三十年以来宰相一直对储位问题不知情、不参与。只要是李氏子孙,由宦官内大臣确定,宰相们俯首称臣即可,怎么会有异议呢?"自甘露之变以来,武宗、宣宗都是在宦官拥立下登上帝位。夏侯孜明白,郓王李温继承皇位已成既定事实,并且李温作为长子具有继位的合理性,此刻没必要多生事端。如果不顺承神策军中尉的意思联名拥戴新君,恐怕日后会遭到宦官的报复。于是,夏侯孜率领众宰相在册立诏书上署了名。

宣宗在大中年间致力于抑制宦官势力,虽然减弱了枢密使干预朝政的能力,防范了宦官与外朝的来往,但始终没能夺回宦官手中的军权,因此反而客观上强化了两军中尉的实力,加之没能理性处理储位问题,最终促成宦官再次擅立皇位继承人的局面出现。

唐懿宗李漼,本名李温,宣宗长子,母亲为昭容晁氏。大和七年(833)十一月十四日出生在藩邸,会昌六年(846)十月被封为郓王。大中十三年(859)八月七日,宣遗诏立郓王为皇太子,勾当军国政事,更名为李漼。十三日,在宣宗灵柩前即位,时年27岁。

大中十三年(859)八月,懿宗即位后,尊宣宗母亲郑氏为太皇太后,追尊生母晁氏为太后。为褒奖拥立自己的左军中尉

甘露之变：难以夺回的皇帝权力

王宗实，封他为骠骑上将军。立即诛杀李玄伯、虞紫芝、王乐三人，他们曾为宣宗炼丹以致宣宗毒发身亡。大中十三年（859）九月，安抚河北藩镇，加魏博节度使何弘敬兼中书令，加幽州节度使张允伸同平章事。

接着，从大中十三年（859）十一月开始直到咸通二年（861），懿宗有条不紊地调整外朝宰相班子。将宣宗朝宰相相继调出，萧邺外任荆南节度使，令狐绹外任河中节度使，夏侯孜外任西川节度使。为了政权平稳过渡，一度召回荆南节度使白敏中回朝短暂担任宰相，但很快当政局调整妥当，便又将他外放为凤翔节度使。宰相逐渐由自己的亲信力量接替，翰林学士承旨杜审权、左仆射杜悰、户部尚书毕诚相继拜相。

可以看到，懿宗即位初期，在内外朝政的处理上，条理分明、措施得当。但到咸通中期，随着政局日渐平稳，懿宗就开始走上一条放飞自我、任性妄为的道路，进而引发了内外廷一系列异动，导致政局混乱。

懿宗即位后的任性而为与他曾经的经历有一定关系。前文说过，懿宗在早年不受父亲宣宗的喜爱，没有被当作接班人精心培养，反而被独自安置在十六王宅中过着囚徒般的生活。多年以来，懿宗志忑难安，只有郭氏守护陪伴在他的身边。二人相依为命，患难与共。在此期间，郭氏生下的同昌公主，成为懿宗艰难

第五章 跋扈宦官的灭亡之路

岁月里的精神寄托。

从不受宠的长子到万人仰望的帝王，懿宗犹如从地狱进入天堂，开始了报复性的奢靡享乐，铺张浪费十分惊人。懿宗喜好音乐，身边的乐工多达500人；喜爱宴饮游乐，每个月举办十多次大型水陆宴会，随时到周边的曲江池、昆明池、南宫、北苑等地游览，每次出行扈从服侍的人员达到十多万人，相关部门随时准备着游览需要的音乐、饮食、马匹等。

曾经与他患难与共的郭氏被封为美人，很快又升为淑妃。懿宗对郭淑妃和同昌公主肆意放纵，百般优宠。不得不说，懿宗的经历同中宗有几分相似，但懿宗的行为更加没有节制。之后又因为与同昌公主、郭淑妃相关的事件，懿宗前后两次在朝堂发动了大规模的清洗活动，加之宠臣趁机迫害政敌，引发了朝廷人事震荡。

咸通十年（869）正月，同昌公主下嫁右拾遗韦保衡，懿宗穷尽内库珍玩为公主送嫁，赐宅大明宫东北的广化坊（本名安兴坊），赐钱500万贯，平日所用物品均用金银装饰，极尽奢华。驸马韦保衡此后迅速升迁，咸通十年（869）三月，自起居郎迁为左谏议大夫、充翰林学士，再升为兵部侍郎、同平章事，一跃成为宰相，权倾朝野，同宰相路岩把持朝政。

咸通十一年（870）八月，18岁的同昌公主大婚后仅一年就

甘露之变：难以夺回的皇帝权力

病逝了，懿宗悲痛不已，迁怒于医官，杀翰林医官韩宗劭等20余人，将他们的亲族300多人抓捕入京兆狱。宰相刘瞻和京兆尹温璋向懿宗进谏，韦保衡和路岩为了把持朝政，趁机构陷，懿宗一怒之下贬黜了刘瞻、温璋以及与他们关系亲善的众多大臣。

咸通十三年（872）五月，国子司业韦殷裕到阁门状告郭淑妃弟弟内作坊使郭敬述阴事，说郭敬述、韦保衡、张能顺等人频繁在内宅饮酒作乐，与郭淑妃私通，淫乱后宫。懿宗听后大怒，没有责怪郭敬述等人，反而杖杀韦殷裕，收其家属为奴婢，没收其家产。韦殷裕的岳父、妻子从兄、季父以及与他亲善的官员都被远贬。因为宦官阁门使田献铦接收了韦殷裕的奏状，懿宗又迁怒于他，收回他的紫服，贬黜他为桥陵使。

这两次外朝的人事动荡，都是懿宗意气用事、任性而为的结果。懿宗如此处事，是否会受到内廷宦官的制约呢？首先，懿宗朝内廷宦官依旧手握禁军，干预朝政。咸通三年（862），杨玄价接替王宗实担任左军中尉，是宦官集团中的实权人物。翰林学士承旨、兵部侍郎杨收凭借与杨玄价同姓同宗的关系，互相结交。同年，宰相毕诚因为徇私枉法被罢相，咸通四年（863）五月，在杨玄价的助力下，杨收成为宰相。杨玄价接受了很多地方藩镇的贿赂，想要通过杨收"走后门"，公权私用。杨收不能完全满足杨玄价的要求，招致杨玄价不满，于是被打压排挤，失去了

第五章　跋扈宦官的灭亡之路

相位。后来，在韦保衡的攻击下，咸通九年（868）三月十五日，杨收被内养郭全穆奉诏赐死。

从杨收的仕宦经历可以看到，懿宗朝宦官中尉的权势依然强大。不仅两军中尉，枢密使的活动也重新活跃起来。宣宗曾经为了制约宦官，令枢密使不得参与宰相的延英奏对，但是这个规定在懿宗朝又被废止。咸通六年（865），魏博节度使何弘敬去世，懿宗任命谏议大夫卢告为册赠使，到魏博镇册赠何弘敬为太师，同时窥探侦查魏博镇的情况，为朝廷任命下一任节度使提供情报。卢告回朝后，只是同懿宗、枢密使三人商议节度使接班人的事情，宰相杨收没能参与。最终议定由何弘敬长子何全皞接替节度使职任，杨收只是事后知道了这个人事任命的决定。这样看来，此时宦官枢密使的权力甚至超过了宰相。

由于宦官权势增长，很多士人和官员选择投靠宦官势力，进而获取政治资源。例如，晚唐政治腐败，科举取士往往受到干扰，频频出现暗箱操作，权贵子弟常占据榜单，寒门士子的科举之路非常艰难。部分出身寒门的举子便转而寻求宦官的支援，比较出名的如咸通年间有十数位士子，他们没有家世背景，在科举中不得志，后来其中一些士子仰仗宦官权势谋取了功名，被当时的人笼统称为"十哲"。

内廷宦官多有出身福建的，福建观察使杜宣猷在任期间每逢

甘露之变：难以夺回的皇帝权力

寒食就派遣属下分别前往祭祀宦官们的祖坟。由于中晚唐宦官经常出使，敕使一词逐渐成为了宦官的代名词，杜宣猷便被称作敕使墓户。宦官们感恩他的举动，咸通六年（865）迁杜宣猷为宣歙观察使。

又如吴行鲁，咸通十年（869）为彭州刺史，之后又历任西川、东川、山南节度使。他的仕途通达，离不开右军中尉西门思恭（又名西门季玄）的支持。据《北梦琐言》记载，吴行鲁年轻的时候投靠西门思恭，尽心尽力侍候在旁，每晚不仅为西门思恭洗脚，而且将小便器暖热再供西门思恭使用，因此深得西门思恭之心。

其次，懿宗宠幸近臣，滥赐无度，引起了宦官的不满，但宦官无可奈何。懿宗朝乐官李可及精通音律，歌唱技巧高超，听过的人都沉浸其中不知疲惫，因此李可及深受懿宗宠信。懿宗任命李可及为从三品威卫将军，宰相曹确以太宗朝和文宗朝的事例劝谏懿宗，希望授予李可及别的官职，懿宗没有听从。李可及为儿子娶妻，懿宗特地命宦官到他的宅第赐了两个沉甸甸的银樽酒壶，打开后里面装满了金银珠宝。懿宗曾赐予他高数尺的银麒麟，李可及用官车装载运回家。懿宗滥赐李可及的行为引起了宦官的不满。右军中尉西门季玄经常劝谏懿宗，但懿宗不听。西门季玄只得对李可及说："你机巧奸诈，迷惑天子，迟早会家破

第五章 跋扈宦官的灭亡之路

人亡，到时候这些东西还会用官车再拉回来。"李可及恃宠而骄，没有丝毫改变。宰相、中尉屡屡劝谏，丝毫没有影响懿宗对李可及的宠信。

中央朝堂动荡不已，地方也危机不断。宣宗大中末年以来地方已是叛乱四起，懿宗即位后刚接过这个棘手的烂摊子，便发生了晚唐第一场大规模的地方变乱。大中十三年（859）十二月至次年八月，江南东道浙东观察使下辖的五州爆发农民起义，史称裘甫之乱。叛乱持续时间不长，历时8个月。最终，由安南都护王式任浙东观察使平定了叛乱，裘甫之乱很快被平定，但开启了唐末战乱的序曲，大动荡时代已经悄然来临。

咸通九年（868），桂林戍卒在庞勋的领导下发动起义。《新唐书·南诏传》称"唐亡于黄巢，而祸基于桂林"，庞勋起义正式点燃了唐朝灭亡的导火线。学者王寿南提出，裘甫之乱是"地方性乱事"，庞勋之乱是"区域性乱事"，黄巢之乱是"全国性乱事"。懿宗朝先后爆发裘甫之乱和庞勋之乱，大唐王朝的丧钟已然敲响。

地方叛乱四起，深处内廷的宦官们也难以置身事外。从目前发现的宦官墓志中可以看到，在懿宗朝有一批年龄在五六十岁，身披紫服，跻身权贵的宦官，纷纷被派出担任地方监军使，其中很多都在地方官舍病逝。

甘露之变：难以夺回的皇帝权力

例如，60岁田公远于咸通元年（860）担任平卢监军使，咸通三年（862）在任上病逝。55岁李好古，咸通三年（862）担任山南西道监军使，当年病逝。58岁魏文绍，咸通四年（863）担任京西步驿使，后转任凤翔监军使，62岁在任上病逝。63岁梁承政，咸通十年（869）任兖州监军使，第二年病逝。66岁刘中礼，咸通十一年（870）任河东监军使，两年之后病逝。

另一件宦官参与度很高的工作是懿宗末年的迎送佛骨事件。懿宗即位以来，崇信佛教，大肆佞佛。在禁中设置讲席，亲自唱经；在咸泰殿修筑法坛，为出家的宫女受戒。懿宗还经常到长安寺院，赏赐布施没有限度。在各地广建佛寺，修造佛像，举行大规模的佛教法会。民间也有浓厚的佛教信仰。懿宗咸通九年（868）四月十五日，一位叫王玠的人为父母敬造普施，刻印《金刚般若波罗蜜经》，这是目前所知世界上最早刻印有确切日期的雕版印刷品，被誉为"雕版印刷第一神品"。

懿宗在位时生过一场大病，后来又经历了爱女早逝，后宫不宁，加之地方叛乱，身心俱疲的懿宗希望寻求佛祖的庇佑，对佛教的痴迷更加狂热。咸通十四年（873）二月，懿宗派遣宦官到法门寺迎接佛骨舍利，开启了咸通末年的一次举国狂欢。

唐代200多年间，先后有高宗、武后、中宗、肃宗、德宗、宪宗、懿宗和僖宗8位皇帝六迎二送供养佛骨舍利。这次是继30

第五章 跋扈宦官的灭亡之路

年前宪宗迎佛骨后的再一次迎送活动,也是唐朝第六次迎佛骨,花费最为高昂。

懿宗这次迎送佛骨的行动遭到众多官员的谏阻,甚至有官员说宪宗正是因为迎佛骨才驾崩的。但懿宗态度十分坚决,说:"只要在我有生之年能见到佛骨舍利,我就是死也没有什么遗憾了!"懿宗下令制造大量的浮图、宝帐、香舆、幡花,全都用金玉、锦绣、珠翠装饰。长安到法门寺有300里路程,迎佛骨期间,沿途车水马龙,昼夜不断。

前几次迎佛骨的记载散见于传世文献和碑铭中,虽然有宦官参与,但往往以"中使"称之,具体参与人员的情况不得而知。这次迎送佛骨活动,由于法门寺地宫出土的文献资料为人所熟知,参与迎送活动的宦官群体也出现在人们的视野中。

根据法门寺地宫出土《大唐咸通启送岐阳真身志文碑》和《监送真身使随真身供养道具及恩赐金银衣物帐》可见,赴法门寺迎请佛祖真身舍利的队伍十分庞大,包括宦官(供奉官李奉建、高品彭延鲁、库家齐询敬、承旨万鲁文)和高僧大德(僧录清澜、彦楚、首座僧澈、惟应、大师重谦、云颢、慧晖),凤翔监军使王景珣、观察判官元充也一同护送。参与迎送佛骨的这些宦官都是在懿宗身边侍奉的人员。迎送期间他们随时向懿宗汇报进度安排,可见懿宗对佛骨的重视。

咸通十四年（873）四月八日，佛骨抵达长安，御林军作为仪仗队开道护送。自开远门到安福门，富贵人家为了表达虔诚之心，争相在道路两边搭起高大的彩棚并举行大型室外法事活动。懿宗亲自到安福门迎接礼拜，激动得泪流满面，用金帛赏赐参加这次法事的僧人以及京城内曾经目睹过元和年间迎奉佛骨盛况的老人们。之后将佛骨迎入宫中内道场，三天后请出佛骨，在京城的安国、崇化两寺供养。宰相以下竞相施舍金银珠宝，多得不可胜数。

这是一场空前的佛教盛会，然而佛祖并没有如愿保佑懿宗。迎佛骨后三个月，到六月份懿宗身体不适，七月份病危。懿宗有8个儿子，左军中尉刘行深、右军中尉韩文约拥立第五子普王李俨为皇太子，勾当军国政事。七月十八日，宣布遗诏的当天，懿宗在咸宁殿驾崩，终年41岁。

二、少年君主，宦官膨胀

僖宗李儇，原名为李俨，懿宗皇帝第五子，母亲是懿宗贵妃王氏。王贵妃咸通七年（866）去世，僖宗即位后追封她为惠安皇后。李儇于咸通三年（862）五月八日出生，封为普王。咸通十四年（873）七月二十日，在懿宗灵柩前即位，改名为李儇，

第五章 跋扈宦官的灭亡之路

时年12岁。

僖宗即位后,首先调整中枢人员。咸通十四年(873)九月,驱逐了懿宗的宠臣韦保衡,贬黜为贺州刺史,召回曾被韦保衡、路岩驱逐的朝臣回京担任要职。曾在懿宗朝备受恩宠的李可及,此时由兵部侍郎崔彦昭上奏驱逐,被流放岭南,家产也被没收。十月,任命左仆射萧倣为宰相,再贬黜韦保衡为崖州澄迈县令。很快,韦保衡在流放路上被赐自尽。又贬黜韦保衡弟弟翰林学士、兵部侍郎韦保乂为宾州司户参军,与韦保衡关系亲善的刘禹锡儿子翰林学士、户部侍郎刘承雍被贬为涪州司马。

法门寺佛骨舍利还在长安,咸通十四年(873)十二月,下诏送佛骨回法门寺。归还时的仪式场面,只有迎接时的十分之一,然而京城的男女老少,都呜咽流涕,争相送别佛骨,叹息不知道何时才能再见佛骨。这泪水和叹息,不仅是人们对佛骨的不舍,似乎还在感叹风雨飘摇中的家与国。

根据法门寺地宫出土的《物帐碑》记载,送还佛骨的队伍依旧由宦官(高品孙克政、齐询敬、库家刘处宏、承旨刘继同、西头高品彭延鲁、内养冯全璋)、高僧大德(左右街僧录清澜、彦楚、首座僧澈、惟应、大师清简、云颢、惠晖、可孚、怀敬、从建、文楚、文会、师益、令真、志柔)、凤翔节度使的属官(凤翔观察留后元充)组成。当时长安城中为了迎送法门寺佛骨成立

甘露之变：难以夺回的皇帝权力

了民间结社称迎真身社，百姓不分老幼，每10天出一文钱。武功县在扶风和长安之间，是迎送佛骨的必经之地，当地老百姓也参与了相关活动。

与佛骨一同进入地宫的，还有来自懿僖二帝、后宫女眷、王公贵族、各地官员、僧尼供奉的各类供养品，包括金银器物、琉璃器、瓷器、漆木器、珠宝玉器、丝织品、香料等。宦官群体也参与了供养，如迎送佛骨期间，枢密使杨复恭兼任文思院使，负责管理皇家金银器制作，他供奉了银香炉和香盒。

法门寺地宫再度关闭，静待后世重新开启。大唐则进入了政治更加腐败、政局更加动荡的僖宗乾符年间。唐朝国运将衰，外忧内患不断加重，又接连出现昏庸之主，客观上为宦官权势膨胀提供了契机。

这一年，僖宗仅是13岁的少年。僖宗头脑敏捷、爱好广泛，据史书载他精通音律、蒲博、喜好骑射、剑槊、法算、蹴鞠、斗鸡、赌鹅。僖宗特别擅长击球，曾对身边的伶人石野猪说，如果他参加击球进士的科举考试，一定是状元。如果僖宗仅是富贵人家的纨绔子弟顶多会坑家败业，然而这样的少年成为一国之主，只会加速王朝的分崩离析。

僖宗即位以来终日游戏人间，不理朝政，政权很快就掌握在宦官田令孜的手中。咸通十四年（873），懿宗弥留之际，左右神

第五章 跋扈宦官的灭亡之路

策军中尉刘行深、韩文约拥立僖宗即位，二人因拥立之功被封为国公，手握大权。此后很快，二人就相继退休。乾符元年（874）十二月，右军中尉韩文约因身体原因退休，枢密使田令孜继任右军中尉。乾符四年（877），左军中尉刘行深退休，田令孜又转任左军中尉。田令孜算是僖宗朝宦官集团中的黑马，毫无家世背景的他能够迅速崛起，得益于同僖宗亲密的私人关系。

田令孜，本姓陈，西川人，史书没有记载他的家世信息，有学者推测他可能与文宗朝宦官田全操出自一个宦官家族。懿宗咸通年间，田令孜曾任五坊之中的小马坊使。当时，僖宗为普王，与田令孜同起同卧，受到田令孜的尽心服侍。田令孜喜好读书，有学识有谋略，深受僖宗信任，僖宗称他为"阿父"。僖宗即位后，逐渐将政事委任给他，田令孜成为宦官集团中的新贵和领袖。

田令孜掌权后，收受贿赂，卖官鬻爵，随意赏赐绯紫服色，僖宗对此毫不知情。宰相有事直接和田令孜商议，由田令孜决断。田令孜权倾天下，但在宦官集团中并非独秀一枝。当时宦官中还有实权派杨复恭与杨复光兄弟二人。田令孜对杨氏兄弟颇为忌惮，二者之间的权力争夺成为僖宗、昭宗朝宦官集团内主要的斗争。

杨复恭与兄弟杨复光来自显赫的杨氏宦官家族。高祖杨延

甘露之变：难以夺回的皇帝权力

祚，官至内常侍，赠特进、右监门卫大将军；曾祖父是德宗贞元年间左军中尉杨志廉；祖父是宣宗大中年间左军中尉杨钦义。到懿宗咸通年间，杨氏家族绵延不衰，权势极盛，在内廷任职的人员众多，其中杨氏兄弟的父辈中三人相继位居宦官四贵，分别是左军中尉杨玄价、枢密使杨玄翼、右军中尉杨玄实。

杨复恭会读书识字，有文化，经常外任监督地方藩镇。咸通九年（868）担任河阳监军使，庞勋叛乱时在前线监军，叛乱平定后凭借军功回朝任宣徽使。咸通十年（869），杨玄翼去世后，杨复恭接任枢密使。杨复光是杨玄价的养子，为人慷慨坦诚，重情重义，有勇有谋，擅于抚慰将士，常被派出监督藩镇部队作战，具有丰富的军事作战经验。僖宗即位后，杨氏兄弟一人处内廷一人在藩镇，以杨氏家族为后盾，是一支强大的宦官势力。

僖宗年少，军政事务难以作决断，权柄下移到大臣手中。宦官权势趁机迅速膨胀，政治地位获得极大提高。杨复恭担任枢密使期间，获得了一项重要权力，即堂状帖黄。堂即宰相办公的政事堂，堂状是经由宰相处理的政府日常文书。高宗以后对地方的下行敕书使用黄色纸张，如果宰相觉得下发的敕书需要修改，也用黄色纸条将修改意见粘贴在敕书上，称作帖黄。枢密使获得堂状帖黄权，就可以插手日常政务的处理，审核修改敕书，夺取宰相的权力。

第五章　跋扈宦官的灭亡之路

宦官获得了制度上参政议政的机会，僖宗朝的政务处理中频繁看到宦官的身影。例如，僖宗乾符四年（877），宰相郑畋批评平卢节度使宋威多次阻挠招降王仙芝的行动，提出要同宦官内大臣商议，罢黜宋威的典兵权。之后黄巢请降，宰相郑畋和枢密使杨复恭商议后，决定授予黄巢同正员将军。

随着权势的增长，宦官的政治地位也进一步提高。广明元年（880）五月，任命枢密使西门思恭为凤翔监军使，宣徽使李顺融为枢密使，他们的任命文书都使用了与任命将相一样的白麻纸。前文讲过，贞元十二年（796），德宗任命窦文场和霍仙鸣为两军中尉时，窦文场曾提出用白麻纸起草制书，但被德宗拒绝。100年后，宦官群体中不仅两军中尉的任命，包括监军使、枢密使的任命制书也实现了用白麻纸的突破。

僖宗将权力交予宦官，自己终日和内园小儿们戏耍，对乐工、歌舞艺人大加赏赐，动辄数万计。原本自懿宗以来，皇室奢侈享乐日益严重，又因为连年用兵不断，国库早已亏空，加之僖宗如此赏赐无度，宫内府库枯竭。田令孜怂恿僖宗打劫商人，杀鸡取卵，将东西两市商贩的货物全部没收入内库，有敢反抗的就交给京兆府乱棍打死。

同样，对老百姓的剥削也日益繁重，地方征收的赋税已经超过了百姓的承受极限。京城商人或许尚有些资产，但普通老百姓

甘露之变：难以夺回的皇帝权力

早已没有了余粮。潼关以东地区连年水灾、旱灾、蝗灾频发，地方州县官员却隐瞒不报，上下蒙蔽，贪赃枉法，导致老百姓生活困苦，或流浪或饿死，没有地方可以控诉。百姓迫于生存压力，只能互相聚集成为盗贼，在各地蜂拥而起。天下承平日久，士兵们早已不习惯作战，每次与起义军对战，官军大多战败，不仅没能平息起义，反而刺激了民众的反抗。

乾符元年（874）正月三日，濮州人王仙芝自称天补平均大将军，聚众千人在长垣（今河南长垣东北）揭竿而起。乾符二年（875），冤句（今山东菏泽西南）人黄巢响应王仙芝，在冤句起义。饱受官府横征暴敛之苦的百姓都争先恐后地投奔他们。这场农民起义，发展迅猛，逐渐演变成席卷天下、直指长安的全国性大规模叛乱，大唐江山即将地动山摇、天翻地覆。自此以后近10年，田令孜和杨氏兄弟都被卷入这场秩序崩坏的大叛乱，他们各自凭借在危难之中的行动，使得个人权势极度膨胀。

为了平定这场叛乱，杨复光先后担任兖州节度使齐克让、招讨副使曾元裕的监军使，辅佐他们与王仙芝作战。乾符四年（877）三月，唐廷考虑到难以在短时间平定王仙芝，于是对其进行劝降。到了十一月，杨复光以判官吴彦宏招降王仙芝，王仙芝派出尚君长前往谈判，尚君长中途被唐朝将领招讨使宋威劫获，献俘长安，斩首于狗头岭。

第五章 跋扈宦官的灭亡之路

虽然招降失败，但朝廷因此免除了宋威的招讨使，由杨复光总领军队。杨复光统领部队出兵镇压王仙芝，一举收复战略要地洪州，擒获守将徐唐莒，为唐廷争取到战场主动权。

乾符五年（876）二月，王仙芝被曾元裕斩杀，尚让率领余众归附黄巢，推举黄巢为黄王，号"冲天大将军"，改元"王霸"，设官分职，建立统一领导机构，转战黄河、淮河流域，进军长江下游。宰相王铎请求亲自督军讨伐黄巢，被任命为荆南节度使、南面行营招讨都统，镇守江陵，杨复光为监军使。

乾符六年（879）九月，黄巢攻陷广州，在岭南州县劫掠。之后挥师北伐，自桂州沿着湘江到达潭州，直逼江陵。当时各镇军队还没有集结，江陵守军不足，王铎弃城逃往襄阳。山南东道节度使刘巨容与江西招讨使淄州刺史曹全晟屯兵荆门，大破起义军，起义军中被杀被俘者达到十之七八。

有人提议乘胜追击起义军，刘巨容说道："国家喜负人，有急抚存将士，不爱官赏，事宁则弃之，或更得罪；不若留贼，以为富贵之资。"刘巨容一语道破唐末的政治黑暗。既然唐廷奉行"狡兔死，走狗烹；飞鸟尽，良弓藏"，地方军阀只得选择保存实力，养寇自重。

荆南监军使杨复光以忠武都将宋浩继任荆南节度使，泰宁都将段彦谟为副使。杨复光的养父杨玄价曾经担任过忠武军监军

甘露之变：难以夺回的皇帝权力

使，当时宋浩仅是一名小官，如今宋浩成为镇守一方的将军，对杨复光无礼，加之泰宁军别将段彦谟不甘心在宋浩之下，于是段彦谟雇凶杀害了宋浩。广明元年（880）四月，杨复光推荐段彦谟担任朗州刺史，朝廷又任命工部侍郎郑绍业为荆南节度使，杨复光为忠武军监军使。杨复光担任忠武军监军使，为他提供了雄厚的军事资本，得以为唐廷短暂续命。

忠武军为陈许节度使军号，治所在陈州，统管陈、许、蔡等州，战略位置非常重要。忠武军骁勇善战，作战时常常是诸军的先锋，因此战功不断。杨复光担任忠武军监军使，反映朝廷对他越发信任和重用。任使期间，杨复光独当一面，驻守邓州，抵御起义军的进攻。

当杨复光在前线督战平定叛乱时，田令孜坐镇京师，内心已经盘算着长安失守的备选方案。一旦长安出现危机，田令孜打算带着僖宗出逃避难。至于目的地，田令孜想到了蜀地。唐朝皇帝奔蜀避难此前已经发生了很多次，安史之乱时的玄宗、泾原兵变时的德宗都曾经如此。巴蜀地区被大山环抱，地势险要，易守难攻，可以减缓战乱的冲击和破坏；加之自然资源丰富，经济发达，可以满足王室奢靡的生活。

田令孜选择蜀地还有另一考虑，他原本就是西川人，入宫之前有一位兄长，名叫陈敬瑄。陈敬瑄曾以做饼为生，怯懦无闻，

第五章 跋扈宦官的灭亡之路

田令孜此前为他向陈许节度使崔安潜求兵马使的职任，被拒绝后，田令孜为他谋得左神策军中的职位，没过几年就提拔他为左金吾卫大将军。眼看天下即将大乱，田令孜有了新的打算，想由陈敬瑄担任西川节度使，为避难蜀地做准备。

西川虽有地理优势和经济条件，但僖宗朝初年存在两个问题，一是蜀地位于西南前线，经常被南诏和吐蕃侵扰，边境不宁。二是为了抵御南诏的围攻，咸通十一年（870）曾重金招募了一批当地英勇善战的年轻人，称为突将。他们在成都保卫战中发挥了关键作用，立下军功。此后突将的建制保留下来，是西川军队的重要组成部分。突将战斗素养高，领着高薪，在军队里骄横跋扈。

外有南诏侵扰，内有骄兵难治，即使陈敬瑄获得了节度使职任，凭他的能力恐怕难以应付。为了解决西川的难题，田令孜想到了安南都护高骈。乾符二年（875），任命天平军节度使高骈为西川节度使。高骈上任后，实行了一系列限制突将的措施，引起突将不满，部队发生哗变，后依靠监军出面安抚才平息骚乱。于是高骈一不做，二不休，将突将和他们的家人不分老幼孕病统统屠杀殆尽，彻底解决了骄兵的威胁。面对南诏边患，高骈修筑成都府罗城，增修关隘城寨，提高了成都的防御能力，同时采取多种方式削弱南诏的实力，为蜀地构建了安定的外部环境。西川的

甘露之变：难以夺回的皇帝权力

问题基本解决后，乾符五年（878）正月，高骈转任荆南节度使兼盐铁转运使，崔安潜接任西川节度使。

为了让陈敬瑄顺利担任西川节度使，田令孜专门设了一个局，既哄了僖宗开心，又达成了自己的目的。田令孜向僖宗推荐陈敬瑄和他的心腹大将左神策军将领杨师立、牛勖、罗元杲为蜀地三镇西川、东川、山南西道的节度使候选人，让僖宗从中挑选。僖宗为此举办了马球赛，令四人击球，约定得第一的可以担任西川节度使。在田令孜的安排和授意下，陈敬瑄不出意料地获得第一名。广明元年（880）三月，陈敬瑄被授予西川节度使，取代了先前的节度使崔安潜。广明元年（880）四月，又在田令孜的安排下，以杨师立为东川节度使，牛勖为山南西道节度使。至此，剑南三川已经在田令孜的掌控之中。

此时，起义军虽然在江陵之战中受挫，但此后队伍又重新壮大，60万众一路向北杀来。广明元年（880）十一月，攻克东都洛阳，直逼长安。听闻起义军浩浩荡荡而来，僖宗召开延英会议，因为没有抵御的好办法，只能与宰相相对哭泣。观军容使田令孜提议由自己任都指挥制置把截使，率神策军守潼关；或如当年玄宗，到蜀地避难。

僖宗虽然清楚，在京的神策军没有野战训练，难以对付起义军，但他不愿意离开长安的安乐窝，希望出现奇迹。僖宗前往左

第五章 跋扈宦官的灭亡之路

神策军,亲自检阅将士,鼓舞士气。任命田令孜为左右神策军内外八镇及诸道兵马都指挥制置招讨等使,杨复恭为副使,令左右神策军守卫潼关,以奉天博野军为后援部队,对抗起义大军。

这时,从洛阳退守到潼关的齐克让向朝廷发来求助信,朝廷决定先行选派2800名弩手,由左神策军将军张承范率领前往潼关,支援齐克让部队。同时,田令孜又在坊市招募数千人补入神策军中。大战已经箭在弦上,一触即发。

京师的神策军首次面临实战的考验,与起义军进行生死对决。神策军号称10万,实际不过3万人,主要由长安的市井富民组成,大部分都是为了获得丰厚的赏赐,贿赂宦官才获得军籍。起初,这些富民听说要集合出征,父子相拥痛哭流涕。因为害怕出征,就到东西两市出高价,雇佣贩夫走卒和病坊穷人代替自己出征。

齐克让部队守潼关之外,十二月初一,张承范率领的神策军抵达潼关之上。此时正值寒冬,长安附近州县残破,荒无人烟,天寒地冻。对这些守军而言,最致命的是没有军粮,将士们都没有斗志。反观起义军,黄巢大军杀到时,白旗招展,漫山遍野,可谓是星旗电戟,震撼河山。

两相对比,反差极大,胜败已经没有悬念。齐克让的部队与之战斗,自中午战斗到日落,士兵们因饥饿难耐,点燃了军营,

甘露之变：难以夺回的皇帝权力

溃散而去。潼关东面有条山谷，专门用作征税，严禁百姓往来，叫作"禁坑"。由于黄巢军队突然到来，官军忘记派兵把守，此时饥肠辘辘的官军都跑入山谷，原本荆棘丛生的山谷，一时之间踏为平地。追随而来的起义军也从这条谷路进入潼关，两面夹击张承范率领的神策军。尽管官军全力抗拒，奈何寡不敌众，仅仅三天，十二月初三，潼关失守。

起义军进展非常迅速，从潼关谷路往长安奔来。田令孜将潼关失守的责任推到了宰相卢携身上，卢携被贬为太子宾客、分司东都，当天夜里卢携服毒自尽。田令孜率领500名神策军保卫僖宗从金光门逃出长安，随行的只有福、穆、泽、寿四王及妃嫔数人，百官对此毫不知情。

黄巢率军进入长安，建立"大齐政权"，黄巢登基称帝，年号"金统"。黄巢部下进入长安后，焚烧店铺，抢劫杀人，凡是官吏和读书人抓到就杀掉，留在长安的皇族宗室被屠杀殆尽。唐人韦庄《秦妇吟》有"内库烧为锦绣灰，天街踏尽公卿骨"正是描述这样悲惨的场景。

京师的神策军听说起义军已经进入长安，都狼狈溃散，起义军没有遇到像样的抵抗，轻松占领长安。京师附近还有数万神策兵分镇关中，听说长安沦陷，僖宗逃到了蜀地，没有地方可以投归。凤翔节度使郑畋派人去招引，又给他们分发钱财，笼络军心,于是军队的气势大振。一些地方藩镇也趁机发展壮大,大肆吞并临近的神策军镇。就这样,原本用来守卫京师的神策军,或溃散或被吞并,仅有少数军队残存下来。德宗朝确立的神策军防卫体系在农民起义军面前轰然瓦解了。

三、奔蜀逃雍,神策兴废

寒冬腊月,田令孜带着僖宗一行,在崎岖艰险的傥骆道昼夜不停地奔驰,很多随从官员都没有追赶上。傥骆道在蜀道中路程最短,但又最艰险,沿途不能获得饮食补给。僖宗一行疲于奔命,狼狈不堪,终于在广明元年(880)十二月二十八日抵达成都。之后几个月,一些追随僖宗的朝臣相继到达成都,南衙北司一共将近200人。各地藩镇和四方民族地区都络绎不绝地进献物资,蜀地府库充实,与京师没有什么区别,因此朝廷可以赏赐不断,将士们都欣喜欢悦。中央朝廷偏居蜀地后,暂时安定下来。

逃离长安时,只有少数神策军和六军扈从僖宗来到成都,此时最关键的工作就是重建已经溃散无踪的神策军,担负起保卫朝廷的职责。到达成都后,田令孜为左右神策十军兼十二卫观军容使,负责重建禁军的工作。田令孜招募了5万余新军,每1000人为一都,左右神策军各有27都,合计为54都。"都"为晚唐

甘露之变：难以夺回的皇帝权力

出现的军事编制，长官称都指挥使，其下有都头、都将。每都有独立的军号，例如拱宸、保銮、扈跸、天威、永安、捧日等。

田令孜在蜀地忙于重组禁军，而杨复光在前线作战之际，也收编了众多军队，实力大增。长安沦陷后，中和元年（881）三月，朱温攻陷邓州，杨复光奔赴许州依附忠武军节度使周岌，然而此时周岌已经投降黄巢。周岌举行夜宴，召杨复光参加，杨复光不顾安危前往，对周岌晓以大义，哭着说："公奋匹夫封侯，乃捐十八叶天子，北面臣贼，何恩义利害昧昧耶？"周岌痛哭流涕，被成功反正，与杨复光洒酒为盟。当晚，杨复光派遣养子杨守亮杀死了馆驿中的黄巢使者。

此后，杨复光率领3000忠武军入蔡州，劝说背叛周岌的秦宗权共同讨伐黄巢，再次成功。秦宗权派遣王淑率领万人跟随杨复光收复荆襄，走到邓州时王淑逗留不进，被杨复光斩杀。杨复光收编了王淑的部队，将忠武军分为八都，由鹿晏弘、晋晖、王建、韩建、张造、李师泰、庞从等8人率领。整编之后进攻南阳，击败朱温，收复邓州。杨复光又召徐州、宋州等军2万多人援助京师，也将他们并入忠武八都。忠武八都战功卓著，成为唐廷依靠的重要军事力量。

中和元年（881），西门思恭年老，任命杨复光接任天下兵马都监，进军河中。中和二年（882）七月，杨复光一到河中，就

第五章 跋扈宦官的灭亡之路

派遣使者诱降朱温,两个月便取得成功。朱温降唐,僖宗任命其为右金吾大将军、河中行营招讨副使,赐名全忠。

此后,王重荣部队伤亡惨重,难以应对起义军,杨复光大胆地提出招用沙陀李克用。沙陀骑兵英勇善战,曾在平定庞勋、王仙芝叛乱时多次立功,但是到了李克用统领的时候,沙陀部队时而臣服时而反叛。朝廷难以控制这支部队,对李克用充满疑惧。杨复光却有信心,认为只要朝廷下旨,李克用一定会率军前来,杨复光的信心是基于两个家族多年的交往。

宪宗元和年间,沙陀归附唐朝后被安置在盐州,杨复光的父亲杨玄价当时正是盐州监军使,参与了安置沙陀部落的工作。此后一直到杨复光时,宦官杨氏与沙陀李氏已经来往三代,时间长达70多年。基于对沙陀李氏的了解,杨复光提出招用的建议。中和二年(882)十一月,27岁的李克用率领1.7万名沙陀士兵赶赴河中,此后多次率兵大破起义军。到中和三年(883)四月,在李克用和杨复光的通力合作下,长安得以收复。

依靠僖宗宠信而登顶权力高峰的田令孜与世代掌权的杨氏家族不可避免地出现权力争夺。杨复光在外屡屡立下军功,后期创建忠武八都,威震天下。杨复恭在朝廷与田令孜"每事力争得失"。田令孜虽愤怒,但忌惮杨氏实力,不敢轻举妄动,只能做些小动作,二者的争斗暗流涌动。

甘露之变：难以夺回的皇帝权力

为了制衡杨氏兄弟，乾符元年（874）田令孜接任右军中尉时，便推荐颇具资历的西门思恭担任枢密使，与杨氏兄弟互相抗衡。由于忌惮杨氏兄弟的军功，在平叛王仙芝和黄巢起义军期间，田令孜分别联合招讨使宋威、宰相卢携多次阻挠杨氏兄弟对王仙芝和黄巢的招降活动。

一位是守卫皇帝的权臣，一位是征战沙场的勋臣，二人的对抗使得宦官集团内部出现微妙的均势。然而，一场突如其来的变故打破了均势格局。中和三年（883）六月，距离收复长安仅仅过去两个月，杨复光在河中去世，时年42岁。杨复光慷慨有大志，善于抚慰将士，去世时军中恸哭多日。杨复光的去世，使杨氏家族遭遇重创，形势急转直下。

听闻杨复光病逝，田令孜大喜过望，趁机壮大自身的军事实力。杨复光去世后，忠武八都失去统领，八都头鹿晏弘等各自率领部下奔往西川行营，途经兴元（今陕西汉中），率众占领，鹿晏弘自立为节度使。鹿晏弘猜忌众人，与其他都将关系紧张，田令孜趁机秘密派人用丰厚的利益引诱都将们。中和四年（884）十一月，王建、韩建、张造、晋晖、李师泰率领3000兵马逃亡成都。田令孜将王建、韩建等悉数收为假子，赏赐大量钱财，将他们统领的部队3000人编为"随驾五都"，成为禁军的一部分。回到长安后，"随驾五都"的都头大多被授予神策军军使，为田

第五章 跋扈宦官的灭亡之路

令孜所用。

田令孜在宦官集团中根基不深，为防大权旁落，极力排斥异己。失去了杨复光的支持，杨复恭在争斗中处于下风。田令孜罢免了杨复恭的枢密使，贬为飞龙使。杨复恭称有疾病，退居到蓝田，静待时机。田令孜又任命自己的养子田匡礼担任枢密使，安排自己的同党李顺融为枢密使，加强了对内廷的掌控。

不仅是杨复恭，凡是威胁到自己权位的，田令孜都设法清除。宦官曹知悫，华原人，深沉勇猛有胆略，长安沦陷后，回乡招募勇士，在嵯峨山南部建筑营垒固守，对抗起义军。夜里扮作黄巢的手下，潜入长安攻打军营。起义军以为鬼神作怪，军心动摇；黄巢以为手下叛变，心神不定。僖宗奖赏曹知悫紫色官服，提拔他为内常侍。田令孜忌惮曹知悫的军功，秘密令邠宁节度使王行瑜杀掉曹知悫。王行瑜率军偷袭，将曹知悫的全部人马通通消灭。此后，田令孜更加骄横，独断专行。僖宗很厌恨田令孜，但无可奈何，只能同身边人哭诉。

中和四年（884）六月，黄巢兵败自杀（一说被部下所杀），持续近11年的王仙芝、黄巢起义至此基本结束。光启元年（885）三月十二日，僖宗回到京城。经过战乱的洗礼，长安城中荆棘丛生，人烟凋敝，狐狸和野兔到处乱窜。京师往昔繁华不再，僖宗内心凄凉无比，闷闷不乐。年轻的僖宗不会想到，再过几个月，

甘露之变：难以夺回的皇帝权力

刚刚修葺过的长安城要再经战火，他还要再度踏上逃难之路。

黄巢之乱后，朝廷对藩镇的控制力下降，政令只能到达河西、山南、剑南、岭南等道十数州的范围。皇权越发衰微，不能主持公正，也不能维持社会秩序，导致地方藩镇之间在弱肉强食的丛林法则下，互相攻战不休。强藩越发强势，离心力也越来越强。在中央朝臣、内廷宦官、地方藩镇三股势力中，藩镇势力呈现一家独大的局面。为了抗衡藩镇，朝廷回到京城后，最重要的是加强神策军建设，提高自身军事实力。

田令孜在成都组建了新神策十军，共54都，5万余人，如今扈从僖宗驻扎在京师。由于各地藩镇拦截租税，中央朝廷财政困难，不能及时赏赐，士兵们多有怨言。田令孜为了扩充财源，筹措军费，打算收回安邑（今山西运城东北）、解县（今山西运城西南）两个盐池的税利。然而他错估形势，盲目挑起战争，进而引发藩镇混战，打击了原本虚弱的神策军，导致皇室再度播迁，还引发襄王之乱，田令孜本人也被迫远离中枢。

光启元年（885）四月，田令孜兼任两池榷盐使，想要从河中节度使王重荣手中收回盐税，遭到王重荣拒绝。五月，田令孜调王重荣为泰宁节度使，以泰宁节度使齐克让为义武节度使，以义武节度使王处存为河中节度使，令李克用以河东兵支援王处存赴任。王重荣自认为收复京城有功，拒绝田令孜的调令，上表揭

第五章 跋扈宦官的灭亡之路

露田令孜罪恶。

田令孜派遣神策军，联合邠宁节度使朱玫和凤翔节度使李昌符，率众3万屯沙苑，讨伐王重荣。王重荣向河东节度使李克用求援，光启元年（885）十二月，王重荣和李克用在沙苑（今陕西大荔南）打败官军，进逼京城，穷追不舍。

光启元年（885）十二月二十五日，僖宗回京仅9个月，又是一个寒冬腊月的夜晚，田令孜再次带着僖宗从开远门逃出，往凤翔奔去，沿途依靠"随驾五都"保卫出逃安全。朱玫和李昌符耻为田令孜所用，又畏惧兵强马壮的王重荣、李克用，于是倒戈王重荣，上表请求诛杀田令孜，安慰群臣。宰相萧遘也率群臣上表痛斥田令孜罪恶，请求诛杀田令孜。政敌杨复恭被重新起用，任命为枢密使。

田令孜自知已犯众怒，不为天下所容，加上僖宗患病不能言语，不能再袒护他，于是推荐枢密使杨复恭担任左神策军中尉、观军容使，自己署为剑南西川监军使，依靠拱宸、奉銮两军自卫，投奔兄弟西川节度使陈敬瑄。

杨复恭接替田令孜，成为最高掌权者。首先，他排斥了田令孜的党羽。出"随驾五都"都头为外州刺史，王建为利州刺史，晋晖为集州刺史，张造为万州刺史，李师泰为忠州刺史。这样做虽然一时加强了对神策军的控制，但是削弱了神策军的实力，之

甘露之变：难以夺回的皇帝权力

后王建割据西川，韩建割据华州，成为割据一方、不听诏令的藩镇。

接着，解决田令孜留下的棘手难题，平定襄王之乱，结束僖宗播迁。僖宗在外近6年，刚回到京城不足一年，又再次逃离长安，使得天下大失所望。嗣襄王李煴是肃宗的玄孙，因为患病没能跟上僖宗，被邠宁节度使朱玫俘获。朱玫将他带到凤翔，光启二年（886）十月，拥立其为傀儡皇帝，尊僖宗为太上皇。朱玫独揽大权，为了取悦各地藩镇，大肆封官拜爵，十分之六七的藩镇都接受了朱玫的伪官，向长安供奉赋税，而不向僖宗进贡。僖宗失去人心处境艰难，从官、卫士都缺衣少食。杨复恭凭借兄长杨复光与王重荣和李克用的亲善关系，寻求二人援助。王重荣和李克用向僖宗派遣使者，进献10万匹绢，提出杀朱玫赎罪。此后，唐廷成功扭转局面，反守为攻，8个月后结束了襄王之乱。

杨复恭接收原杨复光的假子，依靠假子加强权势，任命扈跸都头杨守宗为金商节度使，扈跸都头杨守亮为山南东道节度使。杨复恭在内手握数万禁军，在外任命众假子担任节度使，与两大强藩王重荣、李克用保持紧密联系，成为唐朝末年维系中央朝廷的核心人物。

光启三年（887）三月，僖宗抵达凤翔，在凤翔期间又发生了凤翔节度使李昌符叛乱。文德元年（888）二月，颠沛流离的僖宗患病，官员们急忙护送僖宗回归长安，二十一日终于抵达。三月，僖宗再次发病，很快病情加重，皇位继承人的问题迫在眉睫。

僖宗兄弟八人，除僖宗外，分别是凉王李侹、吉王李保、寿王李杰、魏王李佾、蜀王李佶、威王李偘、睦王李倚。除凉王李侹早亡外，其余六王住在六王宅中。其中吉王李保年长且贤明，群臣都希望由他继承皇位，然而此时掌握最高权力的神策十军观军容使杨复恭却另有打算。杨复恭决定拥立寿王李杰，在僖宗病重的当天就册立他为皇太弟，兼领军国大事。右军中尉刘季述派兵到六王宅中迎接寿王，住进太子的居所少阳院，宰相率领群臣纷纷拜见。三月初六，僖宗在武德殿驾崩，时年27岁。寿王李杰更名为李敏，即皇帝位。

四、铲除田杨，大唐覆亡

唐昭宗，原名李杰，懿宗皇帝第七子，母亲是懿宗德妃王氏。咸通八年（867）李杰生于大明宫，咸通十一年（870）其母薨逝，十三年封为寿王，乾符四年（877），授开府仪同三司、幽州大都督、幽州卢龙等军节度、押奚契丹藩落使、管内观察处置等使。僖宗奔蜀，寿王随侍左右，深受信任。文德元年（888）

甘露之变：难以夺回的皇帝权力

三月，在僖宗灵柩前即位，改名李敏，时年22岁。

历经懿宗、僖宗两代昏庸之主，皇帝威望不振，朝廷越来越卑微，新即位的昭宗给朝廷带来希望。昭宗精明强干，有威武气概，喜好文学，重视儒术，尊敬礼遇大臣，渴望天下贤士豪杰，有恢复先帝功业的志向，朝廷上下都非常高兴。

昭宗刚即位，就遭遇宦官对礼制的挑战。龙纪元年（889）十一月，昭宗改名李晔，准备在圜丘举行祭天大典。按照旧例，两军中尉和枢密使都身穿前襟、后襟分开的衣服随从服侍。僖宗朝时，他们已经穿上了上下衣相连的衣服并且手持笏板。这时，宦官又下令有关部门制作礼服。孔纬和谏官、礼官们都认为不可以，皇帝亲自写信跟他们说："你们所讨论的都十分正确。但是事情要衡量大小轻重，不要因为小的瑕疵妨害了朝廷的礼节。"于是宦官开始与宰相一样穿上佩剑的冕服，随侍祠堂。

昭宗还是寿王的时候，就非常憎恨宦官，特别是田令孜。僖宗第一次离开长安逃难到蜀地的时候，寿王同其他诸王一样徒步跟随，走到斜谷的时候走不动了，向田令孜提出只有骑马才能前进，田令孜拒绝了寿王的请求，抽了寿王一鞭子，驱使他向前。寿王虽然没有说什么，但从此怀恨在心。

光启二年（886）十一月，田令孜到达成都后自请解除监军使职务，获得批准。第二年正月，杨复恭下诏削夺田令孜官爵，

第五章 跋扈宦官的灭亡之路

长流端州。不过由于田令孜依靠陈敬瑄的庇护，没有离开西川。昭宗即位后，另派宦官担任西川监军使，督促田令孜流放端州，田令孜依旧拒绝奉诏。昭宗想要整肃跋扈宦官和桀骜藩镇，于是便打算从田令孜和陈敬瑄这里下手。恰逢此时，田令孜的假子王建正在攻击陈敬瑄，为昭宗提供了机会。

田令孜走后杨复恭掌权，外放田令孜的假子王建为利州刺史。王建骁勇善战，到任后与山南西道节度使杨守亮互相猜忌，于是募兵袭击阆州（今四川阆中），驱逐阆州刺史杨茂实，自立为阆州防御使。田令孜想要联合王建对抗朝廷，就写信召他来西川。陈敬瑄中途反悔，不接纳王建，王建急攻成都没有成功，就驻扎在汉州。王建上表朝廷，请求朝廷出面讨伐陈敬瑄。

昭宗接到王建的奏表，于文德元年（888）六月，任命宰相韦昭度充西川节度使，征陈敬瑄回朝担任龙武统军。陈敬瑄不奉诏，于是，昭宗命韦昭度、杨守亮、王建率诸道兵十余万，合力讨伐陈敬瑄。没承想这一战就是三年，到大顺二年（891）朝廷不愿再讨伐，有意休兵，就恢复了陈敬瑄的官爵，令东川节度使顾炎朗、永平军节度使王建各自回镇。然而朝廷早已没有什么威望，王建也不奉诏，继续攻击成都。

自从田令孜来到西川，陈敬瑄就将军务交由他处理。此时田令孜不得已，趁夜亲自携带西川节度使的大印将印授予王建。王

甘露之变：难以夺回的皇帝权力

建成功进入成都，占领西川，自称为西川留后。十月，朝廷默认了王建对西川的控制，正式任命王建为节度使。景福二年（893）四月，王建找借口处死了陈敬瑄和田令孜。

田令孜和陈敬瑄的问题还没有解决的时候，昭宗同杨复恭的关系也开始恶化。起初，昭宗同杨复恭关系还算融洽。杨复恭拥立昭宗即位，昭宗为酬谢杨复恭的拥立之功，赐杨复恭铁券，加金吾上将军。昭宗即位后，向杨复恭提出削减内廷开支用度，杨复恭向昭宗叩拜，盛赞昭宗的做法。

杨复恭拥立昭宗后，成为名副其实的头号权臣。昭宗想要有一番作为，挽救日益下坠的国运，第一步要重振皇权，这就需要从杨复恭手中夺回权力，这必然会导致昭宗与杨复恭的关系逐渐紧张。为了重振朝纲，昭宗经常向宰臣询问政事。当时的宰相孔纬和张濬，每次与昭宗陈奏，都会以抑制宦官势力比较成功的宣宗大中朝举例，劝昭宗抑制宦官权势。

特别是张濬，尤其不满杨复恭专权，这与二人的过往有关。时间推回到僖宗朝。当时担任枢密使的杨复恭推荐了还是隐士的河间人张濬。张濬被任命为太常博士，之后迁为度支员外郎。黄巢之乱，僖宗逃蜀，张濬指点汉阴县令李康为僖宗进献数百骡车的干粮，解决了逃蜀途中粮草短缺的困局，于是僖宗提拔张濬为兵部郎中。此后，张濬转而依靠当权的田令孜，轻视怠慢杨复恭。僖宗返回长安，张濬担任户部侍郎，光启三年（887）九月拜相。昭宗清楚张濬和杨复恭的矛盾，便亲近倚重他。张濬也一心想为自己争取功绩，自比为谢安、裴度。

除了与杨复恭有矛盾，张濬同杨氏家族的盟友李克用的关系也不好。僖宗中和二年（882），李克用征讨黄巢驻扎在河中，王铎为都统，张濬为都统判官。李克用与张濬共事后，看不起张濬，听说他担任宰相，对使者说张濬好空谈，徒有虚名而无其实，昭宗用这样的人，日后必会扰乱天下。张濬听说后，便对李克用怀恨在心。

昭宗与张濬谈论古今治乱的经验，张濬指出昭宗当下面临的问题是在内受制于宦官，在外受制于藩镇，最急迫的是要加强禁军。在张濬的建议下，昭宗开始在京师大规模地招募士兵，神策军的人数达到了10万人。

恰逢此时，大顺元年（890），赫连铎、李匡威、朱全忠相继上表请求讨伐李克用。10万神策军给予张濬极大的信心，张濬认为这是自己建功立业的好机会，既可打击强藩李克用，又可排挤杨复恭，就极力怂恿昭宗出兵。五月，朝廷下诏削夺李克用官爵，任命张濬为河东行营都招讨制置宣慰使，率领神策五十二都和邠、宁、鄜、夏的少数民族共5万人讨伐李克用。

虽然官军规模庞大，但神策军大多是没有作战经验的乌合

甘露之变：难以夺回的皇帝权力

之众，与骁勇善战的沙陀兵对战，显然是以卵击石。大顺元年（890）十一月，张濬率领的军队望风溃败，官军损失殆尽。张濬回朝后，昭宗贬宰相孔纬为荆南节度使，张濬为鄂岳观察使。李克用对二人的贬黜不满意，上表胁迫朝廷，于是再贬孔纬为均州刺史，张濬为连州刺史，李克用恢复官爵。

张濬后又被贬为绣州司户，走到蓝田的时候逃奔华州依靠韩建，和孔纬秘密向朱全忠求救。朱全忠上表为孔纬、张濬鸣冤，朝廷无可奈何，听凭他们任意行动，于是孔纬从商州返回，同张濬一起居住在华州。经此一战，朝廷声望扫地，权宦、强藩未受动摇，神策军又遭受重创，甚至贬黜官员都要受到藩镇的干预和摆布。

讨伐李克用失败，也有杨复恭从中阻挠的原因，因此昭宗同杨复恭的关系越发紧张。之后因为昭宗的舅舅王瓌，二人的关系很快陷入冰点。王瓌是恭宪太后王氏的弟弟，想要担任节度使。昭宗询问杨复恭，杨复恭以"后族不可封拜"的理由予以拒绝。王瓌听说后十分愤怒，到禁中当着杨复恭的面辱骂他。王瓌出入禁中，当权执政，引起杨复恭的厌恶。杨复恭不想被分权，就任命他为黔南节度使。大顺二年（891）八月，王瓌赴任取道兴元，途经利州益昌县吉柏津。利州归属山南西道，节度使是杨复光的假子杨守亮，杨复恭密谋杀死王瓌，得到授意的杨守亮令利州刺

第五章　跋扈宦官的灭亡之路

史弄翻了王瓌的船，王瓌和族人宾客都葬身江水之中，而杨守亮向昭宗汇报这是因船只自身损坏导致的事故。昭宗知道定是杨复恭所为，于是更加憎恨他。

张濬、孔纬被驱逐出朝堂，还有谁敢同权宦、强藩抗衡呢？昭宗想到了杨复恭的假子杨守立。唐朝末期的这种武将假子与宦官养子不同，这里以杨氏家族为例。根据出土墓志可知，杨复光有宦官养子杨可辞，杨复光的兄弟杨复权有宦官养子杨可师，还有一位与杨复恭同时代的宦官杨可权，可能也来自杨氏家族。这样看来，杨氏家族养子"复"字辈的下一代是"可"字辈。从杨复光开始，除了收养宦官为子，还收养了众多武将假子，杨复光收养的武将假子有杨守亮、杨守宗等数十人。杨复恭收养的则有杨守信、杨守贞、杨守忠、杨守厚、杨守立等。武将假子区别于宦官养子，以"守"字连名。

前文说过，中晚唐以来宦官多依靠收养关系，组成庞大而绵延几代的宦官家族。收养的男性绝大部分都是宦官，只有极少数的家族会收养武将，且人数极少，一般仅一名。唐末开始出现了权宦大量收养武将假子的现象，这不是出于壮大家族的目的，而是出于强化军权的考虑。自从黄巢起义后，神策军经历了溃散和重建，宦官为了加强对军队的控制，就与军中精锐武将结成假父子的关系，杨复光、田令孜在军队中有大量的假子。

甘露之变：难以夺回的皇帝权力

到杨复恭掌权时期，收养的宦官和武将均达到了巅峰。据载，杨复恭的诸多武将假子被委任禁军将帅或节度使、州刺史，如杨守立为天威军使，杨守信为玉山军使，杨守贞为龙剑节度使，杨守忠为武定节度使，杨守厚为绵州刺史等，杨复恭本人号为"外宅郎君"；宦官养子多达600人，都被他派出到藩镇担任监军使，监视各地的军队。

假子与养父往往是利益的结合，一旦利益发生冲突，利重于情，武将假子反而会威胁宦官权势。正因为如此，昭宗决定采取内部分化的办法，从内部削弱杨复恭的权力。

杨守立，本名为胡弘立，为禁军中的第一猛将，人人都怕他。昭宗为了离间杨复恭和杨守立的关系，对杨守立极为重用。赐杨守立姓名为李顺节，令他掌管神策军屯营的钥匙，很快又提拔他为天武都头，遥领镇海节度使，加同平章事。李顺节受到昭宗宠信，显达尊贵，就同杨复恭产生了矛盾。李顺节对杨复恭非常了解，为了与杨复恭争权，李顺节就将杨复恭隐秘的事情都告诉了昭宗，昭宗顺势夺取杨复恭的权力，外任他为凤翔监军使。

此时担任凤翔节度使的是李茂贞，原名宋文通，早年是博野军士卒，黄巢之乱中因军功升任神策军指挥使，后被田令孜收为养子，改名田彦宾。光启元年（885）僖宗逃离长安时，担任神策军扈跸都头，因为护卫有功迁为武定军节度使，赐姓名李茂

第五章　跋扈宦官的灭亡之路

贞。田令孜失势后杨复恭掌权，田令孜被削夺官爵，王建入蜀后又被囚禁，其间唯有李茂贞上书请求免除田令孜的罪行。可以看到，李茂贞对田令孜父子情深，自然与杨复恭势不两立。

此时，昭宗任命杨复恭到李茂贞那里担任监军使，想要将杨复恭交予李茂贞处置。杨复恭面对这样的任命，恼怒怨恨，不愿意前往，就假称自己生病，请求致仕。九月，昭宗令杨复恭以上将军的职位致仕，赐予表示敬老的坐几和手杖。此时，杨氏家族能够倚仗的河中节度使王重荣在光启三年（887）已经被牙将杀掉，河东节度使李克用正陷于征战之中，不能为杨复恭声援。杨复恭不得已接受了现实，打算退往商山隐居，但愤怒的他派遣心腹张绾在途中刺杀了回朝复命的使者，以发泄自己的愤慨。

杀使者的举动如同谋反，杨复恭的做法激起了昭宗的杀心。杨复恭的居所在昭化里，靠近玉山军营。玉山军使杨守信是杨复恭的假子，杨复恭失权后杨守信就多次来到其家中慰藉，被旁人看到。十月，有人诬告杨守信与杨复恭谋划叛乱。结合此前杨复恭刺杀使者的行为，昭宗没有查证，当即决定将杨复恭赶尽杀绝。

昭宗派遣天威都将李顺节、神策军使李守节率领军队攻击杨复恭的宅邸，自己则登上安喜楼陈兵自卫，亲自督战。张绾率杨复恭家中的壮士抵抗，杨守信则率玉山军前往支援，后作战失利，部队溃散逃走。杨守信和杨复恭带着族人从通化门逃往兴

甘露之变：难以夺回的皇帝权力

元，投奔山南西道节度使杨守亮。杨复恭到达兴元后，杨守亮、杨守忠、杨守贞以及绵州刺史杨守厚以讨伐李顺节为名，共同举兵抗拒朝廷。

赶走了一个杨复恭，又来了一个李顺节。天威都将李顺节仗着皇恩和军功，骄傲专横，出入皇宫时常常带着卫兵，耀武扬威。两军中尉刘景宣、西门重遂对李顺节十分不满，担心时间长了李顺节难以被驯服，就向昭宗报告，说李顺节恐怕会造反作乱，要先下手为强，提前将他处决。

大顺二年（891）十二月十二日，刘景宣、西门重遂用昭宗的诏令召李顺节进宫。李顺节进入皇宫，到达银台门，二人邀请李顺节到仪仗房中坐下说话，宦官供奉官似先知从李顺节身后砍下了他的脑袋。看到这样的场景，跟着李顺节进宫的卫兵大声呼喊着逃出宫门，神策军的天威、捧日、登封三都人马大肆掠夺永宁坊，直到天黑才安定下来。

看到朝廷内斗，周边藩镇蠢蠢欲动。景福元年（892）正月，凤翔节度使李茂贞、静难军节度使王行瑜、镇国军节度使韩建、同州节度使王行约、秦州节度使李茂庄上奏说，山南西道节度使杨守亮藏匿叛臣杨复恭，请求朝廷下旨出兵讨伐，并请加李茂贞为山南西道招讨使。不久前，王建讨伐陈敬瑄而得到西川，此时朝廷清楚李茂贞是想以讨伐的名义吞并山南西道，便急忙下诏阻

第五章 跋扈宦官的灭亡之路

止,但李茂贞等人并不理会,朝廷只能无奈地放任地方藩镇势力乱斗。景福元年(892)八月,李茂贞攻破兴元,杨复恭等人逃往阆州。乾宁元年(894)八月,杨复恭等人被华州节度使韩建擒获,斩于长安独柳树,绵延140余年的杨氏家族就此终结。

在李茂贞讨伐杨守亮、杨复恭期间,朝廷禁军内部四分五裂,力量被不断削弱。景福元年(892)二月,左神策勇胜三都指挥使杨子实、杨子迁、杨子钊(都是杨复恭的假子)知道杨守亮、杨复恭必然会失败,于是率众2万向王建投降,增强了王建的军力。李顺节被杀后,贾德晟继任天威军使,对李顺节被诛杀的事情叹恨愤慨,景福元年(892)四月,西门重遂再次上奏昭宗诛杀贾德晟。两任统帅都遭到宦官的诛杀,天威军1000余军马出逃投靠凤翔节度使李茂贞,壮大了李茂贞的军事实力。

昭宗即位以来,虽然重建10万神策军,但是其中包括田令孜的随驾五都以及杨复恭的玉山军、天威军等精锐部队,在昭宗轻率地连续驱除权宦的行动中逐渐被消耗殆尽。特别是杨复恭之乱,从杨复恭出逃,到李顺节被杀,再到李茂贞讨山南,杨氏家族虽然被铲除,但唐王朝元气大伤,藩镇更加肆无忌惮。

年轻气盛、意欲重振皇权的昭宗,并没有意识到危机,而是贸然地继续推崇"强兵以服天下"的政策,坚持与强藩对抗,将自己的性命连同王朝命运置于更加险恶的环境之中。

甘露之变：难以夺回的皇帝权力

景福二年（893），李茂贞多次上表，言辞不逊，激怒昭宗。昭宗感慨"王室日卑，号令不出国门"，他不甘心当孱懦之主，虽然宰相杜让能极力谏阻，但昭宗还是决心讨伐李茂贞。八月，昭宗任命嗣覃王李嗣周为京西招讨使。九月，李嗣周率领3万新招募的神策军送朝廷任命的凤翔节度使徐彦若赴任，李茂贞和王行瑜集合6万军队对抗朝廷。神策军望风而逃，再次溃散，李茂贞等进逼兴平。

为了让李茂贞罢兵，昭宗不得已贬杜让能为梧州刺史，亲自登上安福门，监斩观军容使右军中尉西门重遂、枢密使李周潼、枢密使段诩，任命骆全瓘、刘景宣为两军中尉。在李茂贞的逼迫下，十月，赐杜让能和他的弟弟户部侍郎杜弘徽自尽。经此一战，朝廷颜面扫地、奄奄一息，而李茂贞身兼凤翔节度使与山南西道节度使，占有凤翔、兴元、洋州、秦陇等十五州的土地，成为关中地区实力最强的藩镇。

乾宁二年（895），华州节度使韩建想兼并神策军镇邠阳镇，邠州节度使王行瑜想兼并神策军镇良原镇，遭到宦官的拒绝；又王珂、王珙争夺河中节度使，王珂与李克用结盟，王珙与李茂贞等结盟，李茂贞等人上书朝廷，要求任命王珙为帅，遭到朝廷拒绝。王行瑜又听闻，景福二年（893）他请求担任尚书令，是因为宰相韦昭度的阻拦才改为太师。于是，王行瑜、韩建、李茂

第五章　跋扈宦官的灭亡之路

贞三人合计，要给这个不听话的朝廷一点颜色。乾宁二年（895）五月，三人各率精兵数千，闯入长安，在都亭驿杀死了宰相韦昭度和李溪，又杀死了枢密使康尚弼和数名宦官，逼迫朝廷听命于他们。三人打算废掉不听话的昭宗，但听说河东节度使李克用已经起兵勤王，三人害怕李克用兵强，于是退出长安，各留兵2000人监视昭宗。

李克用上表征讨三人，率军进逼长安。传闻说王行瑜、李茂贞想要挟持昭宗返回本镇，昭宗被迫再次逃离长安，朝南山跑去，躲在石门镇，数十万士人百姓追随昭宗一同逃离。后来在李克用的护卫下，昭宗才得以重新返回长安。李克用驻扎在渭河北岸。

由于惧怕李克用，李茂贞、韩建对朝廷恭顺有礼，然而待李克用返回河东后，二人减少了对朝廷的进献，又骄横傲慢起来。强藩环伺下，昭宗清楚当下最紧要的还是重建禁军。此时，原有的禁军基本瓦解溃散，两军中尉也失去了对禁军的控制。于是昭宗将溃散的部队重新组织起来，将数万神策散军编为安圣、捧宸、保宁、宣化四军，号为"殿后四军"，由诸王为军使统领。嗣延王李戒丕、嗣覃王李嗣周又各自在麾下招募数千人。至此，昭宗终于实现了几代帝王的梦想，从宦官手中夺回了禁军之权，交由身边的李唐王室掌握。自玄宗朝开始严格约束和防范皇子，到代宗永泰二年（766）明确下令，要求诸王、驸马不得参掌禁兵，再到

甘露之变：难以夺回的皇帝权力

代宗大历二年（767），进一步要求皇五等以上亲者不得与军将联姻，驸马、郡主婿不许与军将交游。百余年前，君主对皇亲国戚严防死守；百余年后，时移世易，又不得不再次委以重任。

昭宗重新组建的神策军引起了周边藩镇的疑虑和宦官的不满，引发了新一轮的危机。李茂贞认为昭宗强军是为了攻讨自己，因此和朝廷的嫌隙越来越深，乾宁三年（896）六月，李茂贞率兵进逼京畿，嗣覃王与他在娄馆作战不利。七月，李茂贞进逼京师，昭宗本想投奔李克用，但不愿长途奔袭。华州节度使韩建多次上表，又在富平面见昭宗，在他言辞恳切的请求下，昭宗率众到华州暂避。

乾宁四年（897）正月，韩建厌恶诸王典军，决定用武力胁迫昭宗解散近卫武装。先让自己的手下华州防城将张行思上奏状告八王谋划刺杀韩建，欲劫持昭宗到河中。昭宗召韩建想要亲自解释，韩建拒绝；昭宗令诸王到韩建那里解释，韩建不见。接着，韩建令精兵包围行宫，武力胁迫昭宗解除诸王的军权，斩杀昭宗的心腹大将捧日都头李筠。昭宗被困在囚笼之中，无奈只能解散诸王招募的2万殿后四军，将诸王囚禁在十六宅中，斩李筠于大云桥。至此，韩建的精兵才解除对昭宗的包围，诸王典军如昙花一现，护卫天子的亲兵则再次终结。昭宗虽然能够从宦官手中夺回禁军之权，但强藩已经不容皇帝再拥有抑制藩镇的筹码。

第五章　跋扈宦官的灭亡之路

此时，拥兵自重的藩镇才是朝廷的致命威胁。

韩建一直想杀死诸王以绝后患，因为惧怕李克用，迟迟不敢行动。乾宁四年（897）八月，嗣延王李戒丕从晋阳返回，韩建明白李克用不会发兵，便无所畏惧，决定动手了。宦官也不满诸王夺走自己的军权，于是韩建和枢密使刘季述矫诏发兵包围十六宅，诸王散着头发，有的爬到墙上，有的登上屋顶，向昭宗呼救。韩建驱使嗣覃王、嗣延王等十一王到华州西边的石隄谷，全部杀死，对外宣称是他们要谋反才会被处死。

光化元年（898）八月，昭宗从华州返回长安。昭宗即位10年来，竭尽所能励精图治，却没能挽救危局，反而被藩镇玩弄于股掌之间，特别是为了夺回禁军兵权反而导致朝廷内乱、诸王惨死。此时的昭宗已然明白，大唐王朝痼疾已深，自己回天乏术，于是便失去斗志，自暴自弃。昭宗时常感到空虚恍惚，只得纵酒麻醉自己，导致喜怒无常，随意杀死身边的宦官、宫女，侍奉在侧的宦官人人自危。宰相崔胤勾结朱全忠，在朝堂与宦官争权不睦。凭借强藩外援，加之昭宗的默许，崔胤轻而易举地赐死了枢密使宋道弼、景务修，专制朝政，引发宦官集团的进一步恐惧，也加速了宦官与昭宗离心离德。

宦官们不愿坐以待毙，特别是此时他们又重新掌握了军权，有了反抗的资本。昭宗回长安后，恢复了神策左右军，共6000

甘露之变：难以夺回的皇帝权力

人。诸王都已经被处死，昭宗只得将军权重新交予宦官。光化三年（900）六月，两军中尉刘季述、王仲先和两枢密使王彦范、韩齐偓私下谋划，拥立太子李裕即位，尊昭宗为太上皇，在外依靠李茂贞和韩建为外援。

十一月，昭宗到禁苑打猎，摆酒纵饮，直到夜里才大醉回宫，随手杀死了数名宦官、宫女。第二天早晨，过了辰巳时分，宫门还没有打开。刘季述率领千名禁军破门而入，发动政变。十一月初六，刘季述胁迫百官署名，拥立太子即位，囚禁昭宗和嫔妃十余人于问安宫（即少阳院），将昭宗宠信的宫女、侍臣、方士、僧道等全部杀死，对参与政变的将士赏赐优厚，给百官加封爵位，掌控了朝堂。

宦官掌握禁军之权百年，到唐末禁军经历了多次溃散和重组，宦官对禁军的控制大不如前，控制权下移到各军的军使、都头，因而才会出现田令孜和杨氏兄弟那样依靠与军中猛将结成假父子关系，从而巩固对军队的统御。宦官虽然再次夺回军权，成功发动政变，但禁军中一些与宦官关系疏远的军将对宦官囚禁昭宗的行为十分不满。于是，天复元年（901）正月初一，在宰相崔胤的游说下，左神策指挥使孙德昭与清远都将董彦弼和周承诲率军埋伏在安福门，斩杀了入宫朝见的两军中尉和两枢密使，释放了昭宗。

第五章 跋扈宦官的灭亡之路

昭宗被宦官囚禁两个月，多亏三位军将才得以返正。昭宗复位后，便倾尽府库大赏三将，孙德昭赐名为李继昭，周承诲赐名李继诲，董彦弼赐名李彦弼，共同为同平章事，留在宫中值宿警卫，10天才出宫回家休息一天。至于太子，考虑到他尚且年幼，被无辜卷入其中，便令他回到东宫，罢黜为德王。对于宦官，三将已经铲除宦官四贵，昭宗继续打击宦官集团。首先，铲除刘季述等人的党羽，诛杀了四人全家以及20多名党羽，赐死了两军中尉副使。接着，恢复了宣宗大中时期抑制枢密使的规定，下敕宣布宰相在延英议政时，枢密使不能参加，只能在外候旨，宰相奏事完毕后才可以进入处理公事。

两军中尉和中尉副使相继被杀死，崔胤趁机提出由宰相掌握禁军，从制度上杜绝宦官染指军队。昭宗犹豫不决，询问李继昭等三将，三将认为刘季述等人已经处死，遵循惯例由宦官统兵更加方便，于是昭宗命与李茂贞关系密切的前凤翔监军枢密使韩全诲、凤翔监军张彦弘为左右中尉，袁易简、周敬容为枢密使。

崔胤没能夺回军权，不过经过这次事变，昭宗更加宠信崔胤，于是崔胤便趁势谋划铲除全部宦官。天复元年（901）四月，昭宗大赦天下，改元天复，崔胤在《改元天复赦》中首次为60多年前甘露之变中被屠杀的王涯等17人及其家族鸣冤昭雪，将他们由此前官方定性的"凶徒"改为"匡国之臣"，恢复官爵。

甘露之变：难以夺回的皇帝权力

崔胤之所以翻案，是因为接下来他想再次武力清剿宦官集团，先通过昭雪王涯等人为之后的除宦行动营造舆论环境。

宦官听说了崔胤的密谋，日夜谋划去除崔胤的办法，南衙北司之间再次势如水火。为了增强自身实力，宦官与崔胤各自又援引强藩为外援。韩全诲结交李茂贞，劝说李茂贞留下4000士兵充当宿卫，由李茂贞的假子李继筠、李继徽统领；崔胤结交朱全忠，劝说朱全忠留下3000名士兵，由娄敬思统领。朝堂中南衙北司的斗争背后是李茂贞与朱全忠之间的藩镇争霸。

朝廷虚弱，李茂贞、朱全忠都有挟天子令诸侯的打算。恰逢这时，崔胤知道谋杀宦官的计划已经泄露，于是写信给朱全忠，假称有密诏，令他派遣军队诛杀宦官，迎接昭宗。韩全诲担心被杀，谋划用武力挟持昭宗，于是以丰厚的利益收买功臣李继海和李彦弼以及凤翔兵统帅李继筠。凭借与内外军队的交结，宦官群体逐渐不听从昭宗的敕旨。

天复元年（901）十月二十日，朱全忠以"清君侧"为名，率领大军从大梁出发。听说朱全忠发兵，韩全诲便计划由李继筠、李彦弼率兵挟持昭宗逃奔凤翔。逃奔之前，十月二十五日，韩全诲令昭宗召见百官，宣布废除约束枢密使的敕书，接着在当天的延英奏对中，韩全诲等人在昭宗身旁共同参与政事讨论，重新恢复了对朝政的全面干预。

第五章 跋扈宦官的灭亡之路

十月三十日，朱全忠到达河中，上表请求昭宗前往东都洛阳。十一月初四，韩全诲在殿前列兵，又令李彦弼在御院纵火，逼迫昭宗前往凤翔。昭宗不得已，与皇后、妃嫔、诸王百余人恸哭流涕，上马前行。十一月十四日，昭宗到达凤翔。自从抵达凤翔，昭宗便成为李茂贞、韩全诲的傀儡，不复自由身，活动受到密切监视。

昭宗离开不久，朱全忠到达长安。听闻昭宗西行，朱全忠在长安待了一天也率军西行。十一月二十日，朱全忠抵达凤翔，之后开始攻讨李茂贞。到天复二年（902）六月，朱全忠扎下五个营寨包围凤翔城，九月在凤翔城四周挖壕沟，断绝了凤翔城内外的联系。到十一月，寒冬腊月，天降大雪，凤翔城中粮食都吃完了，府库枯竭，冻死饿死的人不计其数，城中出现了食人肉的现象。诸王、公主、嫔妃等，一天吃粥，一天吃汤饼，勉强度日。天复三年（903）正月初六，李茂贞坐守孤城，自知难以为继，便单独拜见昭宗，请求诛杀韩全诲等人，换取与朱全忠的和解，护送昭宗返回长安。

昭宗听后大喜，想着能够除掉这些不听话的宦官了，当即派遣身边的内养小宦官率领40名凤翔士兵，收押中尉韩全诲等人，将他们全部斩首。任命御食使第五可范为左军中尉，宣徽南院使仇承坦为右军中尉，王知古为上院枢密使，杨虔郎为下院枢密使。

甘露之变：难以夺回的皇帝权力

当天晚上，又杀了李继筠、李继海、李彦弼和内诸司使韦处廷等16人。此后，又相继诛杀宦官72人。朱全忠又令京兆尹搜捕那些辞官在长安、没有随行到凤翔的宦官，捕杀了90多人。天复三年（903）正月，朱全忠挟持昭宗返京，二十七日抵达长安。

昭宗抵达长安的第二天，在朱全忠的支持下，崔胤终于也实现了他尽诛宦官的大计。崔胤上奏，批评宦官集团的危害，认为他们是朝廷衰乱的原因，请求罢免所有宦官内诸司使，将他们的事务归还省寺，各地的监军全部召回京城。昭宗同意了他的请求。

当天，朱全忠派兵驱赶第五可范等数百人到内侍省，全部杀死，鸣冤哭号的声音响彻皇城内外。出使在外的宦官，令当地收捕处死。仅有河东军监军使张承业、幽州监军使张居翰、清海监军使程匡柔、西川监军使鱼全禋以及退休在家的严遵美被李克用、刘仁恭、杨行密、王建藏匿起来保住性命，用杀死其他囚犯冒名顶替的方式应付了诏书，其余在外宦官都被处决。此时，昭宗或许才醒悟，藩臣武将们并不是仅仅忌恨权宦弄权，而是将所有的宦官都视作他们要挟天子的障碍。昭宗怜悯第五可范等人无罪被诛，亲自写下祭文祭奠他们，却不知道失去了宦官这道屏障，他已经自身难保，性命危在旦夕。

唐末宦官总计达万余人，此时仅留下品秩低微、体质幼弱的30人负责洒水扫地等工作。到地方传宣诏令的敕使由成德节度

第五章 跋扈宦官的灭亡之路

使王镕选进50人充当，宫城内传令则由宫人负责。崔胤倚仗朱全忠的势力，在朝廷作威作福，独揽朝政，肆意妄为，朝廷的赏罚、任免都取决于他的意思，昭宗的一举一动也要向他禀报。

崔胤厌恶宦官，诛杀宦官后废除了神策军，由自己掌判六军十二卫军务。然而京城六军早已名存实亡，侍卫力量单薄，崔胤就在京师街市招募士兵，修缮武器，想要壮大禁军，保障皇权。然而他的一举一动又在朱全忠的监视之下，募兵被朱全忠暗中破坏。随着形势变化，昔日崔胤与朱全忠联盟逐渐瓦解。

此时，朱全忠已经打败了李茂贞吞并了关中地区，威震天下，随即产生了篡夺帝位的野心。朱全忠返回大梁前，留下步兵、骑兵1万人驻扎在京师，任命朱友伦为左军宿卫都指挥使，汴州将领张廷范为宫苑使，王殷为皇城使，蒋玄晖为街使。于是，朱全忠的党羽遍布宫苑和京城各处，长安已在他的密切监视和掌控之下。

崔胤为泄一朝之忿，依靠朱全忠彻底铲除了宦官集团。然而失去宦官集团，单凭崔胤一己之力，难以再组建禁军，维持朝廷实力，崔胤本人也很快成为朱全忠的俎上鱼肉。天祐元年（904）正月十二日，朱全忠密令在京的宿卫都指挥使朱友谅率兵包围崔胤住宅，杀死了崔胤和他的亲信们。正月二十六日，朱全忠劫持昭宗前往洛阳。昭宗自从离开长安，日夜忧虑会发生不测，终日

甘露之变：难以夺回的皇帝权力

与何皇后沉溺饮酒，或者相对着哭泣，无奈地等待生命的倒计时。

自从崔胤被杀，残存的一些禁军也都逃散了，仅剩下击球供奉、内园小儿200余人侍从护卫昭宗，跟随昭宗东行。朱全忠仍然忌惮他们，预先挑选身高与他们相似的200人，再设计将他们全部勒死，由朱全忠的人穿上他们的衣服，代替他们护卫昭宗，从此昭宗身边全都是朱全忠的人，昭宗完全沦为朱全忠手中的傀儡。

天祐元年（904）八月十一日夜，朱全忠命令亲信蒋玄晖等率军闯入宫中，昭宗身边除了几位嫔妃再无他人。面对杀气腾腾的蒋玄晖等人，昭宗只能做无谓的挣扎，穿着单衣绕着柱子逃命，被朱全忠麾下一名下级军官史太杀害，终年38岁。昭宗即位之初意气风发，想要重整山河，恢复祖宗基业，外除强藩，内除权宦。然而家奴易除，强藩难治，最终命丧朱全忠之手，结束了他悲剧的一生。

第二天，蒋玄晖矫诏立昭宗第九子辉王李祚为皇太子，改名为李柷，代理军国政事。八月十五日，哀帝李柷即位，年仅13岁。天祐二年（905），朱全忠加紧篡夺李唐政权，为登基扫除障碍。先在九曲池杀死了昭宗的9个儿子，又在滑州白马驿（今河南滑县境）杀死30余位朝臣。开平元年（907）四月十八日，朱全忠即皇帝位，延续289年的大唐至此画上了句号。第二年二月二十二日，大唐末代皇帝哀帝李柷被朱全忠毒死，终年17岁。

结束语

大唐灭亡，到底是谁的错？是非毁誉，自有公断。

北宋文臣将唐朝的乱亡归因于宦官，御史中丞许翰在《论宦官》中说："汉唐乱亡，皆坐内侍。为我宋鉴，可谓明矣。"宋朝鉴于唐代的宦祸，极力避免历史重演，从立国之初便提出了严禁宦官干政的"祖宗之法"。秉承"事为之防，曲为之制"的政治理念，北宋改革了宦官职官体制，将原本统一的宦官内侍省分为两个系统：入内内侍省与内侍省。其中，入内内侍省简称后省，负责在内廷中往来、近身侍候君主和后妃；内侍省简称前省，负责宫廷洒扫杂役等工作。如此一来，可以加强对宦官的管理，控制他们的活动空间。

即便宋朝君臣对宦官多加防范，但唐朝宦官旧制仍旧有不小的影响力。首先，唐代宦官的众多使职名称保留下来继续使用。一些成为宦官系统中的职衔，例如供奉官、高品、高班等，这些原本是唐朝近身侍奉皇帝的宦官使职，宋朝时成为指示宦官品阶的阶官。还有一些使职继续保留，但改由士人担任，如枢密使、宣徽使等。特别是枢密使，成为宋朝二府制的重要组成，宰相所在中书省与枢密使所在枢密院对持文武二柄，实现文武分权，加强了君主独裁。另有一些使职成为武官用来迁转的借职，例如内园使、文思使、庄宅使等。

北宋君主遵循着"上下相维，轻重相制"的策略，在各势力之间寻求制约和平衡，一边提防宦官擅权，一边继续任用宦官。宋真宗朝宦官主要活跃在军事领域，宋仁宗朝宦官则积极参与内廷政治活动。乾兴元年（1022）13岁的宋仁宗即位，皇太后刘氏（民间相传为刘娥）掌控大权，任用宦官充当自己的耳目亲信。明道二年（1033）仁宗亲政后，罢用了刘太后任用的宦官，但又培养了一批宦官在内廷御药院任职，为己所用。到宋徽宗朝，随着社会矛盾的激化，宦官权势发展到顶峰，权宦童贯等成为平定内部叛乱和对外战争的最高统帅。总之，在北宋君臣的防范和任用下，宦官群体终究还是壮大发展起来。

西汉元帝刘奭曾说过："中人无外党，精专可信任。"宦官作为皇帝家奴，特殊身份决定了他们必须依附皇权。出于维护自身

结束语

权势的需要，宦官中即使有跋扈擅权者，但罕有篡夺皇位的情况，满足了皇帝的心理需求。中国古代君主虽然能够唯我独尊、号令天下，但实际上面临的挑战众多，时刻处在危机之中，身边的外戚、宗室、文臣、武将都有可能对皇位发起冲击。可以说，皇帝是真正的孤家寡人，自从坐上皇位那刻开始，就有强烈的不安全感。因此，皇帝身边的宦官更容易获得君主的信任，进而有可能被授予过大的权力，并且更可能因缺少有效的监管和约束，最终导致宦官成为扰乱政务的祸患。从这个角度看，宦官问题归根到底是皇帝制度的衍生物，历朝政权的不同特点塑造了每朝宦官权力的不同态势，因此认识宦官必须回归对皇权本源的探究。

唐前期政治舞台中留给宦官的空间十分有限，直到玄宗朝皇权更加集中的时候，君主才开始大规模地任用宦官从事各类使职差遣活动。安史之乱后藩镇坐大，原本的官僚系统对地方的控制日渐无力，皇帝个人逐渐走上政治前台。为了充分发挥皇权，皇帝建立了一套便于个人支配的有效系统，宦官作为腹心爪牙，被赋予了更多的权力。

塑造唐朝宦官权势的关键时期是德宗朝。由于对文武官员的不信任，德宗不得不将禁军大权交给身边的宦官，此后宦官以禁军力量为后盾，全面参与唐朝政治生活，彻底融入唐朝的政务运行之中。

在中晚唐100多年的历史中，宦官杀二帝、立七君最为后世

甘露之变：难以夺回的皇帝权力

批评。二帝之死属于突发意外事件，立七君更能体现宦官在内廷的绝对话语权。但宦官的影响力主要在皇帝不愿或难以行使皇权的时候最为凸显，这意味着宦官始终是皇权的附庸，虽然可以不断从皇权中吸食权力，但终究不能取而代之。

到唐末动乱时期，宦官权势获得膨胀，但对朝廷更致命的威胁是地方藩镇的无序扩张与兼并。此时，朝廷全面衰退，无论是对地方的控制力还是自身的经济、军事实力已经几近于无。强藩不再甘心割据一方，有了觊觎皇位的野心。面对不断挑战中央的强藩，昭宗意图重振皇权的方式首先是重建、强化禁军，其次是铲除跋扈宦官，收回军权。此时的大唐已经积重难返，犹如病入膏肓之人，任何改变都具有极高的政治风险。于是，草率的除宦行动导致朝廷自乱阵脚，陷入极致内耗之中。朝臣与宦官、宦官内部不同派系之间展开你死我活的权力争夺，中央皇权只剩下一具苟延残喘的空壳。作为唐廷军事支柱的神策军在内耗中不断溃散，不堪一击。

即使昭宗短暂地从宦官手中夺回了禁军之权，但多次重建后的禁军此时不过是纸糊的老虎，更何况坐大的藩镇已经将皇帝视为傀儡，不会容许皇权再度强大。不仅禁军被强藩视为威胁，甚至宦官群体也被视作障碍。最终禁军被解散，宦官被除掉，没有了禁军和宦官的保护，皇帝沦为强藩掌心的玩物，大唐王朝不可避免地走向灭亡。

后　记

2022年10月25日周二早晨，我在家中为云端的学生们上课间隙，收到耿老师信息，联系我参与写作"唐朝往事系列"普及读物。由于我的博士论文研究的是唐代宦官，于是确定了写作题目为甘露之变，主要讲述中晚唐宦官专权以及唐朝的灭亡。

这本小书从接到任务到定稿，共耗时半年多的时间。接到任务时，我与耿老师未曾谋面，非常感谢耿老师的信任，给我这次写作机会，让我有幸加入这个团队。此前没有类似的写作经验，接到任务后有些忐忑，担心不能及时完工。在写作期间，微信群中经常可以收到耿老师关心和督促的信息，我也能够时刻紧追进度。半年来，家人们都非常关心我的写作进度，为我营造舒心的写作环境，帮我修改、校对文字，感谢家人们的陪伴和照顾。

之前没有写过通俗读物，这次写作让我体会到通俗作品的不易。它的叙事框架和写作顺序完全不同于学术著作，需要吸收当前学术成果呈现准确的历史细节；为了便于读者理解，需要简洁明了地展现历史全局；为了吸引读者，还需要轻松、诙谐、幽默的文笔。总之，好的通俗作品应当兼具学术性和趣味性，更具写作挑战。写作期间耿老师多次指导我修改书稿，提出了很多宝贵的修改意见。惭愧的是，我在这本小书中尽可能地尝试为大众展现历史的真实面貌，但受限于学识不足、性格木讷，文风已尽力改变，呈现出来的似乎还是过于枯燥，望读者朋友们多多包涵。

李瑞华